本研究受国家社科基金一般项目（17BGL027）资助

基于新型社群网络嵌入的互联网众创平台价值共创机制研究

赵宏霞　王梦娟　张　珺　◎著

Research on the Value Co-Creation Mechanism
of Internet Crowd Creation Platform Based on
NEW SOCIAL NETWORK
E M B E D D I N G

中国财经出版传媒集团

经济科学出版社
Economic Science Press
·北京·

前　言

在数字经济时代，社会生活和商业模式发生了巨大的改变。移动互联网、社交媒体、物联网和大数据的发展，为共享模式创新与应用提供了更多可能。依托互联网平台，各个产业链都在积极打造包括供应商、企业、客户、政府、利益相关方在内的复杂生态系统。在该时代背景下，互联网价值共创平台顺应潮流应运而生，其借助新一代信息技术把跨时空的产业资源集聚在一起，促使企业改变原有的生存理念，利用互联网平台集聚的创新创业资源实现跨界颠覆并取得更大的竞争优势。

首先，基于互联网平台的价值共创使企业战略更具适应性。基于价值共创的发展战略能够更加贴近市场，能够随时根据市场的变化作出及时调整，具有很大的弹性空间。其次，价值共创有利于促进供需匹配和平衡。价值共创让企业和消费者共同创造价值，确保企业提供的产品和服务是消费者想要的，有利于提升顾客的价值体验和产品忠诚度。最后，价值共创有利于企业降本增效。价值共创使价值链的所有环节都融合到价值共创系统中来，从而削减了一些流程和步骤，节省了时间和资金。

基于互联网的价值共创需要聚集形成一个海量的生态资源池，其中最大的资源就是创客资源和创业企业资源。在集聚创新创业资源方面，基于新型社群的商业模式表现出巨大的能量。与传统的社群关系网络相比，新型社群用大数据来研究和计算人与人之间的"关系"，以此来作出运营的准确判断；与传统的社群运作管理相比，新型社群强调生态协作，社群在挖掘用户需求为用户创造价值的同时，也帮助合作伙伴获取更高的利益。因此，很多互联网众创平台都在打造"平台＋社群"的商业双创生态系统，在该生态系统中，互联网成为知识资源供给和需求信息集中呈现的平台，大数据技术成为提高知识资源配置精度的重要工具，社群成为创客和创业者参与价值共创的基本组织方式。基于上述背景，本书拟探索在新型社群中创客和创业企业的社群嵌入结构与特征对互联网众创平台的价值共创绩效有何影响，基于新型社群网络的互联网众创平台治理机制和运营策略有哪些。

本书从创客和创业企业两个视角，分析新型社群嵌入对价值共创绩效的影响。开发了虚拟工作嵌入和网络文化嵌入两个新构念，从虚拟工作嵌入、社群生态嵌入和网络文化嵌入的视角剖析了新型社群嵌入对互联网众创平台价值共创的影响机制。具体内容而言，本书的创新工作体现在如下几个方面：第一，将基于互联网众包平台的价值共创分为创客导向的价值共创和创业企业导向的价值共创两种类型，分析了两种类型的价值共创的内在机制；第二，利用质性研究和统计分析剖析了虚拟工作嵌入和网络文化嵌入的维度结构，采用程序化的量表开发程序开发了虚拟工作嵌入、网络文化嵌入和社群生态嵌入三份测度量表；第三，从持续参与意愿、敬业度和非正式互动的视角探索了虚拟工作嵌入对创客价值共创绩效的影响机制；第四，从利益相关者整合、异质性资源获取、知识耦合、能力重构、创新柔性的视角剖析了社群生态嵌入对创业企业价值共创绩效的影响机制；第五，从基于优势的心理氛围、工作繁荣感及知识共享的角度解析了网络文化嵌入对创客和社群价值共创绩效的影响机制。

从理论角度而言：首先，本书探究"互联网众创平台＋新型社群"对价值共创过程的影响及作用机理，有助于丰富共享经济背景下价值共创理论的研究，对于构建和丰富价值共创理论体系具有重要的理论意义。其次，本书构建新型社群如何影响众创平台价值共创绩效的理论模型，并且通过实证分析验证假设，识别新型社群环境下，不同嵌入类型和维度对价值共创绩效影响路径是对价值共创行为相关理论的深化和拓展，为研究价值共创行为提供了新视角。

从现实角度而言：首先，本书通过分析社群嵌入类型和维度，能帮助互联网平台企业了解社群特征，有针对性地改善社群管理与平台价值共创服务，充分利用民间创新资源，把握市场需求，进而有效地提升众创平台可持续竞争优势。其次，本书剖析新型社群嵌入对众创平台绩效的影响，有利于厘清社群用户参与价值共创的驱动因素，为众创平台企业的社群管理提供借鉴，也为平台企业实施价值共创行为激励提供方向，从而成功地吸引社群用户，增加社群与众创平台的互动，实现"平台＋社群商业"模式的良性发展。

　　本书获得国家社科基金一般项目（17BGL027）的资助，项目团队的成员以及笔者的几名研究生为本书的完成作出了重要贡献，在此表示衷心感谢。本书可作为众创平台、价值共创、分享经济研究方向的理论成果和参考资料，可供平台企业和创新企业的营销部门、研发部门和互联网业务管理部门决策参考。如果本书的研究内容和结论能给读者在某些方面产生共鸣或启发，将倍感欣慰。

目 录

第1章

绪 论

本章主要基于互联网众创平台和新型社群经济飞速发展但理论研究存在滞后的现状，提出了本研究关注的问题，明确了研究的理论和现实意义。然后基于本研究的目的构思了主要的研究内容，介绍了本研究使用的研究方法等。

1.1 研究背景

1.1.1 现实背景

（1）共享经济蓬勃高速发展。

新时代新价值观的诞生以及技术的迅猛发展共同推动了共享经济的到来。《中国共享经济发展年度报告（2019）》显示，2018 年我国共享经济交易规模为 29420 亿元，比上年增长 41.6%。"互联网＋"时代的到来，加快了我国共享经济发展的脚步，共享经济凭借着更低的交易成本和更高的资源配置效率实现了共享经济模式下的价值共创，提高了消费者福利，进而提高了社会的总体福利水平，促进了社会的发展。共享经济的产生，使生产资源更富足、资源流动更通畅、资源配置更优化，为创造社会财富建立了新机制，符合我国绿色可持续发展的需求。

自 2016 年"十三五"规划纲要首次提出"共享经济"以来，政府不断探索尝试，多次发布相关政策支持发展协同创新的经济新模式，为保障我国共享经济健康稳定发展保驾护航。伴随着"互联网＋"时代的到来，社会生活和商业模式发生了巨大的改变。移动互联网、社交媒体、物联网和大数据的发展，为共享模式创新与应用提供了更多可能，依托互联网平台个体之间的商品服务交易或共享的成本大幅下降，实现了资源供给方和资源消费方进行供需高速匹配。

(2) 价值共创不断助力企业发展。

在信息化时代，传统的"供应商—企业—客户"这一价值链条被打破，转而形成了一个包括供应商、企业、客户、政府、利益相关方在内的复杂生态系统。因此，企业不再单纯地追求自身价值最大化，而是从整个生态系统的角度出发，追求共同价值的最大化。在这种时代背景下，价值共创顺应潮流应运而生，促使企业改变原有的生存理念，实现跨界颠覆并取得更大的竞争优势。价值共创的优势表现在以下几个方面：首先，价值共创使企业战略更具适应性。在价值共创中企业战略的制定不再是企业的单独行为，而是一个多方参与的不断调整和完善的过程，需要考虑各方的利益。在这种情况下制定出来的战略能够更加贴近市场，而且能够随时根据市场的变化作出及时调整，具有很大的弹性空间。其次，价值共创有利于品牌成长。一个品牌要想获得消费者的青睐，就必须让消费者从内心深处受到感染和震撼，价值共创就是要让企业和消费者共同创造价值，它能够让企业和消费者敞开心扉，知道彼此的需求，并实现最佳的平衡，确保企业提供的产品和服务是消费者想要的；通过价值共创，消费者和企业站在了同一战线，齐心协力地推动品牌的成长和提升。最后，价值共创有利于企业降本增效。价值共创理念改变了企业运营和战略制定的模式，价值链的所有环节都融合到价值共创系统中来，从而削减了一些流程和步骤，节省了时间和资金。例如，从研发环节来看，供应商和顾客共同参与产品的研发，大大提升了研发的效率和成功率。从销售环节看，价值共创使得产品能够更好地满足顾客需求，提升顾客的价值体验和产品忠诚度。与此同时，企业花费在广告方面的时间和资金可以减少很多，实现了企业与顾客间的共赢。

（3）新型社群加速商业模式创新。

新型社群强调以人为本，这种以人为本不仅仅是关注一个个人，更重要的是用大数据来研究和计算人与人之间的"关系"，分析各种传播的中心节点，以此作出运营的准确判断。以"蘑菇街"为例，作为国内著名女性社交网络社群，"蘑菇街"目前已经覆盖了一个亿的注册用户。他们运用一系列的电商产品工具，通过社交网络吸引女性用户，然后通过大数据分析深度挖掘她们的需求，由相应电商提供适合的产品。2014 年其销售额已经达到近 200 亿元。根据"蘑菇街"的经验，一是营造良好的社群氛围与价值观，形成社群的高度黏性，让用户喜欢一直留在这里。二是运用自己的大数据平台不停计算这一个亿用户之间的关系，并长期监控这些数据。分析出哪些人是"KOL"——关键意见领袖，这些人买过或喜欢的东西，一般都会卖得特别好；反之也可以计算出一部分小众人群，从而把需求和满足需求的两方以更高的效率连接起来。再以从事茶叶生产与销售的"艺福堂"为例。"艺福堂"把淘宝网店的 30 个客服全部放出去，一人做一个微信社群，客服以自己的人格魅力形成圈子，每个社群不低于 5000 位客户。每一个社群通过 5000 位客户与外界连接。客户把信息分享到自己的朋友圈产生销售后，能够拿到 10%～15% 的佣金。这样做既增加了销售，同时为企业节省了在淘宝和天猫的大额广告费。因此，把产品和人的需求直接对接起来，通过大数据发掘人的社会关系，创造性地整合这种关系，推动了产品、服务和商业模式创新。

新型社群强调生态协作，目前一些具有前瞻性的企业正在积极推行生态协作战略，即通过投资或合作等方式缔结一个紧密协作的新型社群，在挖掘用户需求为用户创造价值的同时，也帮助合作伙伴获取更高的利益。新型社群的价值内核将吸引越来越多的企业与行业用户参与，逐步形成一个充满活力并多样化的生态体系。以"中国茶叶博物馆"为例，他们用两年时间搞了一个"网络茶友会"，吸引了全国 10 万茶友和上下游各类企业，每年组织 100 场活动。社群内企业因为这种"生态协作"获得了优势竞争地位。未来，这种新型社群的"生态协作"将出现在更多行业，整体推动特色行业的优势竞争。新型社群作为共享经济产业体系中的组织单位和细胞体，社群的社会价值属性决定了共享经济发展的有机性，可以通过新型社群将共享经济发展过程中的相关资源要素进行生态的连接，从而把社会价值、文化特征、技术平台、市场运行、个人需求等有机融合，最终通过构筑开放包容共享的文化生态和社会生态，推进共享经济持续、健康发展。

1.1.2 理论背景

（1）"价值共创"的研究动态。

如瓦尔戈（Vargo，2011）所说，目前价值共创仍处于理论形成阶段，任何领域的学者均可对其进行丰富和完善。当前价值共创的研究成果主要集中在创新管理（Bowonder，2010；Volker，2011；周文辉等，2015）和营销管理（Prahalad，2004；Lusch，2008；申光龙，2016）两个领域。在创新管理领域，切萨布鲁夫（Chesbroug，2003）提出了开放式创新的概念，并在2006年指出开放式创新是一种开放式的价值创新而非单纯的技术创新；利希滕塔勒（Lichtenthale，2011）将开放式创新模式分为技术交易、消费者创新、商业模式和创新市场。在营销管理领域，普拉哈拉德（Prahalad）于2004年提出了价值共创的概念，同年瓦尔戈提出以服务主导逻辑替代传统的产品主导逻辑，并主张企业和顾客在资源整合中共同创造价值。近年来的研究显示两个领域正趋于融合，其共同点都强调了用户在价值共创中的重要地位（Payne，2008；李朝辉，2015）。另外，价值共创的先期研究主要关注用户和企业共创价值的二元关系（Vargo，2008；Heinonen，2010），近期的研究开始从整个服务生态系统的角度来探索价值共创（Lusch，2015；简兆权，2016）。

（2）"众创平台"的研究动态。

由于众创是一种新型的分享经济模式（赵坤，2016），因此关于众创平台的研究刚刚兴起，目前国内的研究还主要停留在概念模型（刘志迎，2015）、特征描述（宋刚，2016）和认知框架（赵坤，2016）方面。国外的研究也处于起步阶段，科姆（Collm，2012）认为众创式创新包含了众包和开放式创新的核心要素，沙阿（Shah，2015）认为众创式创新更关注企业与大众之间的关系。关于众创平台的价值共创，除了王节祥（2016）的研究有所提及外，尚未检索到相关研究成果，与之相近的研究是虚拟品牌社区的价值共创。其中，在价值共创行为方面，卜庆娟（2016）得出虚拟品牌社区用户价值共创行为由求助、人际互动、反馈与倡导4个维度构成的结论。在价值共创机制方面，彭晓东（2016）从成员感、影响力和沉浸感3个方面分析了成员的社区感对价值共创的影响机制；江积海（2016）从价值网的视角分析了链接属性对价值共创的影响机制。

（3）"新型社群"研究动态。

汤道（2015）认为社群在中国互联网市场已经历了三个迭代；何方（2016）认为新型社群主要是指在互联网背景下，因兴趣追求和价值认同、共识达成、情感交流、信任建构而聚集在一起的相对固定的群组及其社会关系的总称；孙颖（2016）认为基于网络连接的各类新型社群，将和产业发展、商业创新紧密结合，助推经济转型升级。在线下的创新管理领域，学者们充分关注了社会网络嵌入对创新绩效的影响（Glückler，2001；吴晓波，2005；Hossain，2009），但在互联网创新领域，无论是众创平台还是虚拟品牌社区，只有很少学者对社群网络嵌入进行了研究，其中帕门蒂尔（Parmentier，2015）认为特定的社群成员要比非社群成员更能胜任新产品开发，赵建彬（2016）认为在线品牌社群网络关系对创新行为有重要影响。

总的来说，当前学术界对价值共创、众创平台的研究尚处于概念解释、意义说明阶段，缺乏定量的实证研究，如李朝辉（2015）所说，目前对价值共创的认知还是一个"黑箱子"。从研究内容来看，关于创客的价值共创动机是什么？价值共创的过程和机制是怎样的？价值共创的绩效如何度量？等等一系列问题仍处于探索阶段，特别对众创平台的价值共创行为及机制尚未检索到相关研究成果。从研究视角来看，学者们虽然开始关注互联网社区成员所组成的新型社群，但尚未重视社群成员之间的新型社会关系属性对价值共创的重要影响及影响机制。新型社群作为分享经济的细胞体，社群的社会关系、社会价值属性决定了分享经济发展的有机性，相信未来的研究将会日益重视新型社群网络嵌入的作用。因此本项目基于新型社群网络嵌入的视角，研究互联网众创平台的价值共创机制，顺应未来的研究趋势。

1.2　研究问题

"众创"是分享经济时代的一种新型创新模式，《国务院关于加快构建大众创业万众创新支撑平台的指导意见》指出，众创旨在"汇众智搞创新，通过创业创新服务平台聚集全社会各类创新资源，大幅降低创新成本"。国内很多著名企业如阿里巴巴、"猪八戒网"等开始投巨资搭建"互联网众创平台"，吸引遍布各地的"创客"参与企业新产品设计、研发与售后服务，与创新需求企业共同创造价值。

本书认为，"众创模式"是基于互联网的新型社群经济，正是创客们所嵌入的新型社群把创新所需的相关资源进行了生态链接，让其发挥最大效用。基于该认识，本书试图探索以下问题：创客所嵌入的社群网络类型、维度和特征有哪些？新型社群网络嵌入对创客的价值共创行为、对互联网众创平台的价值共创绩效有何影响？基于新型社群网络的互联网众创平台治理机制和策略有哪些？本书主要解决如下两个问题。

1.2.1　新型社群嵌入性及维度

在互联网环境中，创客们借助多种社交工具，围绕不同主题内容、功能属性组建了多重的新型社群，其行为必将受到社群网络关系的影响，因此本书要解决的第一主要问题就是探索嵌入众创平台的新型社群及其网络结构。

基于理论角度，互联网环境下创客的新型社群网络嵌入作为现实社会的拓展和延伸，社群成员间的汇聚已经脱离了血缘、地缘、业缘的限制，因此嵌入的类型势必与经典领域不尽相同。即使是相同的嵌入类型，其构念内涵和测度指标也具有自身特色，只有清楚新型社群的嵌入内涵和测度方法，才能开展关于网络社群嵌入对众创式创新影响的研究。综上所述，本书在理论上需要作出开创性的探索。

基于方法角度，研究新型社群的嵌入性需要涉及一手数据的收集，由于新型社群嵌入性的特点，很难单纯依靠简单的问卷施测、实验操弄等手段获得满意数据，因此在收集质化资料时，需要依赖多种技巧来提高调研的质量。

1.2.2 新型社群嵌入对价值共创的影响机制

鉴于互联网众创平台的"虚拟性"，创客以及创业企业主要参与产品研发和服务创新，并考虑到分享经济所强调的"基于互联网平台、大众参与、知识共享、用户体验"等特征，本书将以知识管理、资源获取、非正式互动等为中介分析新型社群嵌入对价值共创的影响机制。

基于理论角度，此内容为本书最核心的科学问题，涉及开放式创新、嵌入性理论和服务主导逻辑等多种理论，此研究有助于洞悉众创平台价值共创的内在机理。基于应用角度，为了提高众创平台的价值共创绩效、探寻治理机制和措施，需要解析新型社群网络嵌入如何影响价值共创行为和绩效。

本书希望通过对该问题的深入研究，从宏观层面上厘清众创平台所嵌入的社群网络结构、价值共创行为及价值共创绩效之间的关系；从微观层面上明确新型社群网络嵌入对价值共创的影响路径和机制。

1.3 研究意义

1.3.1 理论意义

作为一种新的价值创造方式，价值共创受到了学术界的关注。特别是服务主导逻辑理论的提出，认为消费者不再是企业的外部资源，而是价值的共同创造者，由此价值共创开始成为学术界研究的热点。然而，近年来，受互联网推动的信息和沟通技术发展的影响，"平台＋社群"的价值共创出现了一些新的逻辑。但目前，围绕"平台＋社群"的价值共创研究还处于成长期。通过反复查阅各类学术文献和商业期刊，通过梳理文献，我们发现现有的研究成果主要集中于对传统现实环境中价值共创的探讨，而以"平台＋社群"为背景的价值共创的相关研究成果虽逐步增多，但还相对有限。另外，从对这些研究成果的梳理来看，国内发表的关于价值共创的综述文章，主要集中于对价值共创范式的梳理和评述，而对于"平台＋社群"价值共创产生的新问题、开展的新研究、形成的新成果等内容还缺乏系统的研究。因此本书研究新型社群嵌入下基于众创平台的价值共创，无论是对推进价值共创的研究，还是对社群经济理论的研究都有十分积极的意义，具体体现在如下两点。

首先，丰富与完善了价值共创理论体系。随着价值共创时代的到来，企业不再是唯一的价值创造者，社会大众在价值创造中扮演着越来越重要的角色，互联网众创平台实现了资源整合、匹配、有效利用。本书通过深层探究互联网"众创平台＋新型社群"对价值共创过程的影响及作用机理，丰富了共享经济背景下价值共创理论的研究，对于构建和丰富价值共创理论体系具有重要的理论意义。

其次，为价值共创行为的研究提供了新的视角。基于社群经济、大众创新的研究背景，本书以嵌入性理论、开放式创新和价值共创相关理论为基础，构建新型社群如何影响众创平台价值共创绩效的理论模型，并且通过实证分析验证假设，识别新型社群环境下，不同嵌入类型和维度对价值共创绩效的影响路径，是对价值共创行为相关理论的深化和拓展，为价值共创行为的研究提供了新的视角。

综上，本研究探索创客和创业企业所归属的新型社群网络结构，可为后续研究提供借鉴；分析互联网众创平台的价值共创机制，有助于拓宽价值共创的研究范围；将新型社群网络嵌入引入价值共创的研究中，可为该研究提供新视角。

1.3.2 现实意义

共享经济的发展出现两大趋势。第一，许多企业的商业模式开始向平台化转型，进而促使消费者可以在平台上参与设计、生产和销售等各个企业价值创造过程，并得到更符合其预期的最终产品；生产者也可以通过价值共创机制收获预期之外的利润增长。第二，社群成为平台商业模式中的决定性力量。平台型商业模式以何种形式存在取决于社群的特点，即社群生态。平台基于社群生态，与社群共同构建了具有不同价值主张、价值创造、价值传递和价值维护过程的平台—社群商业模式，平台—社群商业模式的机制主张恰恰就是价值共创、互利共赢。因此，本书基于新型社群嵌入的角度研究众创平台的价值共创机制，对企业发展、价值共创活动开展和平台服务质量提升有重要现实意义，具体来说有如下两点。

首先，有助于互联网众创平台高效开展价值共创活动。本书基于知识管理、用户体验、社群行为等角度，探索新型社群嵌入对众创平台价值共创绩效的影响过程，有助于了解众创平台价值共创活动的运行机制、特征，更好地帮助平台企业、创新社区科学地进行价值共创活动与管理。通过分析社群嵌入类型和维度，能帮助企业了解社群特征，有针对性地改善社群管理与平台价值共创服务，充分利用民间创新资源，把握市场需求，进而有效地提升众创平台可持续竞争优势。

其次，为众创平台维护社群网络提供帮助和指导建议。基于互联网的众创式创新最适宜的商业模式就是"平台＋社群"，本书通过扎根理论识别新兴社群在众创式创新中的嵌入特征，通过路径分析剖析新型社群嵌入对众创平台绩效的影响，有利于厘清社群用户参与价值共创的驱动因素，为众创平台企业的社群管理提供借鉴，也为平台企业实施价值共创行为激励提供方向，从而成功地吸引社群用户，增加社群与众创平台的互动，实现"平台＋社群"商业模式的良性发展。

总体来说，从企业角度，本研究可为互联网众创平台的创客管理及社群管理提供理论依据，为平台企业提高价值共创绩效、为创新企业提升产品（或服务）创新能力提供参考；从社会角度，本研究顺应国家"大众创业，万众创新"的号召，有助于汇聚社会智力资源，降低企业创新的风险和成本。

1.4　研究内容

本研究主要探索互联网众创平台的新型社群嵌入对平台价值共创绩效的影响机制，因此主要研究内容如下。

（1）探讨了互联网"众创平台＋新型社群"的价值共创机制。首先，分析了互联网众创平台价值共创的运营管理和价值创造机制；其次，剖析当前基于新型社群的商业模式创新，并区分了创客创新型社群和企业创业型社群的运行机制和价值创造模式；最后，分析了"平台＋社群"的商业模式基本特征，以及互联网众创平台如何利用社群的力量增强创客和创业企业的价值共创绩效。

（2）基于前述的机理分析，分别从虚拟工作嵌入、社群生态嵌入和网络文化嵌入的视角提出了新型社群嵌入对互联网众创平台价值共创影响的理论模型；基于实证分析方法，验证了三种嵌入结构对创客、创业企业和社群价值共创影响的机制路径。本部分内容是研究的核心，共涉及三大部分。第一部分，从创客持续参与、敬业度、非正式互动的视角分析了虚拟工作嵌入如何影响创客的价值共创绩效；第二部分，从利益相关者整合、知识流耦合、异质性资源获取、能力重构和柔性能力的视角探讨了社群生态嵌入对创业企业价值共创绩效的影响；第三部分，从基于优势的心理氛围、工作繁荣感、知识共享的角度论证了网络文化嵌入对创客乃至整个社群价值共创绩效的影响。

（3）根据实证分析的结果，从知识治理、数据治理和关系治理的角度提出了如何基于新型社群生态对互联网众创平台的价值共创运营进行有效治理，保证众创平台的持续繁荣和健康发展。其中，知识治理机制主要从知识获取机制、资源融合机制、知识共享机制和知识占有机制四个方面构建治理体系；数字治理主要从数据权益管理、数据安全管理和数据开发管理三个方面构建治理框架；关系治理则从社群生态位管理、社群架构管理和社群冲突协调管理搭建治理体系。

1.5 研究方法

在研究过程中用到的研究方法主要包括质化研究、量化研究两大类，使用的主要研究工具包括 NVivo、SPSS、Mplus 等，主要研究方法的使用如下。

（1）扎根理论。

首先，基于互联网众创平台中创客和创业企业的社群嵌入现象，选取几个具有代表性的互联网众创平台，通过多次访谈，了解参与者表现出的嵌入在网络社群中的行为和特征。其次，对访谈资料进行开放式编码，对收集到的资料进行单位切割，将性质与内容相近的小单位聚合在一起，组成一个自然类别，同时把与研究主题无关的类别删除。再次，进行关联式编码，将自然类别重新组合找出现象本身、前因后果、情境间和脉络之间的关联性，并发展出最后的观点。最后，进行核心式编码，在所有已发现的自然类别中经过系统分析之后选择一个"核心类别"。采用该方法，本研究归纳出了虚拟工作嵌入和网络文化嵌入两个构念。

（2）实证分析。

首先，在量表编制和模型构建之后，利用探索性因子分析和验证性因子分析检验量表的信效度。其次，利用专家法和群众法对模型进行描述型效度、解释型效度和理论型效度三个方面的效度验证。基于研究提出的概念模型，借鉴价值共创的理论体系、经典研究中有关嵌入性与知识管理、创新创业等关系的研究成果，构建新型社群嵌入对互联网众创平台价值共创的概念模型、作用路径。再次，根据文献整理和案例研究的结果提出研究假设。最后，在开展大规模市场调研的基础上，对研究假设予以佐证，对概念模型进行修正。

根据上述研究内容以及相应的研究方法，本书的技术路线如图 1－1 所示。

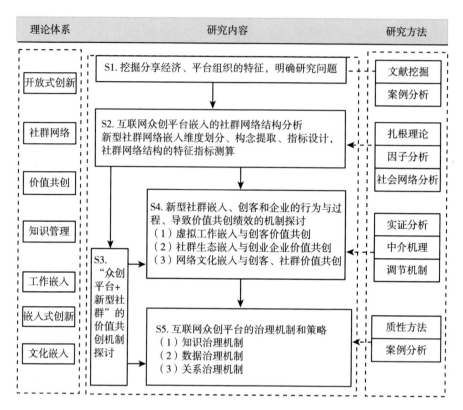

图 1-1　本书的技术路线

第 **②** 章

理论基础与文献综述

本章介绍了后续研究内容中使用的几个主要理论，如开放式创新、众创式创新、价值共创等，并结合本研究的主题内容，梳理了与之相关的文献，针对互联网众创平台、新型社群和机制共创的主题词，初步厘清了现有研究的理论缺口。

2.1 开放式创新

2.1.1 开放式创新的概念和内涵

切萨布鲁夫（Chesbrough，2003）教授将企业通过建立内部研发中心，雇用科技创新人员，利用内部人力、物力资源进行创新的传统模式称为"封闭式创新"；与之对应，他提出了"开放式创新"的理念。他认为企业既可以从企业内部获得非常有价值的创新方案，同时也可以利用外部创新资源获得优秀的创新方案。而且，创新方案的商业化转化同时可以借助企业内部和外部两个市场来进行。

开放式创新的特点可以从以下几个方面去理解（Chesbrough，2003；陈劲，2006；庞建刚，2014）：①让企业之外的人才和企业之内的人才都为企业研发或创新工作；②利用企业外部的人才、智力资源为企业的研发或创新服务，可以为企业带来巨大的利润；③企业内部研发或创新不再是企业获取创新利润的唯一方式；④综合利用企业内外资源的创新模式，甚至优于产品找到新市场；⑤更大的、更优的创新成果来自线性可变的创意，这样的创意可同时通过企业内部创新资源和外部创新资源获得；⑥其他企业可以购买本企业的专利和知识产权，本企业也可以购买其他企业或者个人的专利和知识产权。

开放式创新的概念一经提出，就引起国内外学者的广泛关注，学者们从不同视角对开放式创新进行了解读，总结起来包括如下三个视角（庞建刚，2014）：①知识管理视角（VonHippel，2007；Penin，2008），即开放式创新意味着：知识公开是企业自愿的；知识是开放的，甚至是可以免费获取的；知识的拥有者可以相互沟通，互通有无。②组织模式视角（Chesbrough，2003；West，2006），即开放式创新意味着：该创新是模糊边界、跨组织的创新模式；获取创新资源可以同时利用企业内部路径和企业外部路径；开放式创新是实现知识产权生产、获取和利用的多渠道系统框架。③创新的实现过程视角（Chesbrough，2006；陈劲，2012），即开放式创新意味着：开放式创新是内部创新和外部创新之间的双向过程；开放式创新是有目的地利用流入和流出知识，实现加快内部创新进程和扩大外部应用市场两个独立过程。

2.1.2　基于互联网的开放式创新

基于互联网的开放式创新，是在继承开放式创新跨越创新资源边界"藩篱"的基础上，充分利用互联网世界的开放性、多样性、自主性、交互性等特征，实现创新理念与运行系统的转变。这种创新模式的基本形态是切萨布鲁夫开放式创新模式的升级版，即通过互联网技术使基于资产纽带和契约纽带的创新网络高效化，是传统创新关系在网络平台上的映射（杜晓静，2014）。

互联网作为一种共享平台，对开放式创新起到巨大的影响，基于网络平台的开放式创新将成为创新范式的发展方向（Buchin，2008）。互联网的互联功能使线性可变的、分散的创新创意在网络创新社区迅速集聚，并通过网络大众的集体智慧解决创新中的难题，全世界的知识拥有者都成为企业潜在的创新者和发明家（Heagel，2009）。基于互联网的开放式创新，将互联网开放多样的特点和相关技术与开放式创新思维相融合，充分发挥个体智慧的价值，满足企业创新需求，每一个个体都将是创新的主体。基于互联网的开放式创新具有如下几方面特点。

（1）基于创新的参与者的角度。

在基于互联网的开放式创新中，其参与者可以是全球范围内拥有创新资源的任何参与者或机构；参与者之间、参与者与组织之间不存在规范的契约或合作纽带，参与者不受时间和地点束缚，关系时间短，参与弹性大。相对于线下的开放式创新来说，参与主体更加多样化、辐射的范围更广、灵活性更强，当然管理起来也更复杂。

（2）基于创新理念的角度。

基于互联网的开放式创新主要通过网络平台，面向全球吸纳创新参与者和创新资源，本着汇聚全球智慧和资源为企业的研发服务的理念，其辐射的范围更广、开放式程度更大，可以获取的外部创新资源更丰富。与传统开放式创新相比，其视野更加宽阔，对各参与主体的控制要求更加弱化，弹性更好，管理更加柔性。

（3）基于创新方式的角度。

基于互联网的开放式创新，主要通过互联网创新平台实现资源、创意、专利及问题解决方案的汇聚、传递与整合。其动态的自我优化和选择机制，有利于提升创新效率和质量，降低人力成本、时间成本和试误成本。与传统开放式创新相比，其整合的创新资源更丰富、创新效率更高、创新成本更低。

（4）基于创新绩效的角度。

基于互联网的开放式创新在两方面存在明显优势：从创新效率看，通过互联网建立面向全球的资源征集机制，改善了资源的充沛度，提高了创新成果的转换速度；从创新效果看，由于突破了传统创新的视野范围，让创新资源的供求衔接更为合理，有利于提高创新质量，社会、组织和创新参与者个体等各方获得回报，实现多重绩效。

2.1.3 众包式创新与开放式创新

众包式创新是企业开放创新思想具体实施的典型代表，是一种基于互联网的开放式创新模式。人力资源是企业发展中的稀缺性资源，对于企业研发创新至关重要。众包式创新通过社会网络、互联网平台将全球各地分散、闲置的智力资源、创新资源聚集起来为企业研发或创新服务，其参与者专业性更强，解决的问题或方案所需的知识更复杂。

基于开放式创新的理论分析，众包式创新就是企业通过互联网平台、互联网社群网络聚集和引导网络大众参与企业内部特定创新过程，通过大众参与者的知识与创意来开展企业创新的开放式创新活动（叶伟巍等，2012）。陈劲（2006）认为，从开源到众包，开放式创新理论的演化受到互联网全面影响。众包式创新与开放式创新有所区别的是开放式创新描述的多是企业与企业间的知识资源的互动，其重点在于创新的过程，而众包式创新主要描述网络大众的知识向企业的转移，更注重的是创新的结果。众包式创新可以看作是将大众作为知识提供者以实现由外向内知识流动的一种方式（Schenk，2011），大众通过网络平台提供创新方案给众包任务提供企业，企业对大众提供的方案进行筛选和内部再整合，然后开展产品创新或者提供服务创新，是一种资源内向整合的开放式创新形式，属于内向开放式创新（陆丹，2013）。

2.2 众创式创新

2.2.1 众创式创新的概念和内涵

近年来，全球化的"开放式创新"正在逐渐形成，"人人都是创造者"的时代正在来临（Anderson，2012）。国际上对于众创式创新的定义，比较代表性的有：科姆（2012）认为众创式创新是一个创新方法，包含了众包和开放式创新的核心要素。而后关于"众创式创新"的讨论逐渐出现。南纳等（Nanna et al.，2013）认为众创式创新更依托于互联网/移动互联网平台，基于网络的社交平台实现快速全球分销和分享信息，大幅加速了研发和创新速度。皮祖卡等（Piezunka et al.，2015）指出众创式创新更加关注企业与大众之间的关系，不同于开放式创新强调企业与合作伙伴间的关系。随着我国创新 2.0 和工业 4.0 模式形成，关于众创及创新网络的理论研究已经成为当下热点（赵坤，2017）。

由于我国与国外互联网创新模型的区别，我国学者刘志迎（2015）将众创创新模式定义为：众创是指在现代互联网背景下，一方面，热爱创新的大众（创新者）基于由企业搭建的或者自发形成的互联网平台实施创新活动并且通过互联网进行创新成果的展示或出售；另一方面，其他企业或个人（需求者）通过互联网搜寻和获取创新成果并加以利用，是一种新型创新模式。

众创的概念包含三层含义：第一，由于兴趣、低成本利基、自我价值实现或者其他社会因素的综合作用（Battistella，2013），大众创新的动机广泛存在。第二，创新需求的多样性及复杂性和互联网的匿名性及参与式特点，使得大众创新的机会很大程度上得到了均等化。第三，海量的知识源以及日益提高的知识转移效率、创新社区的不断发展、逐渐成熟的创新工具包等，促进了大众创新能力的持续提高。这实质上是"动机—机会—能力"理论在众创模式下的具体应用（Adler，2002）。

2.2.2　众创式创新与众包的比较

众创的概念与众包的概念存在着本质的区别和联系。众创和众包都是大众智慧的现实体现，且两者都是以非特定大众群体为主要参与对象，所以它们都具有参与式的特点。但是两者存在着一些本质的不同。首先，众包是有明确发包企业（创新需求方）发出创新需求、大众承揽创新任务或寻求解决方案的特定商业模式；而众创则没有明确的发包企业，也没有明确的承揽任务方，只是基于某一平台大众自愿参与创新活动，自愿寻找成果实现转化。其次，众包不一定特指创新的众包，也可以众包其他服务或者制造项目；而众创特指大众的创新行为。再次，众包是需求方固定，供给方开放，主要是企业主导；众创是由大众主导、基于兴趣而自发进行创新活动。最后，从创新形式的角度来看，众包主要是以发布任务为主要方式以寻求合作创新，而众创的形式则是多种多样的。综合来讲，众创是未来的创新民主化的主要形式，而旨在创新的众包只是众创的一种特定形式（刘志迎，2015）。

关于众创式创新与其他创新模式的比较，赵坤（2016）进行了归纳，如表2-1所示。

表2-1   众创式创新概念解析

核心概念	内涵界定	聚焦点
大众协作	指全球大量独立个体基于共同理解而自愿参与的松散式协作，其中不存在正式而严格的组织结构和强制权力关系，但人们却因此能够更加灵活高效地进行沟通协作	关注大众协作关系、组织结构、制度等对创新的成效
众创式创新	利用互联网平台和 Web 2.0 技术，不考虑开放时间、会议地点、管辖界限、居住和实际存在的大众广泛参与的创新方法	关注大众参与方法，结合众创和开放式创新核心要素
众创、创新关系	大众通过互联网形成伙伴关系，参与创新并通过互联网展示、出售成果给需求方的一种创新模式	关注创新关系产生的成果和需求
众创分享	一种引入新兴技术大规模投入，通过面对面创造性合作研讨解决棘手性问题的过程	关注创新参与对象及创新项目应用
众创平台	基于利基、创新社区、创新工具综合发展的大众参与互联网平台创新	关注大众创新综合效应及创新能力

总体来说，众创式创新具有以下特点。

首先，众创具有参与式的特点。不同于一般的合作创新，众创的主体是大众，而不是企业、高校等组织，并且多个创新主体之间不再是高度组织化的、紧密联系的利益共同体，而是一种松散的、基于兴趣或利益协作的弱关系。这种情况下，创新的范围被扩大，创新组织具有很强的动态性。而个体的多元化决定了平台资源的多元化，加之知识壁垒的打破，个体创新的机会被大大地均等化了。企业通过互联网寻求个体创新的过程必然面对不确定的大众，因此，每个人只要愿意都有机会参与到创新过程中，这从本质上区别于传统创新。

其次，众创模式必然是以互联网为载体的。从知识的获取和共享，到创新的实施和商业化，众创的每个过程都是以互联网为基础的：在知识的形成和交互过程中，互联网充当了知识转移的媒介；在创新的实施过程中，互联网充当了创新者交互和协作的公共平台；而在创新成果展示、交易的过程中，互联网充当创新成果的技术市场角色。因此，互联网是众创模式存在的必要条件。互联网的这种载体特性决定了打造用户创新工具的重要性，只有通过良好的创新工具，大众才能方便地进行创造活动。另外，互联网的特性也决定了某些高度依赖"经验性"知识的行业难以基于互联网进行创新，而基于分析性知识的行业由于创新所需的专业知识容易进行模块化，相对来说更适合大众创新。

再次，众创活动降低了传统创新模式下的研发风险和成本，提高了创新的效率。众创模式下企业的战略重点不再是筛选创意和实施研发，而是搜寻和利用创新成果。由于创新的实施过程是在企业外部进行的，企业因此不需要承担创新失败的风险。尽管发起创新和促进创新过程都需要一定的成本，但是这个成本是可控的和相对确定的。另外，由于大众具有主动创新的能力和动机，所以，众创模式下企业不一定是创新活动的发起者，它有可能不参与创新的实施过程。企业可以直接筛选创新成果加以利用，选择的多样性使得创新的经济性大大增强，而完全开放的技术资本化环境能保证创新成果利用的高效率。

最后，众创模式有效地推进了创新的民主化进程。众创模式的内在本质是人人都有机会创新。冯·希伯尔（Von Hipple，2005）在他的一系列研究中详细地描述了这一过程：随着计算机软硬件质量的稳步提高、创新工具的发展、创新公共社区的丰富和成熟，用户的创新能力有了越来越快速的提高，以至于个人爱好者都可以获得成熟的软件设计工具、精密的硬件和电子产品的 CAD 设计工具。计算机行业的发展使得这些创新工具的成本在逐渐下降，因此，大众的创新力量在不断壮大。这种计算机和互联网的发展带来的是创新资源的平等性，加之创新所需的信息是分散存在的，传统的资源集中的创新模式就会变得低效，从而使得大众有机会获取创新资源和实施创新，冯·希伯尔把这种趋势带来的结果视为创新机会的民主化。

2.2.3　互联网众创平台及其功能

平台的构建是当今商业形态发展的基本战略，它强调的是企业的产品或者服务连接两个及两个以上的特定用户群体，为它们提供互动机制，满足所有群体的需要，构建互联网生态圈，形成双边或多边网络效应的市场战略。众创平台需要大数据分析系统作为支撑，首先是通过整合创新项目、创新团体、创新标准、创新流程和生产团队等资源，形成标签化的数据库，实现创新信息交流数据化，创新最佳匹配方案；其次是收集创新过程各环节实时数据，实现快速的信息交流监测和管控，形成基于云计算的实时数据分析与匹配，为平台上的群体提供服务；最后是构建信息传播分享空间，平台用户可以在这个虚拟空间中对接、讨论和执行创新项目，最终形成以众创设计、众创研发、众创服务为核心的商业形态。

互联网平台具备以下五点特征：信息交流的及时性、创新项目的开放性、参与方式的便捷性、创新讨论的综合性和创新资源的开源性。互联网众创平台需要具有以下功能：其一是具有海量用户、创客和企业群。数量决定了群体特征多样化，可以为众创项目建立更加相似的匹配关系，构建规模化的用户、创客和企业群体。要洞察用户、创客和企业方的需要，为其提供相应的功能，如用户倾向于话题讨论和投票选择功能，创客倾向于设计数据整理和设计项目执行功能，企业倾向于设计需求获取和设计项目实施功能等。其二是实现自组织群体的连接与汇聚。平台上用户、创客和企业根据设计话题加入自组织社群，可以自愿参与设计项目创作。其三是形成协同创作机制。众创式创新是用户、创客和企业共同参与的创新活动，因此要建立相应规章制度，为创新活动提供保障。

2.3　价值共创

2.3.1　价值共创内涵

价值共创思想起源于 19 世纪，斯托其（Storch）曾提出服务业对经济的贡献需要生产者和消费者合作产生，体现了服务最终的价值不仅取决于生产者，同时也取决于消费者（武文珍，2012）。20世纪60年代，消费者生产理论从经济学视角对消费者在价值创造中所产生的作用进行了分析。该理论认为，顾客的需求是复杂多样化的，生产方提供的所有产品及服务都无法直接满足其需求，只能通过消费者自身在生产者提供的资源与服务的基础上，辅之以自身的知识、经验、技能等无形资源，才能真正获得满足自身需求的价值。

目前，学术界对价值共创概念的理解可以分为狭义层面和广义层面。广义层面对价值共创的理解是指消费者在企业整个生产价值链中的共创行为，包括产品设计生产阶段，也包括消费售后阶段中的互动合作行为；狭义层面的价值共创指消费者与企业在产品或服务消费过程中及过程后对使用价值、体验价值的创造行为，不包括设计生产阶段的价值创造行为。早期的价值共创思想使服务主导逻辑的思想初露端倪，认为价值是由生产者与消费者共同创造的。21世纪以来，随着社会的发展进步，跨学科研究不断涌现，价值共创理论的发展备受管理学、经济学、市场营销、心理学等领域的学者们关注（简兆权，2016；Corsaro，2019；唐方成，2018）。虽然不同学者对其概念的理解和定义有所不同，但普遍认为价值共创是用来描述多个利益相关者通过互动与合作来创造价值的复杂概念。

2.3.2　价值共创逻辑

近十年间价值共创理论引起了管理学界、营销学界学者们的关注。目前对于价值共创的研究都基于两种流派（武文珍，2012），一个是基于生产者逻辑的价值共创。瓦尔戈和卢斯奇（Vargo & Lusch，2004）相对于传统的商品主导逻辑提出的服务主导逻辑，认为价值是由企业与顾客共同创造的，关注的焦点由交换价值转换到使用价值上。另一个是基于消费者逻辑的价值共创。它是普拉哈拉德和拉马斯瓦米（Prahalad & Ramaswamy，2004）两位学者从竞争理论视角出发，基于顾客的体验价值而提出的，认为体验价值产生于价值网络用户之间的互动行为，是企业共创价值的核心。在价值共创过程中，企业和消费者作为价值创造的两个主体遵循两种不同的逻辑，即生产者逻辑和消费者逻辑。基于生产者逻辑的价值共创是企业以价值创造为出发点，在价值共创过程中与消费者进行互动，努力创造与消费者共创价值的机会，并根据企业战略和资源来安排、组织、管理和评估价值共创活动；而基于消费者逻辑的价值共创则是消费者以自身利益为出发点，利用企业提供的资源和其自身拥有的资源及技能，在价值共创活动中为自己创造价值，并对价值共创的投入—产出和价值共创过程进行评估。这两种价值共创逻辑实质上是一个过程的两种不同视角，是不同价值创造主体基于自身价值追求对价值共创过程的诠释。

基于生产者逻辑的价值共创是从企业视角出发看待整个价值共创过程，是以企业为主体的投入—产出过程。企业通过投入有形或无形的资源来实现自身价值创造的目标，满足消费者的价值诉求，并以与用户合作或互动的方式来实现价值共创，进而在提升品牌形象、维护顾企关系、赢得企业绩效等方面实现价值输出。生产者逻辑视角下的价值共创的研究侧重点是企业用户或顾客作为共同生产者参与到企业的生产过程中，包括顾客参与新产品开发、参与虚拟品牌社区的过程、动机研究或是价值共创对企业创新、发展及绩效的影响研究。方等（Fang et al.，2008）在研究中证实，顾客参与新产品开发可以提高信息共享、增强顾客和供应商的协作，并最终创造新产品价值；华烨等（Ye et al.，2011）研究表明顾客参与和服务创新都正向显著影响服务绩效；费勒（Füller，2006）、茨瓦斯等（Zwass et al.，2010）对用户参与虚拟品牌社区的动机进行了研究；周文辉（2015）通过案例研究发现知识服务内容与价值共创过程共同推进了企业的创新绩效；张祥等（2009）从企业视角实证检验了生产领域关键价值共创活动对企业定制能力和服务能力的影响，表明价值共创活动可为企业赢得竞争优势。

基于消费者逻辑的价值共创是指消费者通过充分利用自身拥有的资源并将其与企业提供的资源进行充分整合，解决问题创造价值的过程，与生产者逻辑下的价值共创过程一样属于"投入—产出"的过程。消费者自身拥有的资源既包括实体物品等有形资源，也包括时间、知识、技能和创意等无形资源。消费者通过与企业互动和合作将有形资源和无形资源与企业所提供的资源进行整合，在资源的交换与互动过程中双方实现价值共创。

消费者逻辑下的价值共创，企业为消费者提供基础硬件设施的同时，还需要为其营造共创氛围等软件条件，帮助消费者实现价值共创。目前基于消费者逻辑的价值共创研究主要包括从消费视角探讨用户与企业之间互动的共创价值、用户与用户之间通过交流互动合作创造价值。普拉哈拉德等（Prahalad et al. , 2004）研究表明与消费者接触频繁的重要服务人员（如上门服务人员、销售人员等）可以在为消费者提供服务的同时，通过互动建立信任关系，进而为消费者带来良好的体验；汤伯（Tumba，2008）研究发现消费者可借助虚拟社区进行共创体验交流以获取趣味性体验价值；万文海等（2011）研究发现消费者之间通过互动产生情感体验，继而实现价值共创。

2.3.3　共享经济下的价值共创

有学者提出共享经济模式的本质是价值共创（涂科，2018）。共享经济模式借助于第三方平台，高效地调配资源，使共享经济下价值创造成本更低，创造出额外的价值，具体表现为以下两点：第一，集合价值的产生加速了社会财富创造的过程。共享服务平台为完成即时的供需匹配，需要大量的供应端用户和消费端用户的加入，只有供需两端主体基数达到一定数量，才能形成规模效应，真正地实现低成本的经济模式，因此大规模的主体参与是共享经济的内在要求。随着科技的发展水平提升，共享服务平台突破了时间和空间的限制，为线上共享产品和服务的聚集提供了平台，随着服务和产品的聚集形成集合价值，为实现精准及时的匹配提供了可能。共享经济背景下的共创行为，离不开共享服务平台的有力支持。共享平台通过对共享商品和服务的大量集聚形成集合价值，增加交易匹配的准确性和及时性，从而加速了社会财富创造的过程。第二，双边用户的主导性创造了大量的非货币价值（如体验价值、人际价值以及社会价值等）。共享经济背景下的价值共创用户具有更大的主导权。对于资源提供方而言，他们可以自由选择共享的形式、共享的时间，制定自由的共享规则；对于资源需求方而言，他们可以自由选择平台，自由选择供应方，自由选择产品服务来满足自己的需求（Heylighen，2017），整个过程由用户主导

（杨学成，2017），且供应端用户与消费端用户的角色之间可因资源诉求的改变自由转换。共享服务平台双边用户对资源使用权的共享创造了独特体验价值和社会价值等价值，因此资源的拥有者与使用者能够凭借共享经济平台共同创造出一系列超越货币的价值（Zhang，2018）。共享经济模式下的价值共创是传统价值共创的拓展与丰富，涂科等（2018）将传统经济模式和共享经济模式下的价值共创进行了对比（见表2-2），展现了共享经济模式中价值共创发生的变化。

表2-2　　　　　　　　　不同经济模式下的价值共创

特征维度	传统经济模式的价值共创	共享经济模式的价值共创
研究范式	服务主导逻辑	服务、顾客、用户主导逻辑
参与范围	企业与顾客	大规模的社会用户
主导者	企业和顾客	用户
互动层级	单层	双层
互动类型	直接互动	直接、间接互动
共创者角色	单一、静态	多重、动态
价值内容	体验价值	体验价值、共享价值
资源分类	对象性资源、操作化资源	闲置资源、非闲置资源
共创场景	线下	线下、共享平台
资源提供者	企业	个体或企业
共创目的	为顾客创造价值	减少（潜在的）闲置资源

2.4　新型社群

2.4.1　新型社群的内涵

所谓"新型社群"，主要是指在互联网背景下，因兴趣追求和价值认同、共识达成、情感交流信任建构而聚集在一起的相对固定的群组及其社会关系的总称（何方，2016）。在互联网尤其是移动互联网作为基本连接工具出现以后，借助微信、微博、QQ等社交工具，不同主题内容、功能属性的新型社群，如各种学习社群、兴趣社群、行业社群、消费交流社群、商业投资社群、文化社群、健康养生社群等层出不穷。它们以价值引导、学习交流、生活分享、公益活动等起步，将社会价值与市场机制直接对接，不断向经济层面渗透，成为共享经济不可或缺的组织单元。

如果以时间为纵轴，新型社群从 PC 时代到移动互联网时代，大致经历了社区→社群→平台运营的演进，不同的发展阶段，其目标价值、载体模式均有不同。有研究指出，社群在中国互联网市场已经历了三次迭代：社群 1.0 阶段以 QQ "群聊形态" 为代表；社群 2.0 阶段是 "基于兴趣的陌生人社群"；社群 3.0 阶段则以连接一切为目标，不仅是人的聚合，更是连接信息、服务、内容和商品载体（吴奇胜，2015）。表 2 - 3 呈现了一个由互联网催生的社会变革到新型社群发展再到共享经济的现实路径。

表 2 - 3　　　　　　　　　互联网时代新型社群的发展路径

发展路径	社群 1.0	社群 2.0	社群 3.0
表现形态	社区集聚	社区连接	社群平台运营
设备支持	PC 互联网	移动互联网	移动互联网
连接方式	中心吸引	朋友圈层	第三方共享平台
代表载体	豆瓣、百度贴吧、天涯社区等	微信、陌陌等移动互联网社交平台	滴滴、途家、小猪短租等各种服务 App
功能特征	人员聚集，信息单向传递，情感连接弱	人际互动、情感连接强	对接信息、服务、内容和商品载体
运行形态	信息分享	兴趣、价值链接	共享经济

从本质上说，人是一种社群动物。在一个群体内与他人的互动交流、协作共享、共同行动，是人性需求和生命本能。但从社会组织化的视角，相较于社区和社团，学术界关于社群的研究相对薄弱。沃斯利（Worsley，1987）曾提出一种关于 "社群" 的广泛含义：①可被解释为地区性的社区；②用来表示一个有相互关系的网络；③社群可以是一种特殊的社会关系，包含社群精神或社群情感。传统的社群组织，受制于信息局限，往往把地理位置作为社群的核心组织原则。在移动互联网背景下，这种因地理位置限制带来的信息传递障碍和群体性反应壁垒被彻底打破，社群所形成的圈层结构，其中心也由 "血缘" 和 "地缘" 让渡给 "朋友" 之间和

"半陌生人"之间的关系。"如果你对一个人感兴趣",借助移动互联网社交平台,"可以用几秒钟的时间浏览他(她)的生活,知道对方就读于哪所学校、朋友有哪些等"(Zucker Bery,2016)。社会学家瑞格尔德在1993年提出的"虚拟社区"概念,可用来揭示新型社群的价值内涵。"一群通过计算机网络连接起来的突破地域限制的人们,通过网络彼此交流、沟通、分享信息与知识,形成具有相近兴趣和爱好的特殊关系网络,最终形成了共同的社区意识和社区情感。"而这种意识和情感通过互联网,尤其是微信、微博、QQ 等社交软件进行一定形态的组织化,就成为我们今天所理解的新型社群。概而言之,新型社群不再是一个地理区域概念,而是一种通过"社群精神""社群情感"黏合起来的新型网络化关系概念。从范围上说,新型社群在全球范围和 24 小时之内均可以互动交流,而正是这种关系和结构中的资源,让社群的信任过渡到商业化信任,构筑成支撑商业运行的重大社会资本。

2.4.2 新型社群的特点

新型社群的组织特征概括起来主要有以下三个方面。

(1)扁平化网络化是社群的组织形态。

在现代社会组织发展和新经济发展过程中,互联网已经突破传统的工具技术认识范畴,成为新的社会价值系统和新型有机体。美国《连线》杂志的创始人凯文·凯利(2010)在《失控》中对此展开了富有想象力和预见性的阐述。在国内,则有段永朝、姜奇平等(2012)在《新物种起源》等著述中展开了富有创建性的论述。凯文·凯利在《失控》一书中认为网络是 21 世纪的图标,网络是群体的象征。段永朝把这种"网络的群组织"形容为"一个不断发育、生长的网络",它使得互联网"就像一个有机体一样存在",个体之间的关系的重要性更为凸显,成为一种"主体间的共同体"。可以说新型社群是互联网发展的必然产物,是伴随互联网成长起来的新型社会结构的组织化反映,是对传统社会单位中单中心控制的组织原则的超越。

(2)人与人的连接聚合是社群的组织动力。

在移动互联网的推动下,社群成为人们生活的重要内容,人作为个体的生活世界不断被社群化。个人通过移动互联网，实现跨越时间和空间的连接，具有相同的文化特征、价值认同、兴趣爱好和相似需求的人由此实现聚合。以微信为例，根据腾讯官方财报，截至 2015 年底，微信和 We-Chat 合并，活跃用户是 6.79 亿人，其中半数以上微信用户拥有超过 100 位好友；拥有 200 位以上好友的用户占比较往年翻番。"从黏性来讲，社交关系的微信化让用户对微信的依赖性更强……微信等产品属性发生了微妙的变化，从熟人社交演变成半熟人社交，大量关系并不密切甚至只有一面之缘的半熟人或陌生人闯入其中。"换言之，微信作为一种移动互联网的连接工具，不断推进人与人之间深入的横向的交互关系。从理论上讲，朋友与朋友的朋友……可以形成无限的连接聚合，社群成员之间形成多向互动关系，并从中释放出巨大的社群能量，推进人们社会生活的全面"社群化"。这种社群化，不断从信息分享延伸到生活服务，最终产生社群的商业和服务价值，并在个人与个人、个人与商家、商家与商家之间的联结中，出现了共享经济这种"以社群聚合与市场选择相结合、社会价值与经济运行相结合为主要特征的新的创业和经济形态"（胡征宇，2016）。

（3）推进分享协作是社群的组织功能。

在群体中与他人分享、合作、协调一致地行动，是社群的功能价值的重要体现。在互联网背景下涌现出来的大量社群，其成员或来自世界各地，但都以共同的兴趣、情感、诉求、价值等聚合在一起，这种聚合本身对于推进相互分享、对话、合作，进而集体行动具有重要意义。舍基（Shirky，2012）曾指出，"分享是创造新群体的基点"，因为"渴望成为群体的一员，在群体中与他人共享、合作、协调一致地行动，是人的基础本能，而此前它一直受到交易成本的抑制"。有研究对互联网时代的社群生态进行大致分析，根据不同的连接内容，将新型社群区分为产品型社群、兴趣型社群、品牌型社群、知识型社群和工具型社群等。无论哪一种社群类型，其核心都是分享与协调，或是产品的交流分享，或是兴趣的共鸣和传递，或是品牌的消费体验交流，或是知识与创意的分享，或是项目工作的协作处理等。而通过社群的构建，能够进一步激发社群成员的参与度和分享精神，依靠团队协作的方式，让社会资源更加多样地流动起来，对于满足个体需求、降低交流成本、优化资源配置等，具有重要的功能价值。

2.4.3　新型社群的分类

从内容属性划分网络社群，主要考量的是网络社群中产生内容的特征。社群的内容类型直接影响社群文化与价值观的形成，从这个角度来看网络社群，会更容易挖掘内容中蕴含的经济价值、质量价值和社会价值，也有利于网络社群管理运营方通过围绕自身信息、产品、知识等为社群成员提供更加优质的服务。按内容划分，可以将网络社群划分为以下几种类型。

（1）产品型社群。

社群内容以产品型内容为主，包括产品的使用分享、产品发布资讯、产品售后服务、产品比较等。该类社群通常围绕电子产品建立，因为电子产品更新速度快，用户使用与发现的可供交流的内容较多；同时，电子产品也存在巨大的盈利点，通过社群建立可以进一步提高商业利润。"小米社区"就是围绕小米公司产品而建立的产品型社群。

（2）知识型社群。

社群内容以知识型内容为主，这类社群的出现与发展得益于知识经济的到来。知识分享、知识交流、知识搜索给用户带来了更多的便利，满足其自身的知识需求，同时知识经济也使得这些过程产生了更多的经济价值，社群的逐利性便推动该类社群的普及与发展。"知乎"就是知识型社群的典型案例。

（3）兴趣类社群。

社群内容以兴趣类内容为主，这与社群参与者的共同兴趣点有关，包括动漫、音乐、舞蹈、体育和游戏等。这类社群是以用户的兴趣点为出发点汇聚起来的用户组织，用户之间的互动交流较为频繁，成员的情感联系强，用户黏性较大。例如，随着手机游戏用户的大幅增加，出现了越来越多围绕某一游戏主题的兴趣类社群，用户讨论游戏技巧、游戏装备、电子竞技等。

（4）行业垂直社群。

社群内容以行业类内容为主，这类社群的成员具有地域化和兴趣化的特点，在某个垂直细分领域具有很好的黏性，更具有针对性。这类社群主要起着连接某一行业上下游的作用，打通行业链中不同角色之间的壁垒，可以更好地实现行业发展。"穿针引线"就是服装行业的垂直型社区。

从成员属性划分网络社群，主要是考虑社群成员的特质。从这个角度来看网络社群，会更加突出其中的人群特征，更加关注用户之间的人际网络。以社群成员为落脚点划分网络社群也会增强对社群的用户黏性、用户忠诚度的考量。按成员属性划分，可以将网络社群划分为以下几种类型。

（1）企业级社群。

用户是某一企业的工作人员、合作伙伴、利益相关者等，在这类社群中，交流的主要是企业内部的信息、行业相关信息，可以帮助实现企业信息的流转与共享。企业级社群会比较注重对信息安全的保护和控制，因为在社群内部存在着许多与企业发展相关的内容，不乏一些核心信息。

（2）联盟社群。

用户是联盟中的成员，这类社群可以方便联盟成员的沟通交流，将处于不同地理位置的联盟内成员组织起来，实现交互。联盟社群的成立可以帮助实现资源更有效的配置与利用，也可以提高联盟的整体竞争力，降低运营成本，从而实现联盟内部风险共担、收益共享。目前，健身行业、咖啡行业中产生的联盟社群较多。

（3）粉丝社群。

用户是某一明星人物的粉丝，社群中主要讨论的是该明星的作品鉴赏、交流活动等内容，明星可以是演艺类明星、艺术类明星、体育类明星等广为公众知晓的人物。在这类社群中主要体现的是粉丝价值。目前，关于韩流明星的粉丝社群较多，社群会不定期地组织线下粉丝见面会、明星人物投票等活动。

（4）女性/男性社群。

用户具有鲜明的性别划分，社群中讨论的内容也具有鲜明的性别特征。常见的女性社群有"小红书"，其中绝大多数用户为青年女性，社群中分享的内容以服饰搭配、美妆护肤、美食品尝等居多，符合女性交友的特质。常见的男性社群一般与体育相关，如"虎扑"社群中男性用户就占到绝大多数。

2.5 嵌入性理论

2.5.1 嵌入性内涵与区别

嵌入性是新经济社会学的核心概念之一，该理论的建立和发展，主要是在对古典经济学完全理性的原子式"经济人假设"进行批判的基础上提出的，它强调行为主体经济关系和行动受广泛的社会关系与背景的影响。嵌入性概念最早由卡尔·波兰尼（Karl Polanyi，2017）提出，后来被马克·格兰诺维特（Mark Granovetter，1985）发展和完善，他提出了"经济行为嵌入在社会关系中"的著名论题，从而开创了新经济社会学对于经济主体所处的广泛背景对其行为动机、偏好和结果带来的影响的研究。

嵌入性被广泛定义为在经济和非经济参与者（个体与组织）之间的一系列社会关系，这些关系反过来创造了独特的经济行为的约束和激励模式。嵌入性概念的两个关键问题是研究和回答"谁"（嵌入主体）嵌入"什么"（嵌入客体）的问题（Hess，2004），如卡尔·波兰尼认为经济的交易系统嵌入于社会和文化结构当中。

由于研究对象的不同，嵌入的主体可以是个人、群体、组织（企业），嵌入的客体则涉及广泛的其他相关组织以及制度背景等。因此，根据不同的嵌入主体、客体以及嵌入的范围和层次等，嵌入性可被划分为不同的类型。

在嵌入性的各种类型中，网络流派（Granovetter，2011）的网络嵌入是最先被提出并发展的。该流派主要从主体之间的关系质量以及主体之间连接形成的网络形态来定义网络嵌入，并将网络嵌入分为关系嵌入和结构嵌入。关系嵌入指参与者（主体）之间关系的本性或质量，强调二元关系属性，包括关系的内容、方向、延续性和强度；结构嵌入指参与者之间形成的关系网络的结构，主要从网络的规模、密度以及参与者所处的网络位置来衡量。

内容流派（Dimaggio，1990）则从嵌入性最初的定义出发，根据嵌入的客体内容将嵌入性分为结构嵌入、文化嵌入、认知嵌入和政治嵌入，由于后三者均与社会背景有关，可以统称社会嵌入，因此也可以将嵌入性分为结构嵌入和社会嵌入两大类。

在上述基础之上，赫斯（Hess，2004）从嵌入形成的来源和过程角度，将嵌入性分为社会嵌入、网络嵌入与空间（或地理）嵌入，后来很多学者也从不同角度对嵌入性进行了划分。本书认为绝大部分嵌入类型都可以归入赫斯划分的三种类型，对于虚拟社群来说，主要就是两种类型即网络嵌入和社会嵌入，其中网络嵌入包括关系嵌入、结构嵌入和网络治理嵌入等；社会嵌入包括文化嵌入、工作嵌入等。

与嵌入性密切相关的一个术语是社会资本。目前社会资本已经逐渐演变成一个多维度的概念，关于其概念界定也有不同观点：①网络说。认为社会资本本质上就是社会关系网络，如布迪厄（Bourdieu，2008）认为社会资本是实际的或潜在的资源集合体，这些资源与对某种持久的网络的占有密不可分。②资源说。认为社会资本是一个资源的集合，如纳哈皮特和戈沙尔（Nahapiet & Ghoshalt，1998）认为社会资本就是镶嵌在个体或社会组织关系网络中的资源，个体和组织可以通过网络获取。③文化规范说。认为社会资本的本质是信任、互惠等文化规范，如帕特南（Putnam，2000）认为社会资本不是某个个体所拥有的资源，而是全社会所拥有的财富和资源。他将社会资本视为"社会组织的特征，如信任、规范以及网络，它们能够通过促进合作行为来提高社会的效率"。④能力说。认为社会资本是行动者在社会关系中摄取资源的能力，如波特斯和马丁（Portes & Martin，1998）将社会资本定义为个人通过他们的成员资格在网络中或者在更宽泛的社会结构中获取短缺资源的能力。本书认为嵌入性与社会资本是学者对经济系统受社会系统影响这一命题的不同观察角度，嵌入性基于过程、社会资本基于结果；嵌入性基于内容、社会资本基于结论；嵌入性基于现象、社会资本基于本质。

2.5.2 网络嵌入性对价值共创的影响

网络嵌入有利于网络平台各主体在结构、关系和认知等方面获得良好的网络合作环境。①结构嵌入有利于参与主体拥有较宽的信息接口，更快地获取价值共创所需的资源和优先推荐价值创造的机会。良好的结构嵌入有利于实现价值共创主体间功能互补、能力匹配、价值创造同步同频以及良好的动力传导机制。②基于信任的关系嵌入具有理解、承诺和互惠性等关系特征，强联结利于共创资源的获取，尤其是隐性知识，同样弱联结避免同质化，利于异质性知识的传递。关系嵌入是一个动态变化的连续统一体，同时具备强弱联结优势，利于价值共创。③认知嵌入通过互动诊断帮助各主体觉察问题所在——价值创造的焦点，进而协商趋同达成共创共识。共识使各主体在意识、意愿等心理层面无距离感，形成协同一致的向心力，促进各主体共同持续主动进行跨界知识、资源等的搜寻活动，促进单环和双环学习，提升价值共创。通过网络嵌入实现整个网络平台创新生态系统的耦合共轭，各模块通过系统接口实现相互接触、结构彼此啮合、交织互动的网络嵌入关系，进而促进同步同频的价值共创。

商业生态系统中，企业价值共创行为的最终目的是实现企业创新绩效，但价值共创行为更直接的目标是占据商业生态系统中的关键位置，提高经营决策话语权以获得持续生态位优势。霍尔特等（Hult et al.，2020）认为，商业生态系统中，进入、占位以及跃升成为企业获得更多成长空间的直接行动。首先，对话提供了商业生态系统价值界面融合的可能。普茨等（Putz et al.，2019）发现，通过与商业生态系统中在位企业频繁的信息交换，实现充分的沟通对话，能够针对顾客提出的诉求形成良好的沟通机制，将合作伙伴的建议纳入产品研发设计过程，有助于扩大业务合作规模，提高其在商业生态系统中的影响力，实现其在商业生态系统中的位置跃升，进而掌握更为核心的专业知识技能，在商业生态系统中发挥桥梁作用，最终提高结构嵌入程度。与此同时，良好的沟通对话机制，提升了既定关系的合作频率，使得合作伙伴间关系更紧密，共同研发设计方案使得合作双方能够信守诺言，遇到困难能够相互支援，进而提高关系性嵌入程度。其次，托马斯等（Tomás et al.，2020）认为，产品服务信息平台的构建，有助于提供信息资源的获取界面，这种公开的信息发布以及有效信息的获取，有助于范围经济效应的充分发挥，使得在位企业的业务伙伴规模增加，影响力更大，更加容易建立合作关系，提升在位企业的结构性嵌入程度。信息获取渠道的构建也能够实现更高频次合作，合作界面公开也为企业之间开展联合研发提供了技术可能，使得企业之间合作关系更为紧密，能够联合攻克关键技术"瓶颈"，提升了关系性嵌入程度。彭蒂莱等（Penttila et al.，2020）认为，商业生态系统中的风险评估、风险缓冲以及风险规避机制的建立有助于降低商业生态系统中的创新门槛，扩大新进入群体规模，提高在位企业的影响力，有助于繁荣商业生态系统。与此同时，在位企业能够实现更大范围知识交叉创新，提升其掌握稀缺知识的可能，进而提高在位企业的结构性嵌入程度。风险评估及风险规避能够促进企业之间的合作频率以及紧密程度，更有助于企业在遇到困难时相互帮助，提高信守诺言的可能，进而提高关系性嵌入程度。透明度高的商业生态系统，企业更容易实施开放性战略。德克勒克等（DeClercq et al.，2018）认为数字化商业生态系统中不存在隐瞒关键信息的问题，合作伙伴之间是一种共生关系。企业的信息不对称会给伙伴带来潜在的风险。数字技术带来的透明度，使得企业不仅能够了解合作伙伴的需求，而且能够得到合作伙伴的相关信息。透明度更高的商业生态系统，基于共同利益市场的合作伙伴规模更大，联系也更为紧密。商业生态系统中透明度更高的企业，其在商业生态系统中的位置也更高，影响力也更大，更容易建立关系，在商业生态系统构建与扩张过程中，发挥桥梁作用。另外，透明度较高的企业，合作互动的频率更高，联系紧密程度更强，合作关系更为稳固，更容易面对不确定性带来的挑战，进而提升关系性嵌入程度。

2.5.3 众创平台的网络嵌入性

当今，随着互联网通过虚拟链接技术颠覆了传统社会人与人的聚合方式和规则，人际关系嵌入情境正经历从过去真实"社会"向基于互联网及相关技术的"网络社区"的转变。众创平台等共享平台将散布在不同场域，具有类似兴趣爱好与价值观偏好的创客个体通过互联网聚集在巨大的虚拟社区关系网络中，创客已经习惯将现实中的关系网络映射至虚拟社区环境中，并利用虚拟社区关系网络中的分享、互动实现个体价值。肖薇等（2019）将众创平台嵌入性界定为虚拟众创平台成员在互联网背景下，基于信息获取、资源交换和情感联系所形成的社会连接与交互的总和。

众创平台社区嵌入性反映的是社区成员专属社会网络的形成、协调和维护，每个众创平台创客成员拥有的创意资源在与社区其他成员的关系构建、互动、交流中逐渐嵌入该社会网络。有研究指出，虚拟社区网络汇集、传导和扩散信息、资源等功能将促进社区参与者资源交互与共享，为社区技术困难、创新"瓶颈"等的突破提供可持续性资源供给。进一步，反映众创平台社区成员社会资本不同侧面的结构嵌入、关系嵌入和认知嵌入作为众创平台社区嵌入性的各个维度，为社区成员行为决策提供了不同动力。从结构嵌入维度看，结构嵌入度高的成员往往在社区中掌握着大量信息、资源，拥有较高的地位、声誉和话语权。作为资源富裕的一方，这些核心成员或领袖人物会产生主动贡献、分享创意想法的交互动机，以此进一步扩大自身影响力并保持网络中心位置；从关系嵌入维度看，社区成员间的社会关系可视为一种资源交换过程，信任、互惠期望驱使社区成员花费时间和精力在社区中讨论、交换、分享信息、资源及创意想法。当交换方资源达到一定量后就会产生交换动机，从而催生社区成员间的创意资源交换；从认知嵌入维度看，当面临社会困境时，认知嵌入度高的个体相较于认知嵌入度低的个体会更多地考虑群体及他人利益。当创客个体与社区其他成员在兴趣爱好、价值观和追求等方面的认知趋向一致时，能够促进他们形成创新合作共同体，有效抑制彼此对隐性知识与创意的领地意识和行为。

第 3 章

"众创平台+新型社群"的
价值共创机制

本章基于新型社群的价值共创机制和"平台 + 社群"的价值共创机制，从定性的角度归纳提炼了互联网众创平台的价值创造机制将嵌入社群的主体分为创客和创业型企业，并初步勾勒了互联网众创平台如何利用社群商业模式促进创客和创业企业的价值共创，为后面的研究起到框架性的指导作用。

3.1 基于互联网众创平台的价值共创

3.1.1 互联网众创平台与传统众创空间的区别

互联网众创平台是利用移动互联网搭建起来的基于综合优势理论的众创服务平台，其利用互联网思维，借助互联网平台生态实现云孵化、云创新和云创业。互联网众创平台持续运转、双创孵化得以实现的根基是建立、运维大数据中心，构建基于互联网的社群生态。互联网众创平台要求所有参与者都有自觉的分享精神，分享、互惠是资源主体和需求主体双方信任与对等交易的基石，是开放、平等的大众创新体系的基本要求。

随着移动社交的出现、分享经济的兴起，分享经济时代的互联网众创平台与传统的众创空间有很大不同。

首先，传统的众创空间是由政府主导的，其发展受到空间和时间的限制，无法满足大规模的创客、创业团队的需要，无法满足非工作时间和节假日对创新服务的需要。互联网众创平台突破了物理空间限制，其服务的创客和创业团队规模理论上可以实现无限大；突破了时间限制，创客可以获取全天候的创新创业服务。

其次，传统众创空间由于集聚的、链接的创新创业资源较少，支持创客和创业团队的服务能力与服务水准较低，容易导致"信息孤岛"的出现。互联网众创平台的管理团队来自全国乃至全世界各行各业，有天然的跨界优势，平台连接了不同行业、不同地域的创新创业资源，可以为创客和双创团队提供全方位的赋能与支持。

最后，传统的众创空间集聚的人力资源、技术资源、管理者资源、金融资源都是碎片化的，分散在不同的时空组织之间，创客和创业团队要想整合这些资源需要的成本较高；而互联网众创平台利用大数据、云计算等信息技术，基于分享经济的理念，可以使得大量创新创业资源实现低成本整合和对接。

3.1.2　互联网众创平台的运作管理

分享经济时代，个体和个体之间、组织与组织之间的智慧链接极大提升了平台参与者的创新创业能力，链接到互联网众创平台的个体、组织和资源越多，其创造力和价值也就越大。

从创新资源的供给方角度，互联网众创平台集聚了众多创客和创业团队，为创新资源的供给方寻找双创资源需求者提供了便捷的途径，供给方可以在特定时间将双创资源的使用权或者所有权让渡给创客和创业团队，进而获得经济收益。从创新资源的需求方角度，互联网众创平台吸附了大量的、闲置的双创资源，创客和创业团队可以轻松地、低成本地获得这些资源，助力自己的"双创"活动。

在互联网众创平台上，双创资源的供需双方会动态改变角色，把各个平台参与者的资源汇聚到平台上，使平台成为一个资源池，在开放、信任、互惠的环境下实现资源的最优配置，通过优化资源配置，形成大众创新创业模式。在上述过程中，平台只有对资源和需求信息进行集成整理、深度分析，并配备合理的解决流程和模式、集成规则和策略以及跟踪监控反馈机制等，才能顺利实现对双创资源的整合匹配，因此互联网众创平台的集成管理能力尤为重要（见图 3-1）。

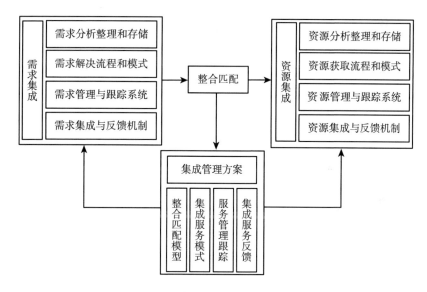

图 3-1　互联网众创平台集成管理架构

互联网众创平台在运作管理中通过建立需求库，有效提取、识别和表述平台客户端的需求信息，并利用大数据计算技术挖掘潜在需求、预测未来需求，根据需求层级、需求集成维度等优化需求库，进而实现需求集成管理。平台通过建立资源库将全世界零散的、闲置的资源进行汇聚，根据资源的类型、创新性等特征，结合汇聚方式和汇聚制度持续优化资源库，使资源集成达到并维持效益最大化。基于互联网众创平台，资源主体和需求主体双方既可以在线安全且成功地实现自由匹配、自由对接、自由交易，形成切实的解决方案，也可以借助平台服务功能进行交流、互动，接受平台提供的孵化服务（见图 3-2）。

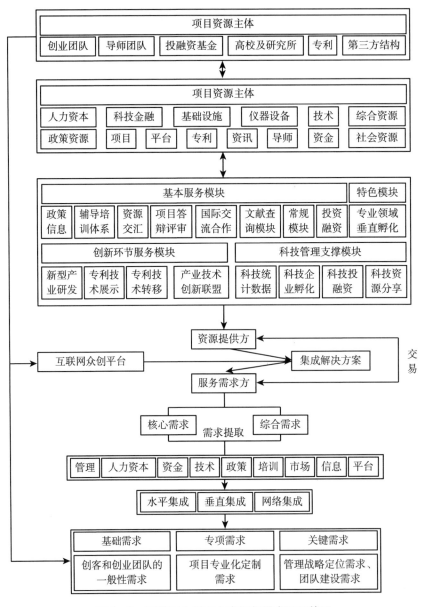

图 3 – 2   互联网众创平台资源与需求匹配管理

3.1.3   互联网众创平台的价值创造机制

基于互联网众创平台的共享经济本质上是依托平台为资源需求双方提

供实现价值共创的机会，平台中供需双方的自身诉求是价值创造的基本动力，平台整合资源和激发需求的过程又实现了价值增值及剩余价值再分配。众创平台以其具备的共享性、开放性、透明性等优势，为减少供需双方信息不对称提供了解决方案，使得跨域时空的、相互不熟悉的供需双方在平台的支持下实现双赢，平台依托信息技术实现了资源的信息化，借助平台机制整合资源并使信息以合适透明的方式向供需双方及其利益相关者展示。在众创平台中，资源提供者可以在资源充分高效利用的基础上获得物质或非物质利益，满足其获利需求；资源需求者如创客或创业团队通过与平台用户的互动实现了技术创新，完成了创业活动；不同类别的用户则在互动中创造了社交价值、情感价值和体验价值。在各方用户参与平台的同时也为完善平台服务规范、服务质量提供了支持，使得整个互联网众创平台的价值创造过程形成闭环。

针对创客和创业团队，互联网众创平台将优势资源集成化，通过对技术及管理创新信息的集成，了解创新知识、科技前沿技术及管理技术，构建虚拟众创空间的创新优势，然后通过对市场环境、服务、政策、创投等信息的理解，形成虚拟众创空间的主导优势。在此基础上，融合众创平台提供的管理服务、运营知识，以及技术团队、导师团队、人力资本等高端人才服务，形成互联网众创平台的核心能力。在平台的运作过程中，平台的服务功能将处于综合优势不断上升的趋势中，也会促进众创平台集成更多的优势资源。

实现价值共创的第一步是资源整合。互联网众创平台的资源整合体现在三个层面：第一个层面的整合是对平台构建过程中内部资源的整合；第二个层面的整合是对平台用户供给和需求资源的整合；第三个层面的整合是对金融、咨询等第三方利益相关者资源的整合。平台构建阶段，平台组织内部需要大量的人力资源和资金，由于平台用户的数量对平台的发展至关重要，因此在平台创立初期，对于供需用户的整合是无筛选的，甚至需要大量的资本以补贴的方式吸引用户加入平台。在这个过程中，社会认同起到非常重要的作用，共享经济领域的群聚效应非常明显。创客或创业团队在选择服务平台时，周围人的选择和口碑影响其选择决策。在互联网众创平台积累了一定的用户基础以后，平台需要整合大数据、云计算、人工智能等先进技术应用于传统的服务领域，以提升平台服务质量，为用户提供更好的服务，增强平台竞争优势。

实现价值共创的第二步是供需匹配。基于大数据、云计算、物联网、移动技术等先进技术，互联网众创平台将体量庞大的过剩资源整合起来，在供需两端完成有效的匹配。根据互联网众创平台所涉及行业领域的不同，供需匹配方式也不尽相同。从产业组织结构角度来分析，供需匹配在市场中完成，市场结构决定了供需双方的选择权力。而在互联网众创平台中，有特殊的匹配机制。一是算法自动匹配机制。基于平台大数据，通过平台内部算法完成供需匹配，可以降低交易成本，减少市场对需求满足的影响。二是社群参与匹配机制。平台算法通过大数据分析产生推荐结果，用户根据推荐结果作出选择。用户的选择受到平台中其他用户评价的影响。三是利益相关者干扰机制。有时匹配会受到利益相关者价值诉求的影响，对供需匹配过程产生调节。

实现价值共创的第三步是共创驱动。在共享经济模式下，众创平台用户既是供给者又是需求者，在平台提供的服务场中，用户的价值共创行为有两个维度：参与行为和亲社会行为（Yi & Gong，2013）。参与行为指的是用户在众创平台上需要履行的角色内行为，包括信息共享、人机互动、服务责任等；亲社会行为指的是用户自愿为平台或其他用户提供附加值，如反馈、推荐、帮助、容忍等行为（杨学成、涂科，2018）。现有的共享经济平台，在参与行为这一维度上可以做到信息共享和人机互动，这是用户参与共享经济必须要做到的，而在亲社会行为维度上则表现不佳。驱动共创是平台引导用户的参与行为和亲社会行为过程，为平台和其他用户创造价值，从而进一步提高平台价值。更重要的是，共创通过社群参与和经济互利来完成，同时也成为平台创新的重要驱动力。

经过资源整合、供需匹配和驱动共创三个价值创造环节（见图 3-3），互联网众创平台为三个层次上的组织创造了经济价值；平台系统中的各方行动为其他经济主体作出了贡献，实现了社会资源的有效利用，同时也推动了行业转型和社会进步，创造了社会价值；参与到共享经济中的每一位用户享受到了平台支持下的社交互动、娱乐享受与自我管理和创新。

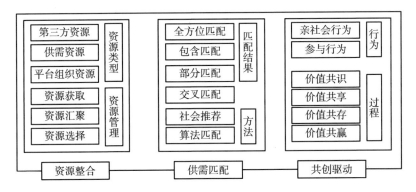

图 3 – 3　众创平台价值共创机制

3.2　基于新型社群的价值共创

3.2.1　新型社群商业模式

移动互联网社群的传播特性对于整个商业运行过程,包括生产、营销、消费多个环节都产生了变革性的影响,形成了全新的商业模式。社群经济商业模式可以概述为三句话,即:内容流量导入、一切产业皆媒体;社群流量沉淀、一切关系皆渠道;商业流量变现、一切环节皆体验。

移动互联网的出现,使得人与人之间的协作效率大大提高,同时也使得信息的生产和传播效率大大提高。在人人都是媒体的一种社会化关系网络中,内容就是广告,优质的内容非常容易产生传播效应,随着微博、微信等社交媒体兴起,企业以新的姿态和形式来表达自我,以博得消费者的信任和喜爱。

在新型社群充斥的时代,企业所有经营行为本身就是符号和媒体,从产品的研发、设计环节开始,再到生产、包装、物流运输,到渠道终端的陈列和销售环节,每一个环节都在跟消费者和潜在消费者进行接触并传播品牌信息,包括产品本身,都是流量的入口。企业媒体化已经成为必然趋势,企业需要的是培养自己的媒体属性,因此现在越来越多的企业尝试自媒体,通过各种社交媒体与消费者直接沟通。构建社群是引爆口碑的关键，通过社群建设，建立用户认同进而实现价值共识。

粉丝参与感、营销场景、人格魅力、关系联结等都是社群的重要标签，尤其是在"互联网＋"时代，社群更是席卷了整个互联网，甚至形成了社群思维模式。在这种社群模式中，个人和企业之间有了联结机会，大大促进了个体与企业间的价值共创行为。在这种趋势下，企业需要善于经营社群，才能利用社群的潜在优势，更好地优化产品。

在新型社群主导的商业模式中，传统的实体渠道逐渐失效，取而代之的是线上的关系网络，这种关系网络更多地体现在微博、微信、论坛这样的可以相互影响的社会化网络上。新型社群的商业模式在某种程度上就是一个促进与粉丝的关系和传播自己产品的过程，通过创造内容进行传播，尤其是社群营销所聚集的人群会通过熟人延伸到陌生群体，最后形成一个庞大的市场，变相产生巨大的商业经济价值。

在新型社群主导的商业模式之下，企业用内容将兴趣相投的人聚在一起，然后制造群体活动，进行商业转化，从而获得营收。这样的生态模式逐渐发展完善，为消费者提供多维度的服务，就变成了一个完善的商业体系。社群商业的本质是用户主导、数据驱动、定制化的 C2B 商业形态，在社群商业模式中，首先，内容本身是媒体属性，用来吸引和满足用户的基础需求；其次，通过社群运营去沉淀用户，形成人与人之间的联结；最后，再通过商业的属性衍生盈利点。商业社群生态的根本价值，就是实现社群中不同层次的消费者的价值满足。社群商业模式是一个具有增量思维的"微生态"，未来的商业是基于人而非基于产品，是基于社群而非基于厂商。

3.2.2　新型社群创客创新型价值共创

在创客创新型的价值共创体系中，参与主体包括平台、企业和创客。其中，创客是平台上的基础性资源的应用者和创新服务的供给者，企业是平台上基础资源的提供者和创新服务的需求者。这类价值共创模式中，创客是社群的主要用户，是价值共创的核心主体，企业要么是平台提供者（如品牌社群），要么是将创新资源的需求委托给平台，由平台筛选创客的创新服务再间接提供给企业（如兴趣社群、知识社群），因此在这类新型社群中，关键的主体是社群平台和创客，创客又可以分为领袖型创客和追随型创客。

社群平台为创客的价值共创活动提供所需的基础性资源池和制度基础，领袖型创客基于社群平台的规则和激励体系，利用自身的知识及能力将资源池中的基础资源进行整合和开发形成创新性产品与创新性服务，追随型创客则为社群营造氛围、传播口碑，是扩大新型社群影响范围、提高影响力的关键力量。此类社群中的价值共创可以分为价值支撑、价值开发和价值升华三个维度，其中价值支撑的主体是社群平台，其提供创客们进行产品创新和服务创新所需的基础资源；价值开发的主体是领袖型创客，他们负责对基础性资源进行创造性的整合，创新出新产品、新服务和新体验；价值升华的主体是追随型创客，他们负责将新产品、新服务和新体验进行传播、烘托和升华。价值共创的机理如图 3 - 4 所示。

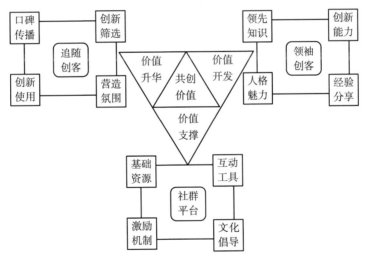

图 3 - 4 创客创新型价值共创机制

社群平台对价值共创的作用是价值支撑，主要体现在基础资源提供、互动工具、激励机制和文化营造四个方面。其中，基础资源提供决定了基础产品和服务的类别与品质；互动工具则有利于提高领袖创客、追随创客和其他成员互动的品质与频率；文化倡导和激励机制决定了社群所能够引进的领袖创客、追随者创客的类别、质量及积极性。

领袖创客对社群价值共创的作用主要是价值开发，主要体现在领先知识、创新能力、经验分享和人格魅力四个方面。其中，具有人格魅力和一定的领先知识是成为领袖型创客的基本要求，而创新能力、经验分享则是领袖型创客进行价值开发活动的关键行为。

追随型创客对社群价值共创的作用主要是价值升华，主要体现在口碑传播、创新筛选、创新使用和营造氛围四个方面。其中，营造氛围、创新使用是成为追随型创客所需要具备的基本素质，而口碑传播、创新筛选则是追随型创客对领袖型创客所开发的价值进行升华的关键行为。

3.2.3 新型社群企业创业型价值共创

在当今移动互联网技术重构商业模式的背景之下，越来越多的创业团队或创业企业开始借助互联网平台和技术，增进与用户的互动，优化服务过程中的用户体验，甚至吸引用户参与企业价值链的构建过程，以此实现初创企业的快速成长和发展。在众多的互联网创业路径中，通过互联网虚拟社群起步衍生出的创业企业或创业团队自成一派。根据朱良杰等（2017）的研究结果，创业团队的价值共创过程包括互动、融入和授权三个过程（见图3-5）。互动是指价值共创参与者之间的交互合作关系；融入是指用户从价值破坏者到价值创造者的转化过程；授权是指企业将创业过程中主导或参与相关创业活动的权利赋予用户。

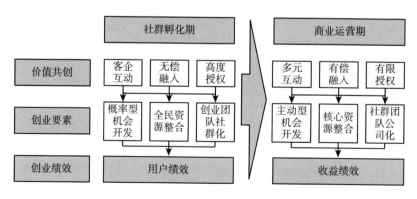

图3-5　基于新型社群的创业团队价值共创过程

在互动方面，社群孵化期内，创业团队通过运营微信公众号及微信社群建立了与用户的直接沟通机制，并采取高频的日常社群交流获取用户的求职需求信息。经过信息的集中处理和分析，发现应聘者在实习准备、应聘技巧和职业规划三个环节的问题最为集中，从而降低了创业机会识别的不确定性；在商业运营期内，创业团队构建了更加丰富的沟通渠道，从微信延伸至 QQ 等多个互联网社交媒介，并开发了专有的 App 和网站，能够收集更多的用户需求信息。此外，借助社群成员与用户的沟通，创业团队能够提高收集用户需求信息的效率，从总体上提升了机会识别的效率。在整个社群的运营过程中，创业团队鼓励社群内的活跃用户将自己实习、就业单位的招聘信息以及个人接收到的学习资料、精品文章进行共享，还会不定期对某个话题发起讨论。借助社群的传播能力，创业团队将有效整合用户的信息资源。随着互动范围的扩大，创业团队会有意识地在社群中发布相关需求，在信息资源基础之上搜寻人才、资本、客户等商业资源。

在融入方面，社群孵化期内，创业团队建立了常态化的社群招新体制，能够通过宣传、遴选、培训的流程使活跃及忠实度较高的用户转化为社群成员。社群成员相比普通的用户对公司品牌有着更高的认同感和忠诚度，因此有意愿及时分享关于如何服务用户、产品如何开发设计等方面的见解与建议。作为回报，创业团队会给社群成员提供一些求职咨询以及行业内的学习资料，并为优秀成员提供实习推荐、求职指导等内容。因此，融入的策略使得创业团队能够以较低的成本获得机会开发的反馈及建议，不断修正创业行为；在商业运营期内，创业团队从社群内识别、吸收公司需要的专业人才，如新媒体运营、市场营销及客户服务等，并采取实习、兼职、全职等多种用人方式，补充创业公司的员工队伍。这种方式进一步提升了融入的程度，并且增强了创业公司的机会开发能力。

在授权方面，社群孵化期内，创业团队为社群成员授予了较大的自主自主权，通过建立项目小组，将潜在的创业机会付诸行动。各个项目小组可以发起各种内容和形式的活动，如金融电台、读书会、租房信息交流、交友等活动，创业团队根据活动的效果进一步决定是否加大机会开发支持。这种较高的授权使得创业团队能够借助外部力量对机会进行开发和检验，分散了早期专一开发某个机会的风险；在商业运营期内，创业团队限制了社群成员对主要产品的开发和运营权，而是交由公司的正式员工，根据目标用户需求主动进行产品开发，社群成员仅在产品服务的营销宣传方面提供支持。

3.3 "众创平台＋新型社群"型创新生态的价值共创

3.3.1 "平台＋社群"型商业模式基本特征

"平台＋社群"型商业模式的典型案例如海尔、小米和"猪八戒网"。其中，海尔通过小微模式激发员工内部创业激情；小米的粉丝群体为小米的创意产生、口碑营销作出极大贡献；"猪八戒网"利用竞赛、匹配等方式搭建起企业与大众协同创新的桥梁。宋立丰等（2020）从社群价值出发，构建了基于个体需求价值和隐性冗余价值的"平台＋社群"商业模式（见图3-6）。

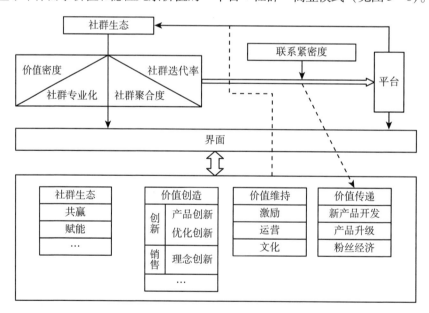

图3-6 "平台＋社群"商业模式

首先，该商业模式具有共赢和赋能的价值主张。共赢指的不仅仅是价值共创中的多方获益，更是一种互相选择的依据，尤其是社群的选择。基于隐性冗余价值而聚合的社群是一种对兴趣、喜好等精神进行追求的结果，其本身就没有极强的盈利动机。例如，小米与其网络社区中的"米粉"们拥有共同的兴趣，这更容易形成物质上的共赢和精神上的共鸣。社群主体隐性冗余价值的差异化特征决定了社群的需求具有多样性，但社群需求的满足与企业的盈利需求不存在根本的竞争关系。社群可以在企业平台上获得多方面需求的满足，而平台企业利用社群的冗余价值则可以低成本、高收益地获利。这一过程具有一定的参与者赋能属性，是一种通过闲置资源的共享满足各自需求的方式，是一种相对于直接交易来说更低成本价值创造的模式，而这个过程由于对价值创造主体的赋能更有可能衍生出创造性价值。平台企业与社群在共赢中激发双方产生了实现理想、共同成长的动力，赋予了社群和企业组织活力，形成了赋能的价值主张。

其次，该商业模式具有包括产品研发和理念创新在内的价值创造环节。价值创造延续于价值主张，而应用型、迭代式、创意式的创新是最适合于"平台＋社群"商业模式的价值创造模式。第一，社群的特征决定了在这种价值共创的商业模式中不适合进行重复性、事务性的工作，因此也就无法完成基础性、攻坚性的基础创新研究工作。第二，对于平台企业，上述工作更适合选择购买、外包等方式完成。创新代表对新需求的满足，越高层次的需求就越细分、越多变。社群的聚集本质上就是追求对较高层次需求的满足，在这种对过去不能满足的需求的满足过程中所创造的价值就是一种创新。当较高层次需求逐渐转变为基本需求后，社群的隐性冗余价值也就随之转变成了需求价值，从而产生新的冗余，所以该商业模式的价值共创集中在创新环节。

再次，该商业模式具有新产品开发、产品升级和粉丝经济特色的价值传递特征。三个典型模型中，海尔与社群之间的紧密度最高，所以海尔将价值链中相对完整的新产品开发部分整体剥离出来与社群合作，双方契约签订时限较长，属长期合作关系，价值共创的耦合较深；"猪八戒网"与社群联系紧密度最低，企业一般只将产品创意的部分剥离出来与社群合作，双方交互频率较低，一般签订一次性契约，耦合度浅；小米介于两者之间，社群参与到平台的产品优化和多元化开发中，双方契约时间较长，但相对灵活，耦合深度的不确定性和跨度都很高。总体而言，"平台＋社群"的联系紧密度仅决定两者价值共创的价值深度，即价值链的长度和完整度，而非价值总量；价值链长度则决定社群对企业的价值传递本质，进一步决定其价值传递的方式。这是因为平台企业的诉求相对单一，即追求利益，所以在"平台＋社群"商业模式中社群对平台的价值传递方式也主要受单一因素影响，即两者联系的紧密度。

最后，该商业模式有协同作用的价值维持机制。平台对社群的价值维持主要体现在激励、运营和文化三方面。激励指的是平台如何满足社群的多样化需求，对其进行进一步赋能，使其有动力、有资源进行更多的价值共创活动，同时提升社群的价值共创能力。运营指的是通过常规的制度、活动和宣传等方式维持平台与社群价值传递的紧密度。运营可以由平台进行，也可由第三方进行，甚至可以由社群自身完成。由于社群隐性冗余价值的差异化特征，社群需求的满足不再是单一的物质利益，更多转变为精神的需求，如成长、学习等。因此，社群对平台的选择标准不再是单一物质利益的比较，更多是文化上的契合。

3.3.2 "平台＋社群"商业模式中创客创新型价值共创

创客创新型的"平台＋社群"网络要素结构涵盖了身份建构、文化亲近、资源承诺、价值主张和服务嵌入共五个要素，并遵循创客以"认知嵌入—情感嵌入—行为互动"为导向的逻辑框架，即身份建构和文化亲近在价值主张、服务嵌入的调节作用下对资源承诺实施影响。对应到创客层面的影响过程如下：身份建构和文化亲近能够影响创客的认知信任，价值主张和服务嵌入则会影响创客的情感信任，资源承诺则对创客的结构洞、机遇开发和机遇发现施加影响，最终会影响创客参与度，个体层面的作用机制呈现了"平台＋社群"网络能力的生成路径。

首先，在认知嵌入阶段，价值共创的起点是身份建构和文化亲近。从身份建构和文化亲近要素看，那些运营良好的众创平台在建构初期几乎是基于创始人的社会影响力或依托企业的社会影响力而发展起来的，社会声望和地位较高。声望和地位高意味着能够获取更多资源，也是高质量资源的信号，创客更加青睐此类平台组织。对众创平台而言，创客类似"消费者"，众创平台要为创客提供各项优质的服务。创客选择众创平台是一种完全自我决定行为，因此，众创平台的身份和文化是创客作出选择偏好的重要参考标准。当创客感知到的众创平台文化与自身价值观"匹配"程度越高时，创客对众创平台更容易产生共鸣和认同感，即和众创平台有较高的文化亲近。身份彰显了相对其他组织，自己在行业中的位置，塑造了组织未来行为和绩效的期望，创客能够嵌入具有较高信任度和知识共享的社群网络中，最终会增强创客作为合作伙伴的吸引力和改善外部观众的好感度。当创客对平台组织具有较高的认知信任时，创客的参与度也会相对较高。

其次，在情感嵌入阶段，价值共创的机制是价值主张和服务嵌入。从价值主张和服务嵌入要素来看，诸多运营效益较好的互联网众创平台能够准确定位自身角色，寻求多元化收益，避免缺少差异化。也就是说互联网众创平台要避免受到同质化的桎梏，需要构建专业化运营管理团队，通过团队推动众创平台将创客的异质性需求嵌入独特、稀缺资源的管理过程中，以此彰显平台组织的价值主张和服务嵌入的深度。由社会网络理论可知，单一生态要素优势的众创平台难以拥有社会网络中最有可能给其带来竞争优势的结构洞的能力，进而限制其建立创客与其需求资源间的弱联结的能力，即价值主张不明确与服务嵌入深度不足导致众创空间对创客的吸引力不足。因此互联网众创平台需要在基础资源的基础上，将其所依赖的政府、大学、科研机构、企业等社会组织纳入其构建的生态网络中，并将众创平台服务和社群生态嵌入创客的阶段性异质需求中。

最后，在行为互动阶段，价值共创的机制是资源承诺。从资源承诺要素来看，运营良好的众创平台都构建了比较完整的社群网络。由资源依赖理论可知，此类众创平台能够与其所依赖的环境中的组织构建良好的社会网络关系，如政府机构、大学、知名合作企业、知名创业导师等。这些稀缺的、价值独特的社会关系不仅提供了众创空间维持生存的动力，而且构建了众创空间与社会关系之间的强联结，占据了结构洞中最有利的位置，即将网络价值嵌入了创客所寻求的异质资源中，影响了创客的结构洞，进而能够在创客的创意转化过程中提供较高程度的资源承诺。创客会寻求认同的一致性和稳定性，资源承诺中的关键性资源能够显著改变创客的结构洞,为创客的创新创业机遇开发和机遇发现提供更多的机会并降低不确定性,促进创客的价值共创绩效。

3.3.3 "平台＋社群"商业模式中企业创业型价值共创

创业团队或创业企业嵌入"平台＋社群"商业模式中,可通过三种机制实现价值共创,借鉴李平等(2019)的观点,可以称这三种机制为战略嵌入、平台嵌入、生态嵌入。这三个层面的嵌入机制确保了平台企业和创业团队或创业企业在战略目标以及权、责、利分配方面的协调统一,增进资源、技术和能力在生态内的共享与流动,推动创新项目的孵化和加速扩散。

第一是战略嵌入机制。战略嵌入是指创业企业将自身的发展规划,转化为平台型企业战略布局中的一个子战略,通过平台企业的扶助、孵化,突破所持创新产品的产业化"瓶颈",进而既实现创业企业的研发和成长目标,也助力平台企业实现在这一领域的子战略目标。创业企业对平台企业战略嵌入包含价值观统一、战略导向一致、战略目标嵌入三个方面。统一的价值观是企业建立信任和合作关系的前提,是创业企业和平台企业开展价值共创的基础。创业企业受企业资源和规模的限制,容易陷入短期回报"陷阱",这与平台企业重视生态健康发展和持续提升竞争能力相悖。创业企业嵌入平台营造的社群生态后,需要调整自身价值观,与平台企业价值规范保持一致,从而实现双方在企业文化和行为准则基本面上的高度契合。企业竞争在很大程度上是不同商业模式之间的竞争,平台型企业在发展过程中形成了相对成熟的运行模式和商业逻辑。创业企业在充分理解、认同、学习和吸收平台企业商业模式与经营策略的基础上,建立与平台企业统一的战略导向。为发挥平台生态的规模效应和互生优势,平台企业侧重于构建包含完整的垂直产业链体系、多产业横向布局或二者交叉共存的生态系统。创业企业作为其中垂直产业链或横向产业布局中的一环,将自身创新发展目标嵌入平台企业总体战略总目标。通过战略目标嵌入,保证了双方目标利益的一致性,使创业企业和平台企业更加紧密地联结在一起,实现价值共创。

　　第二是平台嵌入机制。平台嵌入是指创业企业嵌入平台企业的平台资源中，共享流量、渠道、品牌、供应链等平台优势资源，降低创业企业的资源获取壁垒、供应链壁垒、市场进入壁垒。平台嵌入是嵌入式创新的核心，对创业企业的产品创新起到直接的孵化和加速作用。本书按照创业企业的资源获取和使用难度将平台资源划分为显性资源、知识资源、衍生性资源。其中，显性资源是指平台企业直接拥有的线上销售平台、线下销售渠道、物流系统等可见资源。知识资源是指平台企业掌握与积累的知识和技术，包括工业设计、产品标准、大数据等。衍生性资源是指平台企业在发展过程中积累的品牌影响力和外部资源，如对供应链企业的影响力，以及可接触到的社会和政治资源。因此，创业企业的平台嵌入过程包含对三种类型平台资源的嵌入。平台企业将自身拥有的、"双创"活动所需的互补性显性资源基础设施化，统一共享给嵌入的创业企业。嵌入的创业企业借助显性资源基础平台，迅速弥补了自身在流量、渠道等方面的商业化能力的不足，实现创新产品在全国乃至世界范围内的快速扩散。嵌入的创业企业从同一个资源基础平台中获得的显性资源是同质化的，因此，显性资源对嵌入企业合作创新绩效的作用取决于创新产品的质量。在价值共创过程中，平台企业会向创业企业分享自身经验、知识和技术。知识资源嵌入是创业企业对平台企业知识和技术的理解、学习、吸收以及利用过程，需要双方更加频繁和深入的互动。同时，创业企业能否顺利整合和利用平台企业的知识资源还受到双方知识匹配程度的影响。恰当的知识匹配程度会提升创业企业对平台企业知识资源的利用效果。创业企业基于与平台企业的良好关系，在平台企业的帮助下获取和利用衍生性资源，如取得平台企业背书下的供应商低价，降低创新产品的生产成本。由于衍生性资源不是平台企业的内部资源，难以实现对所有嵌入创业企业完全开放和直接共享。衍生性资源的获取依赖于创业企业的外部关系处理能力与社会资本的挖掘和利用能力，包括与平台企业的紧密互动以及对通过平台企业建立的其他外部组织关系的维护。

　　第三是生态嵌入机制。生态嵌入是指创业企业作为不可或缺的生态环节，与"平台＋社群"组织架构的生态系统中的其他企业高度联结和契合，通过优势互补，互为生存和发展条件，实现最大的系统生态效应。生态嵌入旨在加强平台生态中嵌入企业之间的互动和合作关系，放大嵌入企业的资源价值和功能。从双方合作的产品链条关系以及资源共享的角度，可将生态嵌入划分为产业链嵌入、互补产品嵌入、生态资源嵌入。为了避免社群生态内部过度竞争和有效发挥生态共生效应，平台企业在构建社群生态过程中会选择不同产品领域内的创业企业和生态企业。因此，生态企业之间的产品呈现出包容和互补结构，其中某些生态企业的产品是其他嵌入企业的原材料，双方处于同一产业链的上下游位置。就特定产业而言，平台生态系统包含完整或部分长度产业链，创业企业将自身嵌入生态内某一产业链中，成为产业链上其他企业的供应商或用户，解决企业自身的部分产品销售或原材料购买问题。社群生态中不同参与企业之间提供的产品具有互补性，这些企业通过相互学习和参与彼此的设计、研发活动，促进产品之间功能的兼容性、协同性、连贯性，以及外观的匹配程度，在营销环节合作提供配套系列产品，提高用户体验和用户黏性，发挥互补性产品在销量方面的相互正向推动作用。在社群生态中各个嵌入企业拥有不同的知识、技术以及外部衍生性资源，平台生态将这些资源聚合成一个隐性的资源池，扩大了嵌入企业可触达和利用的资源范围。创业企业以平台企业为桥梁，通过与生态内其他企业建立紧密的伙伴关系，获取生态资源池中的可用资源，提高价值共创的绩效。

3.4 基于互联网众创平台的社群生态系统及形成机理

3.4.1 "平台+社群"生态系统的特征

（1）基于互联网的知识资源配置。

知识是创新创业的关键性资源。在价值共创社群生态系统中，知识资源配置的效率决定着整个系统的效率。知识资源的配置包括知识搜寻、转移、应用和扩散等环节，知识载体之间的直接交互或经由中介的间接交互是其基本方式。与传统的点对点式的线下知识搜寻和交互方式不同，互联网平台成为价值共创社群生态系统中知识资源配置的重要平台和工具。

一方面，互联网成为知识资源供给和需求信息集中呈现的平台。在"互联网众创平台＋社群"生态系统的实践中，线上发布技术、创意等知识资源的供给需求信息是最为基础的功能。大量的知识供给和需求信息在互联网上发布对接，已成为知识资源配置的基础方式。例如，美的公司美创平台网站上专门设有"需求与解决方案"板块，供技术供给者和需求者发布相关信息并进行对接。

另一方面，大数据技术成为提高知识资源配置精度的重要工具。随着互联网众创平台上汇集的技术供给需求信息不断增加，信息搜寻成本也在上升。通过数据挖掘和整理，可使相关信息结构化和可视化，从而更好地识别其中蕴含的规律，并在此基础上实现知识供给与需求信息的精准匹配。例如，海尔公司 HOPE 平台的后台建设有强大的搜索匹配引擎，能够快速将后台资源库、方案库、需求库和创意库进行配对。同时，HOPE 平台在全球各地分布了数百台爬虫服务器，随时关注互联网动态，抓取最新技术信息并分析入库，为精准匹配提供数据来源。

（2）正式合作组织与网络社群结合的组织模式。

在工业社会中，企业等各类组织机构在经济社会发展过程中占据主导地位，是创新活动的主要实施者。进入互联网时代，"创新民主化"蔚然成风，个人也成为重要的创新主体，网络社群就是个体创新者和团队创业者参与众创社群生态系统的基本组织方式。这一新的组织元素的出现，使得"互联网众创平台＋社群"生态系统呈现出正式合作组织与网络社群相结合的组织模式特征。

正式合作组织是企业、学研机构和中介等机构以契约为基础，以产品开发项目为纽带构建的，表现为联合研发、委托开发、共建实验室和并购入股等多种形式。网络社群则是通过互联网互动形成的非正式组织，由以数字化、符号化方式存在的参与者围绕共同的话题和兴趣爱好自发组织形成。

在"互联网众创平台＋社群"生态系统中，正式合作组织与网络社群的结合主要体现在两个方面。一是创新创业过程的结合。网络社群是创意和信息的重要来源，也是开展新产品体验与迭代的主要途径；而正式合作组织在产品研发、生产和销售等阶段发挥主导性地位。二是构成主体的重合。网络社群中的个体往往是企业或组织机构的成员，身份上的重合加速了信息流动，进一步促进了正式合作组织与网络社群的结合。在"互联网众创平台＋社群"生态系统的实践中，主导企业除了加强与其他企业和科研机构的合作外，也非常重视网络社群，将之视作推进创新创业的重要力量。例如，海尔天铂空调的创意来源于一名网友。该网友将其创意发布到HOPE平台上，得到了1700多名用户的建议和支持。在海尔公司、中国科学院等机构创新主体的支持下，最终这款产品从创意变为了现实。

除了上述知识资源配置和创新组织模式方面的特征外，"互联网众创平台＋价值共创"生态系统还具有根植于互联网思维的方法论。互联网思维是对商业世界的一种全新认识，本质是一种体现互联网的特点和规律的思维方式，用户中心、生态协同和数据驱动是这一方法论的具体体现。

一是以用户为中心的双创理念。"以市场需求为导向"是创新创业的基本法则，"以用户为中心"则是对这一法则的升华。"以用户为中心"不仅体现了对用户需求信息的关注，而且强调用户参与创新创业，并且在了解用户需求时还充分考虑了需求的潜在性和动态性，以及产品用户也是互联网用户的特点，强调了互联网技术支撑下的全方位和多层次互动。在"互联网众创平台＋社群"生态系统中，用户等个体构成的社群是践行这一理念的主战场。海尔、美的和华为等公司通过分析用户在社群中的提问、吐槽和讨论等内容，更加深入和准确地把握用户需求。大量工程师和技术人员参与社群的讨论，不仅从中汲取了产品研发的创意和灵感，而且对产品的市场可行性有了更加深入的认识。

二是生态协同的理念。在传统意义上的社群生态系统中，各参与主体基于资源互补形成共生关系，最终产生价值共创的协同效应。在"互联网众创平台＋社群"生态系统中，参与主体间传统的生态关系被进一步加强和放大，突出表现为创新创业主体的异质性增强、出现大量复杂的跨界共生关系。例如，虽然法国汽车零部件供应商佛吉亚集团与海尔并无直接的业务合作关系，但是也加入了HOPE平台。佛吉亚可以通过HOPE平台享受到线上、线下并行的技术资源推送与对接定制服务，实现创新技术的准确对接。海尔公司则可以借助佛吉亚拓展家电领域以外的技术来源和合作。更进一步，在HOPE、美创等平台上活跃着大量的创客或初创公司，他们的技术和业务领域千差万别，利用平台提供的创业资源开展创新创业活动，从而极大地增加了生态系统的异质性，更加充分地体现了生态学中多样性共生的特点。

三是大数据驱动创新的理念。在互联网时代，数据是重要的战略性资源。对"互联网众创平台＋社群"生态系统而言，数据驱动的理念就是要认识到数据资源的重要性，并将之运用于创新创业决策、研发和市场化的全过程，从而使整个社群生态系统更具有效率。以海尔空气魔方的研发为例，通过 HOPE 平台，海尔公司的研发团队整合了来自 8 个国家的专家、学者 128 人，历时 6 个月与全球超过 980 万不同类型用户交互意见，利用大数据分析，最终筛出 81 万粉丝最关注的 122 个具体的产品痛点需求，成为空气魔方核心功能研发的重要依据。

3.4.2 "平台＋社群"生态系统的形成机理

（1）技术视角下"互联网众创平台＋社群"生态系统特征的形成。

从技术角度看，互联网是新一代信息技术的统称，其基本功能是改变了信息处理的方式与效率。价值共创活动本身也是一个信息处理过程。互联网技术在信息处理方面的优势，有力地促进了创新创业效率的提升，成为社群生态系统的构成主体主动采纳信息技术的主要原因。

第一，互联网技术加速了知识与信息的传播，为基于互联网的知识资源配置提供了前提。在互联网技术出现前，编码知识的传播主要依托于书籍、文档等物质载体，速度慢、成本高。互联网技术的发展使得大量编码知识实现了数字化并通过网络传播，从而提升了知识流动的效率。同时，互联网成为市场机制的有益补充，它降低了知识资源配置时的信息搜寻成本，并提升了供需匹配效率。在互联网众创平台上，参与主体的知识供给和需求信息可以集中呈现，而不受时间和空间的限制。这一方面扩大了信息搜寻范围，降低了信息搜寻成本，并提高了供需匹配的效率；另一方面弥补了价格机制的缺失，为整个社群生态系统中知识的生产、转移和利用提供了新的信号机制。

第二，互联网技术减少了分散主体间的信息传递和协调成本，为网络社群参与价值共创提供了可能。以顾客为核心的社会个体参与价值共创的重要意义已得到理论和实践界的共同认可，其中的关键在于个体拥有的信息和知识可以激发创意、加速产品迭代及降低市场风险。但是，在实践过程中，个体数量庞大且高度分散、信息和知识的价值密度低、沟通协调成本高等因素制约着个体参与价值共创。互联网使得信息传递突破了时间和空间的制约，大规模同步传递成为可能；大数据技术又为海量数据的处理和价值挖掘提供了有效途径。因此，在互联网技术的推动下，个体参与价值共创的成本明显下降，创新民主化蔚然成风，社群生态系统的构成主体和参与方式也随之改变。

第三，互联网技术改变了信息资源的价值创造方式，成为方法论变革的根本原因。信息技术的发展极大地提升了人类开发利用信息资源的能力，信息在价值创造过程中的地位和作用方式发生了显著变化。例如，顾客对新产品或服务的评价信息得以广泛传播，成为客户购买决策的重要依据，直接影响创新创业的成败。消费者行为偏好的价值被深度挖掘，催生了精准营销等新的模式，也成为创意生成和产品开发的重要基础。在这些利用信息进行价值创造的新方式的影响下，创新活动的方式和方法被不断创新，参与主体间的关系也以信息为纽带发生重构，价值创造方法论的变革顺理成章。

（2）制度视角下"互联网众创平台＋社群"创新生态系统特征的形成。

制度是一种具有高弹性的社会结构，由文化认知、规则和法令规章三个要素组成，并与活动和资源相联系，为社会生活提供稳定性和规则。在制度视角下，互联网不仅是一种技术，而且代表了一种社会惯例，如人们选择信息处理和社会互动方式的偏好、沟通时对互联网语言的接受和使用、互联网技能学习的常规化等。互联网的制度属性主要发挥了社会整合功能，使得采纳信息技术、实现互联网化的参与主体整合起来，形成生态化的价值共创组织体系。

第一，参与主体对互联网的信任和使用偏好，加速了知识资源配置平台的形成。在互联网时代，人类的经济社会生活高度依赖互联网，对互联网的信任和使用偏好已成为一种社会惯例。具备知识资源配置功能的互联网平台具有典型的网络经济特性，足够多的用户是该平台发挥作用的关键。对于各类参与主体而言，这种信任和偏好成为他们利用互联网进行知识资源配置的前提。在整个价值共创生态系统中，这种信任和偏好又具有类似制度"场域"的功能，在制度同型化的作用下促使主体加入知识资源配置平台。

第二，个体对网络空间的认同和参与是网络社群参与价值共创的必要条件。互联网时代，网络空间成为个体进行社会交往和表达自我的重要领域，体现了社会个体对网络空间的高度认同感和参与度。在网络空间上，个体在乎自己的网络形象、信用和"虚拟"社会关系，并习惯于通过网络表达自己的观点和看法。这一社会现象为个体形成网络社群并参与创新提供了必要条件。个体对自己网络身份的认同和关注，成为网络社群在缺乏正式契约规制的情况下得以自组织存在的基础；个体热衷于在网络空间上表达自我，成为他们展示创意、表达不满和参与互动的前提。

第三，消费者的互联网用户属性为价值创造方法论的变革奠定了必要的社会基础。随着互联网的普及，社会中存在规模巨大的互联网用户，他们同时也是新产品或服务的消费者。企业开发的新产品或服务必须与消费者的互联网用户属性相匹配，体现互联网时代的特征。这要求企业重新审视和构建自身的创新创业方式与方法。虽然创新创业主体面对的消费者具有多样性，但是在互联网用户属性这一点上又具有极高的同质性。由此，体现互联网思维的价值创造方式和方法很容易成为双创主体的共识，从而带动整个社群生态系统中主导性价值创造方法论的变革。

第4章

创客虚拟工作嵌入
对其价值共创绩效的影响

本章探索了虚拟工作嵌入的新构念，开发了相应的测度量表，然后从持续参与意愿、创业敬业度、创客间的非正式互动的视角，论证了创客在互联网众创平台中的虚拟工作嵌入对其价值共创绩效的影响路径。

4.1　创客的虚拟工作嵌入

4.1.1　工作嵌入理论与虚拟场景新构念

社群的核心是基于利益和情感的人与人的链接，社群成员是否愿意长期留在社群之中并保持活跃度对众创平台的可持续创新至关重要。在传统工作场景下，学者们从不同角度探索了如何保证员工的忠诚、不流失，其中米切尔等（Mitchell et al.，2001）学者发现，员工的离职或流失除了受工作本身的影响之外，还受到其所处社会网络的影响，并将社会网络的无形影响称之为"工作嵌入"。实质上，在互联网众创平台这样的数字化工作场景中，创客是否愿意持续参与众创项目、是否具有持续的活跃度，除了受众创项目自身特征的影响之外，也会受到社群关系网络的影响，因此关于社群结构、社群文化、社群运营等的研究日渐引起学者们重视。

在传统工作场景中，学者们提出了工作嵌入、职业嵌入（Ng & Feldman，2013）、家庭嵌入（Purba，2015）、团队嵌入（Chang & Cheng，2015）等概念，来测度员工的组织行为受所处组织、网络和环境的不同影响。虽然这些概念从不同角度反映了员工与所处场景的联系，但均强调了员工和周围环境构成一体的场域，员工的诸多决策受该场域的影响。杨传荣（2020）认为这些不同的嵌入均基于相似的心理机制，可从联结、匹配和牺牲三个维度进行阐释。那么在数字化、虚拟性的工作场景中，在互联网众创平台中是否有类似的概念？将传统工作场景的工作嵌入等概念直接平移到互联网众创平台的工作情景中是否合适，还是在互联网众创平台中将会有新的意涵等问题均值得研究。

现有研究中，关于工作嵌入的测度主要采用欧美学者开发的量表（Ramesh & Gelfand，2010），杨春江等（2019）认为工作嵌入具有较强的情景化依赖，无论职内因素还是职外因素均受到地域文化的影响，因此开发了中国情境下的工作嵌入量表。在数字化时代，出现了很多新兴职业，用工模式的多元化、弹性化和共享化（郑祁、杨伟国，2019；张捷等，2020）导致很多新兴职业与传统职业相比，无论职内因素还是职外因素均发生了根本性的变化。以互联网众创平台为例，创客与传统职场中的员工相比，他们与雇主的上下级观念很淡薄，与组织的联系由雇佣关系变为契约关系（赵曙明等，2019），很多传统场景中制约员工离职和流失的因素不再存在。因此创客工作嵌入与传统员工工作嵌入势必存在很大区别，如果仍旧沿用传统工作场景中的"工作嵌入"来直接分析创客的行为将不再合适，基于此，本书拟以"虚拟工作嵌入"为构念探索互联网众创平台中工作嵌入的特殊性，试图开发具有虚拟场景特性的工作嵌入量表。

传统工作场景中，工作嵌入等概念经常被用来预测员工的离职和流动行为，为了便于与传统工作嵌入进行对比，本书也以创客是愿意继续参与社群的众创项目还是离开该互联网众创平台为视角来检测虚拟工作嵌入的效应。由于互联网众创平台的特殊性，并没有类似离职这样的构念，因此我们选择与之相反的构念"持续参与意愿"来分析创客的虚拟工作嵌入对其决定是否要离开社群的预测效果。

综上所述，本研究有三个目的：一是基于扎根理论方法开发虚拟工作嵌入的构念，剖析虚拟工作的维度结构；二是编制虚拟工作嵌入的量表，通过因子分析确保量表的信效度，为后续实证研究提供可操作化的测量工具；三是验证虚拟工作嵌入对于持续参与意愿的影响机制，也作为虚拟工作嵌入的预测效度检验。下面研究的展开借鉴了此类研究（郝旭光，2021；章凯、仝嫦哲，2020）的大体框架结构。

（1）工作嵌入构念。

针对员工"为什么离开"组织和"为什么留下来"的问题，在组织管理领域曾引起了充分的讨论。长期以来，学者们认为这两个问题主要涉及工作态度、工作满意度、组织承诺和工作选择等，但在实证过程中发现，这些因素对预测员工离职与否的解释力并不强（Griffeth et al.，2000）。米切尔等（2001）在研究过程中发现，很多非工作因素对离职的预测更准确，在此基础上提出了工作嵌入的构念，认为影响员工离职的力量主要来源于两个方面，一方面是来源于组织，另一方面是来源于生活所处的社群，而且这两个方面的关键力量都可以归结为"联结""匹配""牺牲"三个结构，进而得到六个维度的工作嵌入构念。其中，"联结"用以测度员工与工作和社群中他人的关联程度；"匹配"用以测度员工对所处的工作和社群环境的适应性；"牺牲"用以测度员工离开组织和社群后损失的物质或心理利益。总体来说，工作嵌入指的是阻止个体离开工作的各种力量的集合。工作嵌入的构念提出后，后续的多数研究均支持其对员工离职有着非常重要的预测作用（Jiang，2012）。

（2）工作嵌入的理论基础。

根据米切尔等（2001）的观点，工作嵌入构念的提出受到了"嵌入理论和场理论"的启发，认为员工的工作嵌入可以描述为黏住员工选择不离职而继续留下来的一张网络，这张网络既包括组织因素也包含社群因素。作为工作嵌入的理论来源之一的"嵌入性"概念最早由社会学家波兰尼在《大变革》一书中提出，并经由格兰维诺特发展成为嵌入理论，用以解释人类的经济活动往往镶嵌并缠结于非经济网络之中的现象（臧得顺，2010）。场理论又称"生活空间理论"，由社会心理学家勒温结合物理学中"场"的概念提出。该理论将场定义为个体与环境相关的一种整体形态，既包括知觉场（物质环境）也包括认知场（心理环境），认为个体的动机由知觉场和认知场决定（林培锦，2015）。

在米切尔等提出工作嵌入构念时，除了介绍上述两个理论之外，重点对比了该构念与"依恋"相关维度结构的相似性和差异性。依恋理论最早由心理学家鲍比在1969年提出，用以衡量婴儿与母亲感情上的联结和纽带，后来米夏尼亚（Misciagna，2005）将其由人对人的依恋拓展到人对组织的依恋，即组织依恋指员工对其工作的组织持久而稳定的情感联结（陈琳等，2015），通常被分为安全型依恋、回避型依恋和焦虑型依恋（谢雅萍等，2018），而关于其维度结构则并未取得共识。米切尔认为工作嵌入是一种新的组织依恋结构，反映了限制员工离开当前工作的力量，其中，匹配类似于工作依恋中的组织承诺，但没有义务感和情绪反应；牺牲类似于持续承诺但不涉及备选方案和理念元素；联结类似支持者承诺但不涉及对他人的认同，同时工作嵌入还包含了一些工作依恋不具有的要素。

在米切尔的研究基础之上，其他研究工作嵌入的学者基于不同理论解释了三个维度的作用机制。其中，工作联结主要基于嵌入理论（Zhang et al.，2012），通过探索人的社会资源和社会需求，认为社会网络的规范性压力（Maertz & Campion，2004）和社会资本束缚（Hom et al.，2012）会促进员工的留守；匹配机制主要基于吸引力选择损耗（ASA）范式（Wheeler，2007）和人与环境匹配理论（Tak，2011），通过探索人与组织、人与社群的相容性，认为相互匹配产生了相互吸引进而巩固员工留守；转换牺牲主要基于离职理论（Shaw et al.，1998）和投资模型（Mitchell，2001），认为离职的感知成本越高、损失的资源越多，越不愿意离职。针对工作嵌入三个维度的作用机制的理论基础不统一（吴杲、杨东涛，2014），基亚扎德等（Kiazad et al.，2015）基于资源保存理论的角度对上述三种机制进行了统一的阐释，认为联结和匹配是对员工有价值的工具型资源，牺牲指的是对于员工而言具有内在价值的资源，并且利用资源保存理论解释了补偿效应和缓冲效应（Mitchell et al.，2001）。

（3）工作嵌入的再认识。

首先，由于工作嵌入提出之初是为了预测离职，因此其从性质上逐渐定位为一种"惯性力"而非"激励力"（刘宗华等，2018），后续的学者也往往将其理解为阻碍员工离职的力量总和，而不是吸引员工留守原工作的力量总和，即便很多研究也认为工作嵌入促进了员工的积极参与和绩效提升（刘宗华等，2018），但其阻力或惯性力的性质定位仍旧根深蒂固。实际上，根据工作嵌入的理论基础，无论是嵌入理论、场理论还是资源保存理论，对所嵌入的网络、空间所蕴含的力量的描述均是中性的，对嵌入网络和空间所涌现资源的描述也是中性的。基于基亚扎德等（Kiazad et al.，2015）的资源保存理论对工作嵌入的解读，我们认为，工作嵌入所描绘的力量（或资源）既是阻碍员工离开的惯性力（损失资源），也是吸引员工继续留职的激励力（投资资源），而这一力量的最终性质取决于预测变量的特性而非其本身，这一点也可以从其他学者的研究中得到印证（Halbesleben et al.，2014）。另外，从近些年关于工作嵌入与工作绩效的关系研究中可以看出（吴论文，2021），学者们为了论述两者的逻辑关系，几乎不提及"牺牲"维度（Coetzer，2018），因为牺牲一定阻碍离职，不牺牲却不一定促进工作投入，此时若工作嵌入构念被中性化，有关工作嵌入对员工建言行为（Purba，2015）、创造力（孙笑明等，2020）和价值共创绩效（付景涛，2017）的预测效果更容易理解。在此基础上，本书认为对牺牲维度可以重新定义，跳出当前基于离职和资源损失的视域，可将其定义为"获益"（benefit），使其与"联结、匹配"一样更偏向中性，避免"联结和匹配"基于资源保存或投资的视角，而"牺牲"却基于资源损失视角这种不一致的处境的发生。

其次，虽然米切尔等在牺牲维度的定义上认为牺牲的利益既包括物质利益也包括心理利益，但是他们还强调了工作嵌入的力量因素更多是客观因素，而非情感因素。实际上个体所处网络的客观因素与情感因素往往交织在一起，导致个体考虑是否离职时很难区分，而且心理资源、情感资源也是工作和社群编制的网络中阻碍员工离职或吸引员工留职的重要力量，对这些因素的排斥并不利于对离职的预测。另外，随着对工作嵌入的拓展，家庭嵌入、团队嵌入等构念的出现（Ramesh & Gelfand，2010），越来越无法排除情感因素的干扰，因此本书认为基亚扎德等（2015）基于资源保存理论对工作嵌入的重新解读更加合理，即员工所嵌入的工作或社群网络中既蕴含物质资源，也蕴含心理资源、情感资源、社会资源等。杨春江等（2019）指出在中国情境下，由于华人"关系"文化的影响使得情感互动、人情原则的因素非常重要，此时工作嵌入的三个维度结构都很难与情感撇清关系，忽视情感因素也会大大降低工作嵌入的预测效果。实际上剖析米切尔等（2001）关于工作嵌入的奠基性文章也可以看出，由于其工作嵌入的初心旨在预测离职，因此认为员工会计算离职后资源的得失，会剔除掉那些临时性的、冲动性的、情绪性的因素，但是很多情感因素并非临时性的、冲动性的和情绪性的，情感需求也是个体的恒久的、重要的心理需求（王琴，2019）。

最后，工作嵌入虽然关注了员工原工作所嵌入网络的力量，但是忽视了员工可能也会嵌入新工作所处的网络中。实际上工作嵌入的重要理论来源——"嵌入性理论"的研究已经注意到了双重网络嵌入的问题，如跨区域企业、归国人才等既嵌入本地网络也嵌入外地网络（Grillitsch & Nilsson，2015；彭伟等，2018），这些研究表明双重网络嵌入既为焦点个体或企业带来两类异质性资源，也会带来选择和整合的难题。对于员工而言，在当今人员充分流动的时代，由于员工的出生地域、求学地域、工作地域很多均不相同，其家属、亲戚、同学和朋友也分布在不同组织、不同区域或社群，因此员工可能与不同组织和社群均存在"联结""匹配"及面临"牺牲"的问题。员工是否从原组织离职去新组织工作，除了受原组织及社群网络力量的阻力，也受新组织及社群网络力量的引力，实际上很多员工的离职并不一定是原网络的力量弱，而是新网络的力量更强（王春超、叶蓓，2021）。从离职网络和就职网络双重嵌入的视角来看，显然每张网络的力量都蕴含了"联结、匹配和牺牲"一众力量，而这一众力量到底是阻力还是引力，完全取决于员工的行动方向。

（4）虚拟工作嵌入新构念。

随着数字经济的发展，数字化日益重塑工作世界。对应于"工业4.0"，德国提出了"工作4.0"（吕建强、许艳丽，2021）。数字化时代的"工作4.0"与工业化时期的工作存在诸多不同，包括工作组织边界模糊化、用工方式零工化和外包化以及员工联系虚拟化和远程化等（张捷，2020）。

互联网众创平台是数字经济时代提供零工供给和需求的网络空间，互联网众创平台为创客提供的工作是典型的工作4.0版本。在该网络空间内，传统的稳定雇佣关系、全职工作模式不再存在（Mulcahy，2017），员工工作不再要求在固定的场所和时间进行（张捷等，2020），员工所处的"社群、邻里"覆盖范围更宽、边界更模糊。在此情境下，创客型员工所处的组织日益退化，由于雇主的不断变化，使创客对雇主的依附转变为对众创平台的依附，创客的同事也变成了整个互联网众创平台的所有创客，因此组织和社群的概念合二为一。对于互联网众创平台中的创客而言，其离职就是不再持续参与该众创平台提供的项目，阻碍其离职的一众要素与传统工作嵌入的"联结""匹配""牺牲"也存在一定的不同。

从联结维度来看，创客与具体他人的联系与传统组织/社群内成员间的关系相比大大减弱。首先，联结的通道减少。例如，创客的家人与互联网众创平台中的他人几乎不发生联系，创客与他人也几乎不存在金融上的联系。其次，正式联系大大减少。以社会性、心理方面的非正式的、虚拟的联系为主，几乎没有发生联系的物理环境。最后，联结关系的另一端变得不固定、远程化、虚拟化。因此在互联网众创平台中，创客与社群的联结强度大大降低，联结网络更多是社会性和心理性的网络，联结的对象更加虚化和模糊，此时创客与社群的联结力量极有可能源自对社群他人的社会认同和心理归属。关于这一点，很多研究也予以证实，社群认同和归属是影响创客持续参与的重要因素（廖俊云，2019）。

从匹配维度来看，创客对互联网众创平台的适应性和舒适度体验与传统组织员工对组织（社群）的关系没有较大的区别，一些小的区别表现在：第一，由于创客的工作由不连续的零工项目构成，创客对于个人价值观与发包企业价值观等长远性的事项匹配程度的关注度要弱很多；第二，由于众创平台是一个虚拟的社群，创客与社群不存在与物理环境有关的匹配，反而增加了心理和情感上的契合（徐颖，2019）；第三，由于零工经济的特征，创客们更加关注工作时间、兴趣、能力等方面的匹配（冯小亮、黄敏学，2013）。

从牺牲维度来看，与传统组织的员工离职相比，创客离开互联网众创平台损失相对较小。首先，创客离开互联网众创平台，损失的主要是心理利益，虽然也会放弃接包的物质报酬，但由于很多创客参与众创是基于闲暇时间、基于兴趣爱好，并非其主业（李朋波等，2021），即便是专门从事零工的个体，由于零工的性质导致其损失会很小（张捷，2020）。其次，即便是心理利益的损失也比线下环境要小，这是因为创客到另一个众创平台的转换成本非常低，损失较大的是受人喜欢或被人尊重等社会心理、社会情感方面的利益。

4.1.2　虚拟工作嵌入维度构建

扎根理论是由格拉泽等（Glaser et al.）于1967年提出的质性研究方法。该方法要求研究者基于研究对象的质性资料，通过编码的方式归纳提炼有关研究对象的相关概念，并通过勾画概念之间的关系建立理论，是一种自下而上的归纳式研究方法。该方法的好处是不受现有理论的束缚，适用于面向新领域的探索式研究。由于本书需要提炼虚拟工作环境下的工作嵌入，旨在发掘虚拟工作嵌入与传统工作嵌入的区别和联系，因此可以采用扎根理论的研究方法。本书研究之一将借鉴郝旭光等（2021）和李朋波等（2021）的研究步骤，通过理论取样、数据收集、数据编码和概念提炼来建构互联网众创平台中的虚拟工作嵌入新构念。

（1）理论取样。

理论取样是根据建构理论的需要有目的性地选择样本（Glaser，1978），本书希望借鉴传统工作嵌入理论但又不受该理论的束缚，从互联网众创平台这一虚拟工作环境中，挖掘出具有互联网、虚拟化特征的"虚拟工作嵌入"新构念，因此选择既满足"工作"性质又具有"虚拟"特征的众创环境中的创客作为潜在取样人群。随着共享经济的飞速发展，目前我国众创平台的数量越来越多，比较著名的有"猪八戒网"、"一品威客网"、时间财富、我图网、海尔HOPE、阿里众创、小米社群等。本书选择"猪八戒网"、"一品威客网"、小米社群和海尔HOPE社群中的创客作为访谈对象。其中，"猪八戒网"和"一品威客网"为专业的第三方众创服务平台，小米社群和海尔HOPE为制造企业主导的第一方众创平台，均在企业虚拟社群的基础上发展而成，在同类平台中非常具有代表性。总体来说，这4个众创平台基本覆盖了国内的主要众创平台类型，同时这4家国内互联网众创平台发展较为成熟，并且运营良好，满足扎根理论的理论取样要求。

为了能够获取更为丰富的访谈资料，同时基于信息量和变异性方面的考虑，参考中国互联网信息中心（CNNIC）第 44 次《中国互联网络发展状况统计报告》中我国网民的分布结构（男女比例约为 52∶48；10～39 岁的网民占比最高，为 65.1%，受过大专及以上教育的网民占比为 20.2%；职业结构中，除了学生之外，第二多为自由职业者，约占 20.0%），以及其他相关学者对创客的调研情况（肖薇等，2019）（男女性别比约为 60∶40，大专以上占 80% 以上，社群任期一年以上占 50% 左右等），我们对访谈对象进行了限定：①拥有大专以上文凭；②承揽互联网众创平台的工作一年以上；③参与目前的互联网众创平台时间在半年以上；④籍贯为同一省份的不超过 20%；⑤女性比例不低于 40%。在此限定下最终选择了 58 名创客。

（2）数据收集。

扎根理论的分析资料可以有多重来源，本研究结合深度访谈、网络素材和文献资料来收集所需资料，收集数据的时间为 2018 年 8～10 月。首先，从 58 名创客中随机抽取 28 名通过在线或面谈的方式进行了深入访谈，与 20 名创客网络访谈时间不低于 30 分钟，面谈的 8 名创客不低于 50 分钟。主要围绕如下问题进行访谈，例如，"请您介绍一下您经常参与的互联网众创平台的情况；您为什么愿意/持续参与该社群众创项目；您觉得在互联网众创平台中与线下工作环境中最大的不同有哪些；如果让您离开该社群，您觉得不愿意割舍的有哪些；等等"。访谈提纲只是大体框架，在实际访谈中尽量让对方畅所欲言，而不加以评述。其次，为了保证研究的效度和全面，将剩余的 30 名创客随机分为 3 组，采用焦点小组访谈的方式围绕上述提纲再进行 3 轮访谈（孙永磊，2020）。同时邀请从事创新管理、人力资源管理领域的教授和实践者进入访谈小组，在访谈之前我们会向访谈对象介绍访谈目的以及相关研究内容，并回答访谈者提出的问题。最后，类似李朋波等（2021）的研究，将中国知网上发表的有关众创的文献、互联网上关于众创的一些报道等网络素材作为质性资料的补充，总共筛选出文章和报道 134 篇。

（3）编码过程。

开放式编码过程中，首先，分 2 组对访谈资料独立编码。初始编码过程中，尽量用被访者的话语或短语进行编码，保证真实呈现虚拟工作嵌入特征。其次，对相似的编码进行归并，删除存在冲突的编码，得到每个小组的最终编码结果。最后，2 个小组相互检查编码过程，并集体讨论，最终得到 63 个初始概念，如表 4 - 1 所示。

表 4 - 1　　　　　　　　　　开放式访谈概念编码示例

原始访谈资料示例	概念化编码	数量（个）
我是学工科的，喜欢动手操作（a11），平常就喜欢拆卸、组装，甚至自己设计一些小东西，正好社群提供了一个平台（a12），而且跟社群的成员在一起聊一些感兴趣（a14）的话题，感觉很放松。我喜欢凑热闹（a15），特别是感觉无聊的时候，经常来社群逛逛，看有什么好玩的事情没有（a16）	a11 职业兴趣 a12 提供平台 a13 共同话题 a14 放松心情 a15 娱乐导向	15 6 13 9 8
我很喜欢小米的产品（a21），比较时尚、比较好用，符合自己的审美观（a22），特别是社群的很多人都喜欢小米的产品，大家的三观比较一致，是同一类人，比较能聊得来（a23）。而且我愿意在社群发一些帖子（a24），我有很多比较精华的帖子被大家关注（a25），我觉得我的观点具有一定的启发性（a26）	a21 需求偏好 a22 符合爱好 a23 三观一致 a24 发表观点 a25 获得关注 a26 获得肯定	13 12 8 14 13 10
闲暇时光，可以利用自己的专业特长（a31），为一些企业或项目提供技术方案，获得些额外收入（a32），也实现了专业知识的价值（a33）。通过与社群其他成员的交流、互动（a34），我能了解到很多信息和技巧，对我的工作或生活还是有帮助的（a35）。大多数时间我在社群里跟其他成员聊得很开心（a36），分享彼此的烦恼与快乐（a37），让我感到了家的温暖（a38）	a31 利用特长 a32 获得收入 a33 实现价值 a34 社会交流 a35 获取帮助 a36 开心快乐 a37 共同分享 a38 氛围温暖	12 16 12 10 7 6 12 9

主轴编码对 63 个初始概念进行筛选、合并和分类，形成扎根理论的副范畴和主范畴，通过一致性检查最终得到 13 个副范畴和 3 个主范畴，如表 4 - 2 所示。

表 4 - 2　　　　　　　　　　　主范畴和副范畴

核心范畴	主范畴	副范畴	概念化编码
虚拟工作嵌入	社群获益	价值实现	提供平台；发表观点；获得关注；展示才艺
		自我发展	获取帮助；学习知识；获取信息；得到锻炼；提升自我
		物质收获	获得收入；赢得奖励；补贴家用；获得优惠
		精神满足	放松心情；获得肯定；开心快乐；提高声望；获得友谊；赢得尊重

续表

核心范畴	主范畴	副范畴	概念化编码
虚拟 工作嵌入	多元匹配	兴趣匹配	职业兴趣；符合爱好；业余爱好；工作快乐；工作刺激
		供需匹配	需求偏好；报酬相称；项目丰富；激励有效；参与广泛
		价值匹配	娱乐导向；共同追求；重视能力；实现价值；实现理想；回报社会
		能力匹配	利用特长；得心应手；专业擅长；发挥优势；激发潜能
		方式匹配	时间自由；空间自由；方式灵活；利用闲暇
	情感联结	社会联系	社会交流；社群圈子；举办活动；帮助他人
		良好氛围	共同分享；氛围温暖；关系和谐；相互平等；互相包容；公开透明
		社群归属	共同话题；三观一致；有安全感；积极参与；虚拟友情
		社群交流	兴趣相投；敞开心扉；愿意倾听；情感鼓励

选择性编码对主范畴和副范畴之间的内部关系进行分析，从现有范畴中识别确定核心范畴。一方面分析各范畴的意涵，另一方面对标工作嵌入的经典概念分析两者之间的区别和联系。表4-2中"社群获益"主要表达了创客在社群中物质、心理方面的收益，与传统工作嵌入的"牺牲"最为契合，但是由于创客参与众创项目多为兼职、业余工作，即便离开社群，其损失程度与传统工作场景相比要大大降低，因此相对于传统场景，基于"社群获益"这一维度来看，虚拟工作嵌入通过"卡住"创客而阻挡其离开的力量将相对减弱（孙永磊等，2020）。"情感联结"主要表达了创客与社群的联系紧密度，以及创客隶属于社群的程度，与传统工作嵌入的"联结"最为契合，但与传统工作场景相比，互联网众创平台的联结更加侧重创客与整个宏观虚拟场域的联系，与他人个体的联结大大降低；同时与传统工作场景相比，在虚拟环境下，由于创客更容易找到与之兴趣相投的群体，情感交流相对更深入，甚至出现沉浸其中乃至依恋的程度（Mitchell，2001），因此相对于传统场景，基于"情感联结"这一维度来看，虚拟工作嵌入"卡住"创客不让其离开的力度有所增加，着力点也有所改变。"多元匹配"主要表达了互联网众创平台提供的任务与创客兴趣、能力匹配，以及成员间的价值观相互匹配的程度，与传统工作嵌入的"匹

配"维度基本相同，但在访谈中我们也明显感知到，创客们认为在虚拟环境下更容易实现供需匹配、价值匹配、方式匹配和能力匹配，这也解释了为什么很多创客参与众创项目并不单纯是为了物质利益这一现象（冯小亮、黄敏学，2013）。

可以看出 3 个主范畴基本反映了工作嵌入的联系、相容和利益的内涵（Mitchell，2001），但其"社群获益、多元匹配、情感联结"三种维度与传统工作嵌入的"牺牲、匹配、联结"也存在较大的区别，因此核心范畴确立为"虚拟工作嵌入"。总体而言，虚拟工作嵌入与传统的工作嵌入相比，其内在结构虽然没有发生本质的改变，仍然属于联系、相容和利益的内涵，但具体的内容和方式发生了明显变化，因此在研究虚拟工作环境下工作嵌入与组织行为的关系时，采用虚拟工作嵌入的构念更加准确。

（4）结果检验。

为保证研究信度，编码过程由 6 名受过训练的硕士生和博士生独立进行，同时邀请 2 名人力资源管理教授对编码过程进行校对，2 组编码结果的一致性超过 85%，结果比较理想。为了保证研究效度，一是对访谈对象进行了筛选，包括参与互联网众创平台的时间（1 年以上）、在目前社群的时间（半年以上）、学历或文凭（大专以上）、区域分布和性别分布。二是利用 CNKI 知识库和百度搜索引擎获取的 134 篇期刊论文和网络资料作为补充资料参与编码分析，尽可能增加了研究的效度。为了检验结果的理论饱和度，我们对前 28 名和后 30 名创客的访谈资料进行了对比，后面的访谈并没有发现新的重要范畴，说明研究结果达到理论饱和。

（5）结果分析。

根据资源保存理论，本书提炼的虚拟工作嵌入中，"情感联结"主范畴与传统的"联结"类似，均探索了个体的社会需求或者对社会资源获取的动机，同样可以基于嵌入理论和资源保存理论予以分析，所不同的是与之社会联结的对象相对更宏观和抽象；"多元匹配"主范畴与传统的匹配维度基本一致，同样探索了人与环境的相容，从而保证自身资源被有效利用而不被损失；"社群获益"主范畴从资源损失的相反角度予以论述，代表个体所看重的价值性资源，也可用投资模型予以解释，既与传统的"牺牲"具有一定内在联系，也存在视角和程度上的区别。除此之外，虚拟工作嵌入的场景由传统工作嵌入的组织和社群两个场景变为单一的社群场景，即虚拟环境的无边界性使得组织特征已经退化。

本书提炼的虚拟工作嵌入与传统的工作嵌入相比，心理性、情感性的力量占据的比重大大提升。传统的工作嵌入提出旨在预测离职，因此强调了其阻碍离职的功能，虽然也承认阻碍力量中有心理、情感上主观的力量，但认为员工主要计算那些客观性的力量（Mitchell，2001），而虚拟环境下离职的概念虚化，导致客观性力量下降、主观性力量上升。实际上，基于资源保存理论的研究成果认为，工作嵌入是一种员工具有丰富情感依恋资源和强烈组织认同感的状态（Halbesleben，2008），其中的组织认同感已经明显肯定了心理和情感的成分，因此虚拟工作嵌入并没有背离工作嵌入的总体框架，而是一种特殊情境下的工作嵌入。

虚拟工作嵌入不再从惯性力的角度强调其阻碍创客离开的功能，尤其将对应传统工作嵌入的"牺牲"维度命名为"社群获益"，使得三个维度均从相对中性的视角剖析了员工或创客嵌入工作或社群网络后，该网络赋能的相关资源。当创客不离开该社群，这些资源有助于其未来的资源投资从而激励其实施积极行为；当创客欲离开该社群，将会损失这些资源从而增加其离开的机会成本。

作为工作嵌入的重要理论来源，经典的嵌入理论将嵌入解析为两种形式，一种为关系性嵌入，另一种为结构性嵌入。嵌入网络的焦点个体或组织通过关系嵌入或结构嵌入可以获得社会资本（易法敏、文晓巍，2009），因此可认为"关系嵌入"和"结构嵌入"是网络嵌入的状态维，"社会资本"是网络嵌入的结果维。在经典的嵌入理论框架下，传统的工作嵌入中"联结"和"匹配"为工作嵌入的状态维度，类似关系嵌入和结构嵌入，"牺牲"为工作嵌入的结果维度，其相反视角类似社会资本。与之类似，虚拟的工作嵌入中"情感联结"和"多元匹配"为状态维，"社群获益"

为结果维。综上所述，虚拟工作嵌入是一种特殊的工作嵌入结构，类似哈尔贝斯勒本（Halbesleben）的定义，可将其定义为创客对网络平台（众创空间）具有丰富情感依恋资源和强烈组织认同感，从而导致其愿意持续参与的力量。

4.1.3　虚拟工作嵌入量表开发与检验

（1）虚拟工作的题项收集。

本部分在扎根理论提炼出虚拟工作嵌入结构的基础上，深入掌握各个维度的内涵和内容，形成测度题项的初始框架。根据樊等（Farh et al.，2006）和杨春江等（2019）的量表开发过程，首先，将构念的定义呈现给被试，然后采用开放式问卷回收被试的行为描述，作为题项素材进行归类和统计；其次，根据频率和代表性，选择重要条目组成各维度的测试题项库。

开放式问卷调查的被试为来自"猪八戒网"和海尔 HOPE 平台的创客，经过沟通最终有 66 名创客愿意参加我们的研究。其中，男性为 39 人，女性为 27 人；年龄区间为 24～45 岁；参与众创项目的经历区间为 1～5 年；学历除了 7 人为高中毕业以外，其余均具有大专以上学历；其中 19 人为自由职业者，其余创客从事的行业涵盖了教育、金融、信息、制造、医疗等领域。开放式问卷的内容主要为两个问题，即"您为什么愿意留在该众创平台（社群）参与相关项目"和"如果您现在离开该众创平台（社群），去其他平台（社群），您难以割舍的有哪些"。

首先，我们对每个被试的陈述进行语义分割（类似扎根理论的贴标签环节），保证分割后的每个标签代表一个独立的意思；其次，按照社群获益、多元匹配、情感联结三种依附关系，把所有分割完的标签分别归入三个维度中；再次，对内容相似的标签进行归纳，形成多个小类；最后，对类似的标签和小类进行合并和删减，得到虚拟工作嵌入量表的素材。其中，66 名创客的陈述被分割成 331 个标签内容，由两名研究人员独立分类，删除掉 35 个归类不一致的标签，对各小类的标签内容进行归纳（类似扎根理论初始编码）得到如表 4-3 所示的结果。

表 4 – 3 主范畴和副范畴

大类（维度）	小类（题项提纲）	标签数量（个）
社群获益	VB_1 获得物质或财务报酬	23
	VB_2 获得地位或声望	7
	VB_3 得到锻炼或能力提升	19
	VB_4 获得畅所欲言的快感	6
	VB_5 获得认可和肯定	11
	VB_6 参与中实现乐趣或美好体验	18
	VB_7 在社群交流中收获友谊	17
多元匹配	VF_1 项目与技能或才华匹配	19
	VF_2 有助于实现理想	13
	VF_3 报酬与付出匹配	21
	VF_4 工作方式的时空匹配	27
	VF_5 社群的文化氛围适合我	8
	VF_6 工作与兴趣爱好匹配	13
情感联结	VL_1 社群中有兴趣爱好相似的创客	7
	VL_2 社群中有三观一致的网友	13
	VL_3 社群中有互动很频繁的好友	5
	VL_4 与社群中很多成员的关系很和谐	18
	VL_5 社群中成员之间的交流很坦诚	5
	VL_6 社群中具有共同话题的朋友	12
	VL_7 社群像一个大家庭	34

（2）虚拟工作嵌入量编制。

首先，利用中国知网、Web of Science、EBSCO 等中外数据库进行文献搜索。通过查阅既有文献，提取与社群获益、多元匹配、情感联结相近的构念（如虚拟社群归属感、情感依恋、社群卷入等），从中筛选能够并入虚拟工作嵌入三个维度的相关量表的题项。

其次，借鉴传统的工作嵌入量表，将相关题项进行场景化改造，作为我们开发量表的初始题项来源之一。这是因为根据扎根理论分析所开发的虚拟工作嵌入的构念，虚拟工作嵌入的三个维度"情感联结、多元匹配、社群获益"是工作嵌入三个维度"联结、匹配、牺牲"的特殊结构，两个构念在很多方面存在相似性和联系。

最后，以表 4 - 2 为基础，按照量表的表述方式对各个题项提纲（小类编码）进行演绎，形成测试条目，对上述三个步骤得到的题项进一步对比分析，剔除语义基本重复或相似的题项，共计得到 37 个题项。其中，社群获益（记为 VEB）为 14 个题项 $VB_1 \sim VB_{14}$，多元匹配（记为 VEF）为 10 个题项 $VF_1 \sim VF_{10}$，情感联结（记为 VEL）为 13 个题项 $VL_1 \sim VL_3$。

（3）预测试与项目提纯。

我们通过问卷星在"猪八戒网"和海尔 HOPE 平台（两类众创平台各选一个）进行预调研，回收 363 份问卷，在剔除有明显填答规律和漏填的问卷后，共得到有效问卷 258 份，有效率为 71.1%（网络调查的有效率相对于线下调查要稍低）。我们通过均值比较假设检验对比无效问卷和有效问卷在人口统计学上是否存在明显差异，假设检验显示性别、年龄、学历、参与互联网众创平台时间均不存在明显差异，相应的伴随概率最大为 0.016，最小为 0.000，说明不存在明显的无回答偏误。预调查样本中，男性占 74.2%；年龄在 21 ~ 30 岁之间的占 65.7%，31 ~ 40 岁之间的占 22.7%；未婚者为 171 人，占 66.3%；学历在大专及以下的占 22.1%，本科或硕士占 50.8%，博士占 27.1%；参与互联网众创平台不足 1 年的占 60.9%，1 ~ 3 年的占 22.5%，3 年以上的占 16.6%。

第一，计算每个题项的临界比率值，将未达到显著水平的题项 VB_4、VB_9、VB_{12}、VB_{14}，VF_2、VF_7、VF_{10}、VL_5、VL_8、VL_9、VL_{11}、VL_{13} 共 12 个题项予以删除。第二，对各个测项的相关关系进行检查，删除与其他测项的相关系数的绝对值均小于 0.3 的 5 个题项 VB_{10}、VB_{13}、VF_5、VL_1、VL_{12}。第三，对剩余的 20 个测项的一致程度进行检验，本次虚拟工作嵌入的三个维度的 α 分布为 0.836、0.876、0.845，整个量表的 α 值为 0.817，均大于 0.7，满足信度要求。第四，采用主成分分析法并进行正交旋转因子分析，删除共同度未达到 0.4 的 VB_2、VB_{11}、VF_8、VF_9 以及多重负荷的 VB_5、VL_3 的题项。第五，对余下的 14 个题项（见表 4 - 4）进行探索性因子分析，KMO 值为 0.843，Bartlett's 球状检验的显著性水平 P < 0.001，表示本调查数据适合用作因子分析。

表 4 – 4   虚拟工作嵌入的量

维度	测项
社群获益 VEB	VE_1 在该社群能获得与我工作相称的报酬 VE_2 在该社群参与众创项目对我以后会有帮助 VE_3 在该社群我可以获得很多乐趣 VE_4 加入该社群之后我增长了不少知识 VE_5 在该社群我收获了友谊
多元匹配 VEF	VE_6 在该社群能够施展我的技能和才华 VE_7 众创项目契合我的时间安排和工作方式 VE_8 该社群的众创项目与我的兴趣很匹配 VE_9 我感觉在该社群更能实现我的价值
情感联结 VEL	VE_{10} 在该社群有很多价值观一致的朋友 VE_{11} 社群中与我关系很和谐的成员有很多 VE_{12} 社群中有与我有共同话题的成员 VE_{13} 我有时候感觉这个社群就是一个家 VE_{14} 社群中有很多愿意与我分享欢乐烦恼的成员

采用 SPSS 22.0 软件包对数据进行主成分分析和正交旋转，共提取了 3 个成分因子，累计方差解释率达到了 75.810%，因子负荷均大于 0.760，如表 4 - 5 所示。

表 4 – 5   探索性因子分析结果

测项	成分		
	因子 1	因子 2	因子 3
VE_{10}	0.283	**0.802**	0.244
VE_{11}	0.262	**0.785**	0.225
VE_{12}	0.234	**0.810**	0.288
VE_{13}	0.295	**0.771**	0.223
VE_{14}	0.260	**0.779**	0.226
VE_6	0.312	0.261	**0.780**

续表

测项	成分		
	因子 1	因子 2	因子 3
VE_7	0.192	0.321	**0.776**
VE_8	0.256	0.174	**0.815**
VE_9	0.277	0.283	**0.760**
VE_1	**0.804**	0.253	0.307
VE_2	**0.776**	0.221	0.226
VE_3	**0.805**	0.276	0.215
VE_4	**0.782**	0.294	0.260
VE_5	**0.801**	0.313	0.230

其中，因子 1 对应题项主要表达了创客在社群的物质、心理方面的收益，对应扎根理论的"社群获益"范畴，与传统工作嵌入的"牺牲"最为契合，但是由于创客参与众创项目多为兼职、业余工作，即便离开社群，其损失程度与传统工作场景相比要大大降低。因子 2 对应题项主要表达了创客与社群的联系紧密度以及创客社会心理上、情感认知上隶属于社群的程度，对应扎根理论"情感联结"范畴，与传统工作嵌入的"联结"最为契合，但与传统工作场景相比，互联网众创平台的联结更加侧重创客与整个宏观虚拟场域的联系，与具体他人的联结大大降低，而且这种联结为社会情感方面的联结。因子 3 对应题项主要表达了互联网众创平台提供的任务与创客的兴趣、能力匹配，成员间的价值观相互匹配，对应扎根理论的"多元匹配"范畴，与传统工作嵌入的"匹配"内涵基本相同。

（4）信效度检验。

借助调研公司在"猪八戒网"、海尔 HOPE 平台、"一品威客网"和小米社群向互联网众创平台中的创客发放问卷，共回收 1493 份，有效问卷 1267 份，有效率为 84.86%。为了检验虚拟工作嵌入的因子结构，表 4-6 对比了三因子模型与其他备择模型的拟合优度。从表 4-6 可以看出，相对于其他模型，三因子模型拟合优度最好，再次说明各变量间的区分效度良好，因此接受虚拟工作嵌入的三维度结构。

表4-6　　　　　　　　　　虚拟工作嵌入的验证性因子分析

模型	χ^2/df	RMSEA	SRMR	TLI	CFI
单因子	25.831	0.140	0.077	0.763	0.799
二因子[a]	13.226	0.098	0.055	0.883	0.902
二因子[b]	13.525	0.099	0.056	0.880	0.900
二因子[c]	16.512	0.111	0.061	0.852	0.876
三因子	1.219	0.013	0.014	0.998	0.998

注：二因子[a] 为 VEL + VEF、VEB；二因子[b] 为 VEL + VEB、BE；二因子[c] 为 VEL、VEF + VEB。

　　各潜变量的一致性信度、相关系数和 AVE 值如表4-7所示。可见，虚拟工作嵌入内部三个维度的相关系数均属中高相关；各维度间的相关系数小于对应维度 AVE 的平方根，表明各维度之间具有良好的区分效度。另外，从 CFA 结果来看各维度都相互独立存在，并不因为以上相关关系的存在而需要合并。α系数、组合信度都在 0.70 以上，表明问卷具有较好的预测稳定性和结构可靠性。

表4-7　　　　　　　　　　虚拟工作嵌入的相关分析与信度分析

变量	多元匹配	情感联结	社群获益
多元匹配	(0.770)		
情感联结	0.605 ***	(0.768)	
社群获益	0.617 ***	0.623 ***	(0.784)
均值	3.975	3.948	3.979
标准差	1.156	1.182	1.178
组合信度 CR	0.853	0.878	0.888
一致性 α	0.853	0.878	0.888

注：*** 表示 P < 0.01；括号内数字为 AVE 平方根。

　　由于在互联网众创平台中的工作嵌入与传统场景中的工作嵌入存在较大的不同，因此将其命名为"虚拟工作嵌入"，虽然也有文献提出类似概念（俞函斐，2014；朱耀东、颜士梅，2009），但均将工作嵌入的概念直接平移到虚拟场景中，与本书的研究有本质不同。

　　（5）预测效应检验。

　　前述的分析认为工作嵌入尤其是虚拟工作嵌入作为一种力量应该是中

性的，既可以视为离职的阻力也可以视为留职的吸引力；在此认知下，由于虚拟环境下的"创客离职"与传统情境中的"员工离职"有着本质的不同，加之"创客离职"在众创平台、虚拟社群等开放式环境下并不被关切，本书选择互联网众创平台常用的概念"持续参与意愿"替代"创客离职"来检验虚拟工作嵌入的预测效度。

关于互联网众创平台创客的持续参与，已经有相关学者取得了阶段性的研究成果，影响因素包括信任、共同目标（孟庆良、徐信辉，2018）、虚拟社群感、沉浸感、满意度等（仲秋雁，2011）。研究还发现，创客初始参与的影响因素往往为利己动机，而持续参与的影响因素除了利己动机之外更多是社会动机（Soliman & Tuunainen，2015）。虽然这些研究都显示相关因素对持续参与有显著的影响，但是从拟合优度等指标来看，这些因素的解释力并不强，很多结果都是比较温和的，希望通过本书的研究可以发现影响创客持续参与更为有力的影响因素。为了准确分析虚拟工作嵌入对创客持续参与意愿的影响，并排除其他因素的干扰，本书需要考虑相关控制变量的影响。根据现有研究（王蒙蒙等，2020），创客的个体特征可能会对其持续参与意愿具有影响，类似现有研究，本书选择创客的性别、年龄和学历作为个体层面的控制变量；另外，自我决定理论指出，环境因素通过影响人的基本心理需求作用于工作动机，因此互联网众创平台的支持性和控制性环境也是影响创客持续参与意愿的重要因素。而且相关研究也指出，互联网众创平台的激励机制有助于提升创客的参与意愿（孙茜等，2016），平台或社群提供的协同机制有助于促进创客之间的交流、增加社群的凝聚力（Geiger & Schader，2014）、提高信息交流速度以及知识分享效益（Liu et al.，2009），因此本书采用社群治理的"社群激励"和"社群协同"两个重要维度作为环境层面的控制变量。

4.1.4　研究设计

（1）研究假设。

根据前面分析可知，资源保存理论和网络嵌入理论是工作嵌入与虚拟工作嵌入的两个重要理论基础，其中网络嵌入理论描述了虚拟工作嵌入的状态和嵌入后获得的结果（臧得顺，2010），资源保存理论则解释了创客或员工嵌入之后的意愿、动机和行为（Kiazad et al.，2015）。其中，网络嵌入回答了资源的来源，资源保存理论回答了资源的管理，两者之间不但没有冲突，而且前后衔接，因此两者可以共同解释虚拟工作嵌入对创客持续参与的影响。

根据网络嵌入理论，创客嵌入互联网众创平台的网络中容易获取信息、资源乃至情感支持（Moran，2005）。从嵌入的结构角度，当创客嵌入到互联网众创平台虚拟网络的中心位置时，将为创客带来信息和资源优势（Valente，2008）；从嵌入的关系角度，当创客紧密嵌入这个关系网络中，创客将获得社群成员的信任和认同，并享受互惠规范带来的回报（杨皎平、荆菁，2021）。此时可以从如下方面分析虚拟工作嵌入与创客持续参与意愿的关系。

首先，创客因虚拟工作嵌入获得的相关物质和非物质资源会增加创客的自我效能感，嵌入过程中与其他成员的相互信任和互惠规范将不断增加创客的集体意识，增加对互联网众创平台的心理所有权（肖薇等，2019），从而愿意持续为社群作出贡献。其次，根据资源保存理论，当虚拟工作嵌入为创客带来信息、知识、物质利益、情感支持乃至心理认同时，创客会将其视为宝贵的资源加以保存，尽量避免这些资源遭到损失，因此不会轻易脱离该互联网众创平台；同时会尽量持续参与互联网众创平台来启动资源增值螺旋，从而获得更多的资源。最后，当创客紧密嵌入互联网众创平台的虚拟网络中后，随着创客和社群其他人的交流与互动逐渐增加，将逐渐形成对互联网众创平台的情感依附（刘海鑫等，2014），产生对整个社群的归属感，久而久之产生情感卷入（张永云等，2017），将自己视为社群的圈内人和主人，从而愿意持续参与其中。

从社群获益角度，当创客持续参与互联网众创平台并承接众创项目时，他将能从中获取物质报酬（梁晓蓓等，2017）；在自己或与他人合作完成项目以及与社群成员互动时将可以获得知识，为自己未来能力的提升和职业生涯发展积蓄力量（Soliman，2015）；同时参与社群互动、承揽众创项目有利于获得友谊，满足自己的兴趣爱好（原欣伟等，2018）。而一旦离开该社群后，在互联网众创平台获得的一些物质或非物质资源要么不能再继续实现资源增值，要么面临很多资源从此遭到损失，因此除非离开互联网众创平台能获得更多的资源，否则创客将愿意持续参与其中。

从多元匹配角度而言，首先，创客参与互联网众创平台并获取自己喜欢或擅长的众创项目时，将有利于激发其兴趣，发挥其技能和才华，增加创客的满足感和胜任感（Soliman，2015）。一旦创客获得满足感和胜任感这些宝贵的心理资源时，他们将会感到精力充沛，愿意继续完成众创项目，同时也会尽可能通过持续参与来保存这些资源。其次，当创客感知到在社群中能够实现自己的价值（原欣伟等，2018），获得社会存在感和自我肯定感等重要心理资源时（Soliman，2015），也会愿意持续参与社群来保护甚至增值这些重要资源。

基于情感联结视角，首先，当创客与社群其他创客的互动频繁、关系和谐、相互之间比较信任或认同时，将会对社群产生情感依附和归属感（张永云等，2017）。一方面这种情感依附和归属感就是创客的重要心理资源，另一方面创客对在线社群的归属感有助于形成更和谐的社群氛围，获得更多的信息和经验等资源（Tonteri，2011），为了保存这些资源，创客将愿意持续参与互联网众创平台。其次，当创客发现社群中有与自己有共同话题、价值观比较相近的众多网友时，将会提高其对社群他人的认同感（Tonteri，2011），进而增加自身心理资源。这种认同感有利于与他人形成互惠关系（肖薇等，2019），进而有利于获得更多的物质和非物质资源，促使创客愿意持续参与到互联网众创平台当中。

综上分析，本书提出如下假设：

H4－1：虚拟工作嵌入对创客持续参与意愿具有正向影响。

H4－1a：创客在互联网众创平台的社群获益感知对创客持续参与意愿有正向影响。

H4－1b：创客在互联网众创平台的多元匹配感知对创客持续参与意愿有正向影响。

H4－1c：创客在互联网众创平台的情感联结感知对创客持续参与意愿有正向影响。

（2）问卷与数据。

除了虚拟工作嵌入（记为 *VJE*）之外，其余量表测量均使用国内外研究中的成熟量表，再根据众创情境加以适当修改。具体如下：①社群激励（记为 *VMO*）、社群协同（记为 *VSY*）参考顾美玲（2019）的量表并结合刘等（Liu et al.，2009）的观点修改而成。社群激励共 5 个题项，社群协同共 4 个题项，Alpha 信度系数分别为 0.880 和 0.889。②创客持续参与意愿（记为 *CPI*）采用王蒙蒙等（2020）的研究，由 3 个题项构成，Alpha 信度系数为 0.841。

调研过程如前所述，1267 份问卷中，男性占 76.7%；年龄主要集中在 21 ~ 35 岁，占 90.4%；未婚者占 59.9%；文化程度大多在大专以上，占 93.4%；社群经历不足 1 年的占 44.6%，3 年以上的占 15.9%。

基于 Harman 单因子检验法，检验结果显示未经旋转的探索性因素分析得到的第一个因子为 35.86%，不到总解释量的一半；基于不可测量潜在方法因子检验法，加入同源方差潜因子后，模型同源方差潜因子的平均变异抽取量为 0.31，低于同源方差被判定为潜因子的标准。如表 4 - 8 所示，4 个潜变量 6 个维度的 Alpha 值、CR 值均大于 0.8，AVE 值均大于 0.5。

表 4 - 8　　　　　　　　　　　　因子分析结果

变量	因子载荷	Alpha	CR	AVE
情感联结	0.735 ~ 0.815	0.853	0.853	0.593
多元匹配	0.733 ~ 0.794	0.878	0.878	0.590
社会获益	0.762 ~ 0.801	0.888	0.888	0.614
社群激励	0.735 ~ 0.800	0.880	0.880	0.595
社群协同	0.760 ~ 0.814	0.889	0.890	0.619
持续参与意愿	0.748 ~ 0.828	0.841	0.841	0.621

关于虚拟工作嵌入 3 个维度之间的区分效度，前面已经检验，本书除了需要预测三个维度对创客持续参与意愿的影响，也要检验整体的虚拟工作嵌入对创客持续参与意愿的预测效应，因此这里将虚拟工作嵌入的三个维度通过二级因子分析作为一个整体构念（CR = 0.878，AVE = 0.705）。表 4 - 9 报告了各个潜变量之间的相关系数，通过比较各个变量的 AVE 平方根与其他变量之间的相关系数，可知各变量之间具有较好的区分效度，

同时也说明虚拟工作嵌入与社群激励、社群协同是完全不同的构念。综上，量表数据的信效度表现良好。

表 4 – 9　　　　　　　　　　　　潜变量相关性矩阵

变量	VJE	VMO	VSY	CPI
虚拟工作嵌入	(0.839)			
社群激励	0.301**	(0.771)		
社群协同	0.227**	0.613**	(0.787)	
持续参与意愿	0.592**	0.585**	0.597**	(0.788)
平均值	3.967	3.989	3.997	4.696
标准差	1.051	1.173	1.190	0.999

注：** 表示 $P < 0.05$；括号内数字为 AVE 平方根。

从变量性质来看，虚拟工作嵌入、创客持续参与意愿为创客层面的变量，而社群激励和社群协同为社群层面的变量，但是数据均来自创客个体层面，为了决定是否需要进行跨层次的分析，需要检验社群激励和社群协同两个变量的组内一致性和组内相关性。结果显示两个变量的 R_{wg} 值分布为 0.681 和 0.634，均小于 0.7 的标准，ICC（1）的值分别为 0.071 和 0.073，为中度组内相关，综合判断，认为没有必要进行跨层分析。两个社群层变量不支持整合平均可能源于两个方面的原因：一是虽然调研来自四个社群，但每个社群内的社群模块很多，相互之间的差异性较大；二是创客的需求和观点差异性较大，对同一机制的感知差异较大。

（3）假设检验。

如表 4 – 10 所示，模型 1 显示除了性别、年龄、参与时间和创客学历几个常规的控制变量之外，社群激励和社群协同对持续参与意愿也均有显著影响（$\beta_1 = 0.223$，$\beta_2 = 0.200$，$P < 0.01$）。模型 2 增加解释变量虚拟工作嵌入整体构念后，模型显示虚拟工作嵌入前的系数显著为正（$\beta = 0.304$，$P < 0.01$），表明虚拟工作嵌入对创客的持续参与意愿有重要的影响。尤其是如模型 3 所示，如果不考虑社群激励和社群协同的影响，虚拟工作嵌入对持续参与意愿的影响更大（$\beta = 0.593$，$P < 0.01$），即假设 H4 – 1 得到验证。

表 4 - 10   分层次回归分析

变量	创客持续参与意愿			
	模型 1	模型 2	模型 3	模型 4
控制变量				
创客性别	-0.039	-0.035	-0.051	-0.030
创客年龄	-0.004	-0.032 **	-0.034 **	-0.012
参与时间	0.019	0.012	0.020 *	0.016 *
创客学历	0.039 **	0.008	0.024 *	0.027 **
社群激励	0.223 ***	0.164 ***		0.117 ***
社群协同	0.200 ***	0.145 ***		0.104 **
解释变量				
虚拟工作嵌入		0.304 ***	0.593 ***	
社群获益				0.122 ***
多元匹配				0.151 ***
情感联结				0.115 ***
R^2	0.362	0.651	0.481	0.698
ΔR^2		0.289 ***	0.119 ***	0.336 ***
F	143.233	336.101	194.769	364.601

注：* 表示 $P < 0.1$，** 表示 $P < 0.05$，*** 表示 $P < 0.01$。

模型 4 将模型 2 中的虚拟工作嵌入整体构念替换为社群获益、多元匹配和情感联结三个具体维度，实证分析显示三个维度对创客持续参与意愿均有显著影响（$\beta_1 = 0.122$，$\beta_2 = 0.151$，$\beta_3 = 0.115$，$P < 0.01$），即 3 个分假设也得到了验证。除此之外，基于模型 1 和模型 3，通过均值比较检验显示，虚拟工作嵌入对持续参与意愿的影响显著超过了社群激励和社群协同对持续参与意愿的影响之和（$M = 0.170$，$t = 5.094$），说明增加虚拟社群嵌入对创客持续参与意愿的预测是有较强效力的。

4.1.5　研究结果与讨论

（1）互联网众创平台的虚拟工作嵌入为包含"社群获益、情感联结和多元匹配"的三维度结构，与传统工作场景的工作嵌入不完全相同。

在传统工作场景中，工作嵌入是一个包含"联结、匹配和牺牲"三个维度的变量结构（杨春江等，2019），但是在互联网众创平台中，这一变量有了新的特征，其包含的三个维度分别对应为"情感联结、多元匹配和社群获益"。虽然有研究直接将传统的工作嵌入平移到虚拟环境中（宾厚等，2020），并证明有一定的适用性，但本研究认为互联网众创平台中，由于工作性质的不同、社群成员间关系的不同，工作嵌入特征应该有所不同。本研究在对四家互联网众创平台的创客进行访谈的基础上，借助扎根理论的研究方法，通过开放式编码、主轴编码和选择性编码对访谈资料进行归纳（孙永磊等，2020），得到互联网众创平台虚拟工作嵌入的三个维度结构，与传统的工作嵌入（杨春江等，2019）既有区别也有联系。

（2）以中国的典型互联网众创平台为数据来源，开发了虚拟工作嵌入的测度量表，可以为虚拟环境下有关工作嵌入的研究提供参考。

结合对相关文献的梳理和分析，经过初试量表构建、项目提纯、量表检验等步骤，最终得到包含 14 个题项的虚拟工作嵌入测度量表，并借助大样本的数据检验证实了其具有较高的信效度，可为后续研究奠定基础。与传统工作嵌入的量表相比，首先，由于互联网众创平台等虚拟社群情境中，创客从事的工作均为"项目"或"零工"，传统上组织的概念逐渐退化，因此该量表不区分组织嵌入和社群嵌入。其次，由于互联网众创平台中创客从事的工作大多利用业余时间完成，多数创客并不以接包项目为主要工作，因此也不存在传统工作嵌入的职内因素和职外因素之分。最后，与现有将传统工作场景的嵌入直接平移到虚拟社群的研究（张永云等，2017）相比，本书探索了虚拟工作嵌入的维度结构，开发了全新的虚拟工作嵌入的量表，有助于互联网众创平台等虚拟场景有关问题的深入研究。

（3）创客在互联网众创平台中的虚拟工作嵌入有助于增加其持续参与意愿，而且虚拟工作嵌入是不同于社群激励、社群协同的新结构，在预测创客持续参与意愿方面也更具有解释力。

基于四个互联网众创平台的样本数据统计发现，创客的虚拟工作嵌入对其持续参与意愿有显著正向影响，这也充分说明当前"平台+社群"的众创创新实践追求"嵌入为王"的正确性（杨皎平、荆菁，2021）。本书的研究支持了上述观点，同时也发现创客所嵌入的互联网众创平台这一虚拟网络也为创客持续参与提供了力量，而且在考虑社群激励和社群协同的前提下，创客的虚拟工作嵌入仍旧对其持续参与意愿具有解释力。

4.2　基于创客敬业度的作用机制

传统工作场景中，工作嵌入等概念经常被用来预测员工的离职和流动行为，近年来关于工作嵌入结果的研究也有了新突破，如用来解释员工的建言行为（Ng & Feldman，2013）、创造力（孙笑明，2020）和价值共创绩效（付景涛，2017）。本书受这些研究启发，探索互联网众创平台中的工作嵌入是否对创客的价值共创绩效产生影响，以及基于什么机理路径产生影响。

研究发现，创客的持续参加意愿不足（Bayus，2013）、活跃度低（杨皎平、荆菁，2021）、共享动机不强（肖薇等，2019）是导致众创平台的价值共创绩效不佳的主要原因，同时研究表明互联网众创平台中创客的价值共创绩效也主要受参与意愿和努力程度的影响（卢新元等，2018）。在传统工作场景中，有研究用敬业度来剖析职业嵌入对员工价值共创绩效的影响（郑祁、杨伟国，2019）。敬业度的专注、活力和奉献三个维度正好与互联网众创平台关注的创客的持续参与、活跃度和知识奉献意愿高度吻合，因此本书将以敬业度为中介变量，剖析互联网众创平台的工作嵌入对创客价值共创绩效的影响。

社群治理的相关研究指出，互联网众创平台的激励机制有助于提升创客的参与意愿（孙茜等，2016），平台或社群提供的协同机制有助于促进创客之间的交流，增加社群的凝聚力（Geiger，2014），甚至实现用户兴趣和任务的最佳匹配（Mo et al.，2014），因此本书采用社群治理的"社群激励"和"社群协同"两个重要维度作为本研究的调节变量。

4.2.1　研究假设

根据人与环境匹配理论，在互联网众创平台中创客感知到的自身兴趣能力、价值观与社群任务、其他成员高度匹配时，自然会导致积极行为的出现（孙茜等，2016）。创造力组成模型提出，领域相关的专长、创造力技能和任务动机是影响创造力的三大要素，当众创任务与创客的能力匹配时其拥有的与任务相关的知识和技能也越多，更能发挥其专长；当任务与创客的兴趣相匹配时其任务动机也越强；同时创客与社群其他成员的价值观匹配时也能够激发其创新的内在动机（Tonteri，2011），因此研究者认为，创客与众创平台之间的匹配程度对创客的价值共创绩效具有重要的推动作用。

在互联网众创平台中，"情感联结"主要指创客感知自己属于社群一员的强烈程度。过往研究表明，创客对在线社群的情感归属和情感认同有助于形成更和谐的社群氛围，获得更多的信息和经验等资源（Tonteri，2011），因此创客对互联网众创平台的情感联结可以促进成员更加积极地参与社群活动，分享知识与信息，进而提高其完成众创任务的创新程度。类似员工对公司的归属感和认同感（Blader，2017），当成员对互联网众创平台以及其组建的新型社群具有较强的情感联结时，就希望社群的发展越来越好，而互联网众创平台的存续以及良性发展必然需要成员的不断创新，因此"情感联结"对创客的价值共创绩效具有重要的推动作用。

德西和瑞安（Deci & Ryan，2000）认为基本心理需求的满足代表了潜在的激励机制，能激发和引导人们的行为。基于自我决定理论，个体可以被吸引到需求满足可能发生的情境中，一旦他们的需求被满足了，他们将会感到精力充沛（顾美玲等，2019）。在互联网众创平台中，当成员感知到自己的物质、社会和心理等需求能够在社群得到满足，即在社群中有物质和非物质获益时，便会增加其积极投入众创任务的动机，增加相应的资源和能力的投入，从而增加价值共创绩效。

综上分析，研究者提出如下假设：

H4－2：虚拟工作嵌入对创客的价值共创绩效具有正向影响。

有关敬业度的研究已开展多年，虽然迄今为止关于其维度的研究仍未达成一致，但萧费利等（Schaufeli et al.，2002）提出的活力、奉献和专注三维度结构得到广泛认可。贝达卡（Bedarkar，2014）基于实证研究发现，敬业有助于改善员工绩效，并指出敬业标志着员工具有较高的组织承诺和工作卷入水平，可以强化学习和取得绩效的意愿；根据付景涛（2017）等研究的思路，首先，专注可以通过持久性地提升改善知识员工的价值共创绩效；其次，奉献可以通过自觉性地提升改善知识员工的价值共创绩效；最后，活力可以通过方法的得当性来提升员工的价值共创绩效。对于互联网众创平台来说，创客们几乎都是知识型员工，开展创新工作需要投入大量精力，需要反复探索以及需要恰当的方法设计和研究方案，因此如果能提升创客的活力、奉献和专注，将极有可能提升其价值共创绩效，即有如下假设成立：

H4 - 3：创客的敬业度对其价值共创绩效具有正向影响。

在互联网众创平台中，当创客发现自己的兴趣、能力与众创项目"多元匹配"时，将会积极投入到完成任务中，增加专注度；同时创客会体验到更低的创新压力（张勇、龙立荣，2013），完成众创任务的活力将大大提高；当创客发现社群成员与自己的价值观"匹配"时，将会促进创客间的合作（肖薇等，2019），提高奉献精神；当创客感知到自己与社群有较强的情感联结时，便会增加自己内部人身份的感知（刘宗华等，2018），从而增加为社群奉献的可能，也增加积极投入众创创新的可能。基于虚拟工作的"社群获益"维度，当创客能从社群获得物质、社会和心理的利益时，根据自我决定理论的"环境—需求—动机"框架，创客便会增强积极投入众创任务的动机，这种内在的工作动机会积极影响创客的敬业度（Van den Broeck，2008）。

综上分析，有如下假设成立：

H4 - 4：创客的虚拟工作嵌入对其敬业度具有正向影响。

H4 - 5：创客的敬业度在虚拟工作嵌入与价值共创绩效之间具有中介作用。

根据社会交换理论，当组织向成员提供丰富的诱因，如竞争性薪酬、晋升激励、远景激励时，这些诱因会使成员提高工作积极性、增加敬业度，以作为对组织的回报（付景涛，2017）。在互联网众创平台中，诸多研究表明（肖薇，2019），经济激励、娱乐激励和社会激励对提高创客参与意愿、参与积极性有非常重要的促进作用。遵循上述研究的逻辑，当互联网众创平台的激励机制完善和有效时，有助于增加创客的"社群获益"感知进而提高敬业度，有助于强化创客对社群的心理契约或"情感联结"进而激发回报社群的行为，从而也有利于提升创客的敬业度。当互联网众创平台的激励机制不到位时，创客对社群的心理契约就会降低，内部人身份感知就会减弱，投入众创工作的内部动机就会降低，从而弱化了虚拟工作嵌入敬业度的机理路径，因此提出如下假设：

H4－6：社群激励正向调节了虚拟工作嵌入对敬业度的影响。

在互联网众创平台中，平台企业通常会引入协同过滤、个性化推荐、信息服务等制度来辅助创客的创新任务，提高整个社群的众创氛围，这些制度或机制被称为协同机制（王姝，2014）。相关研究表明协同机制可以促进社群内合作交流，共同处理遇到的问题，提高信息交流速度以及知识分享效益（Liu et al.，2009）。协同性治理加强了社群的凝聚性，有利于促进合作和问题的解决（白鸥等，2015）。根据上述研究，对于互联网众创平台来说，当社群的协同机制更有效时，社群的价值共创氛围更好，价值共创服务更佳，创客的敬业度更容易转化成价值共创绩效，因此提出如下假设：

H4－7：社群协同正向调节了创客敬业度对价值共创绩效的影响。

综上理论推演，得到如图4－1所示的理论模型。

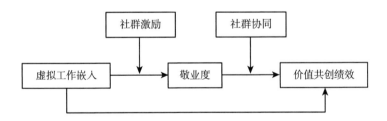

图4－1　虚拟工作嵌入对创客价值共创绩效的影响模型

4.2.2　研究设计

（1）问卷与数据。

除了虚拟工作嵌入（VJE）之外，其余量表测量均使用国内外研究中的成熟量表，再根据众创情境加以适当修改。具体如下：①敬业度（VDE）测度参考萨克斯（Saks，2006）的工作敬业度的量表，共有 5 个题项。②社群激励（VMO）、社群协同（VSY）参考顾美玲（2019）的量表并结合刘（Liu，2009）的观点修改而成。社群激励共 5 个题项，社群协同共 4 个题项。③创客价值共创绩效（VMP）由卢新元（2018）的 3 个题项与朱（Zhu，2014）的 2 个题项共同构成。

调研过程如 4.3 节所示，1267 份问卷中，男性占 76.7%；年龄主要集中在 21～35 岁，占 90.4%；未婚者占 59.9%；文化程度大多在大专以上，占 93.4%；社群经历不足 1 年的占 44.6%，3 年以上的占 15.9%。

（2）数据检验。

基于 Harman 单因子检验法，检验结果显示未经旋转的探索性因素分析出的第一个因子为 35.86%，不到总解释量的一半；基于不可测量潜在方法因子检验法，加入同源方差潜因子后，模型同源方差潜因子的平均变异抽取量为 0.31，低于同源方差被判定为潜因子的标准。

如表 4－11 所示，5 个潜变量 7 个维度的 Alpha 值、CR 值均大于 0.8，AVE 值均大于 0.5。

表 4－11　　　　　　　　　　　因子分析结果

变量	因子载荷	Alpha	CR	AVE
VEL	0.735～0.815	0.853	0.853	0.593
VEF	0.733～0.794	0.878	0.878	0.590
VEL	0.762～0.801	0.888	0.888	0.614
VDE	0.792～0.833	0.911	0.910	0.671
VMO	0.735～0.800	0.880	0.880	0.595
VSY	0.760～0.814	0.891	0.890	0.619
VMP	0.748～0.828	0.890	0.891	0.621

为了突出研究的核心任务，将虚拟工作嵌入（VJE）的三个维度通过二级因子分析作为一个整体构念（CR = 0.878，AVE = 0.705）。表 4－12 报告了各个潜变量之间的相关系数，通过比较各个变量的 AVE 平方根与其他变量之间的相关系数，可知各变量之间具有较好的区分效度。综上，量表数据的信效度表现良好。

表 4 – 12　　　　　　　　　　　　　　潜变量相关性矩阵

变量	1	2	3	4	5
VJE	(0.839)				
VDE	0.755 ***	(0.819)			
VMO	0.301 **	0.379 **	(0.771)		
VSY	0.227 **	0.210 **	0.613 **	(0.787)	
VMP	0.592 **	0.596 **	0.585 **	0.597 **	(0.788)
平均值	3.967	3.997	3.989	3.997	4.696
标准差	1.051	1.028	1.173	1.190	0.999

注：** 表示 $P < 0.05$，*** 表示 $P < 0.01$；括号内数字为 AVE 平方根。

从变量性质来看，虚拟工作嵌入、敬业度和价值共创绩效为创客层面的变量，而社群激励和社群协同为社群层面的变量，但是数据均来自创客个体层面，为了决定是否需要进行跨层次的分析，需要检验社群激励和社群协同两个变量的组内一致性和组内相关性。结果显示两个变量的 R_{wg} 值分布为 0.681 和 0.634，均小于 0.7 的标准，ICC（1）的值分别为 0.071 和 0.073，为中度组内相关，综合判断，认为没有必要进行跨层分析。两个社群层变量不支持整合平均可能源于两个方面的原因：一是虽然调研来自四个社群，但每个社群内的社群模块很多，相互之间的差异性较大；二是创客的需求和观点差异性较大，对同一机制的感知差异较大。

4.2.3　假设检验

（1）总效应与直接效应。

假设 H4 – 2 认为创客在互联网众创平台的虚拟工作嵌入有利于提高其价值共创绩效，表 4 – 13 中模型 1 显示虚拟工作嵌入前的系数显著为正（$\beta = 0.445$，$P < 0.01$），说明 H4 – 2 得到了统计数据的支持。同时，模型 2、模型 3 中虚拟工作嵌入前的系数均显著为正，说明无论是否考虑创客敬业度、是否考虑互联网众创平台的协同机制，虚拟工作嵌入均对创客价值共创绩效有显著影响。

表 4 – 13　　　　　　　　　　　　　层次回归分析

变量	价值共创绩效			敬业度	
	模型 1	模型 2	模型 3	模型 4	模型 5
常数项	1. 789	1. 261	1. 154	1. 280	1. 390
性别	– 0. 051	– 0. 035	– 0. 009	– 0. 039	– 0. 030
年龄	– 0. 034 **	– 0. 032 **	– 0. 014	– 0. 004	– 0. 012
参与时间	0. 020 *	0. 012	0. 010	0. 019	0. 016 *
学历	0. 024 *	0. 008	0. 010	0. 039 **	0. 027 **
自变量					
虚拟工作嵌入	0. 445 ***	0. 200 ***	0. 117 ***	0. 593 ***	0. 304 ***
中介变量					
敬业度		0. 412 ***	0. 223 ***		
调节变量					
社群激励					0. 104 *
社群协同			0. 107 **		
社群激励 × 虚拟工作嵌入					0. 044 **
社群协同 × 敬业度			0. 042 **		
R^2	0. 362	0. 481	0. 698	0. 472	0. 651
ΔR^2		0. 119 ***	0. 218 ***		0. 178 ***
F	143. 233	194. 769	364. 601	226. 436	336. 101

注：* 表示 P < 0.1，** 表示 P < 0.05，*** 表示 P < 0.01。

假设 H4 – 3 认为创客的敬业度对其价值共创绩效有正向影响，模型 2 显示敬业度前的系数显著为正（$\beta = 0.412$，P < 0.01），说明 H4 – 3 得到了支持。假设 H4 – 4 认为虚拟工作嵌入对创客的敬业度有预测作用，模型 4 和模型 5 均显示虚拟工作嵌入前的系数显著为正，数据支持了假设 H4 – 4。同时模型 3 和模型 4 的支持，说明敬业度可以作为中介变量来解释虚拟工作嵌入对价值共创绩效的影响机制。

（2）中介效应与调节效应。

采用 Bootstrap 方法，利用 Process 插件在 SPSS 中对敬业度的中介效应进行检验，样本量设定为 5000，在 95% 的中介效应置信区间不含 0（LLCI = 0. 166，ULCI = 0. 207；$\beta = 0.186$），在考虑中介效应时，虚拟工作嵌入对创客价值共创绩效的直接效应为 0. 117，其 95% 的置信区间同样不含

0（LLCI=0.085，ULCI=0.149）。说明敬业度充当了虚拟工作嵌入与价值共创绩效之间的部分中介，因此假设 H4-5 成立。

模型 5 显示社群激励对敬业度的影响为正且满足显著性。社群激励与虚拟工作嵌入的交互项前的系数显著为正（$\beta=0.044$，P<0.05），95% 的置信区间不含 0（LLCI=0.014，ULCI=0.070），同时模型 5 与模型 4 相比，拟合优度 R^2 有了显著改善，说明社群激励正向调节了虚拟工作嵌入对敬业度的影响，假设 H4-6 得到支持。为了更清晰地显示假设 H4-6 的调节效果，图 4-2 描绘了社群激励在均值加减一个标准差时，虚拟工作嵌入与敬业度之间的关系。

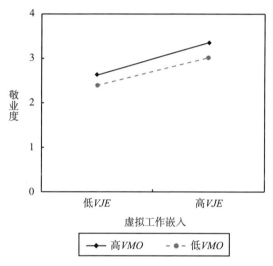

图 4-2　社群激励的调节作用

模型 3 显示社群协同对价值共创绩效的影响显著为正。社群协同与敬业度的交叉项前的系数显著为正（$\beta=0.042$，P<0.05），95% 的置信区间不含 0（LLCI=0.017，ULCI=0.067），而且模型 3 比模型 2 有显著的改善，假设 H4-7 得到验证，即社群协同正向调节了敬业度对价值共创绩效的影响，简单斜率估计如图 4-3 所示。

模型 3 和模型 5 的回归分析显示，社群激励、社群协同对创客的价值共创绩效具有正向影响，这与现有研究的结论是一致的（王姝等，2014；卢新元等，2018）；除此之外，社群激励、社群协同还强化了创客的虚拟工作嵌入、敬业度对价值共创绩效的影响。

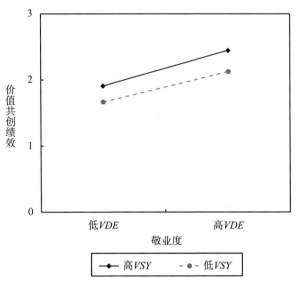

图 4 - 3   敬业度的调节作用

（3）被调节的中介效应。

为进一步验证假设 H4 - 6 和假设 H4 - 7，并考察中介效应受调节变量影响的具体情况，运用海斯（Hayes，2013）开发的 SPSS 22 宏插件 Process 3.0 中的模型 Model 21，结果如表 4 - 14 所示。

表 4 - 14   被调节的中介效应

VMO	*VSY*	Effect	BootSE	BootLLCI	BootULCI
低	低	0.151	0.012	0.129	0.177
低	中	0.169	0.012	0.147	0.194
低	高	0.192	0.014	0.164	0.221
中	低	0.166	0.011	0.145	0.190
中	中	0.186	0.010	0.166	0.207
中	高	0.211	0.013	0.185	0.237
高	低	0.187	0.014	0.161	0.215
高	中	0.209	0.013	0.184	0.236
高	高	0.237	0.016	0.206	0.271

如表 4 - 14 和图 4 - 4 所示，当固定 *VSY* 时，中介效应随着 *VMO* 的增加而增加，说明社群激励正向调节了敬业度在虚拟工作嵌入与创客价值共

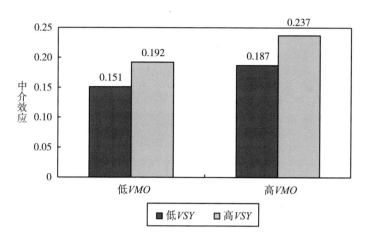

图4-4　社群激励和社群协同的总体调节

创绩效的中介效应；当固定 *VMO* 时，中介效应随着 *VSY* 的增加而增加，说明社群协同也正向调节了敬业度的中介效应，而且该中介效应被两次调节的效应具有显著性（index = 0.002，LLCI = 0.004，ULCI = 0.036）。

另外，根据表4-14可知，在两个调节变量的不同水平之下，敬业度的中介效应均具有显著性，也再次证明了假设 H4-5 是成立的。

4.2.4　研究结果与讨论

（1）互联网众创平台的工作嵌入与传统工作场景的工作嵌入不完全相同。

在传统工作场景中，工作嵌入是一个包含"联结、匹配和牺牲"三个维度的变量结构，但是在互联网众创平台中，这一变量有了新的特征，其包含的三个维度变为了"归属、匹配和满足"。虽然有研究直接将传统的工作嵌入平移到虚拟环境中（朱耀东、颜士梅，2009；俞函斐，2014），并证明有一定的适用性，但本研究认为在互联网众创平台中，由于工作性质的不同、社群成员间关系的不同，工作嵌入应该有所不同。

与现有研究相比，本书开发了全新的虚拟工作嵌入的量表，并认为虚拟工作嵌入的结构与传统工作嵌入之间既有联系也有区别。

（2）创客的虚拟工作嵌入有助于提升其敬业度进而增加价值共创绩效。

基于四个互联网众创平台的样本数据统计发现，创客的虚拟工作嵌入对其价值共创绩效有显著正向影响，这也充分说明当前"平台＋社群"的开放式创新实践追求"嵌入为王"的正确性。传统场景中认为工作嵌入有助于减少员工流失从而保持组织成员的相对稳定，本研究认为敬业度充当了虚拟工作嵌入与价值共创绩效之间的中介变量，说明了工作嵌入的重要性不仅仅在于挽留员工，还在于其能提升员工敬业度，这与付景涛（2017）的观点一致，同时本研究将这一观点拓展到了虚拟工作环境当中。

本研究的理论贡献在于一方面剖析了互联网众创平台创客虚拟工作嵌入对其价值共创绩效的作用机理；另一方面将传统场域的相关研究拓展到虚拟场域当中。

（3）社群激励和社群协同机制促进了虚拟工作嵌入对创客价值共创绩效的影响。

现有研究一致认为，创客之所以参与互联网众创平台、承揽众创项目，在于互联网众创平台或众创项目满足了创客物质、心理和社会方面的需求（卢新元等，2018），因此有效的激励手段在互联网众创平台十分必要；众创式创新作为一种开放式创新模式，需要创客成员间的协同、众创平台与成员及发包企业间的相互协同，因此有效的协同机制对众创创新来说非常有利（王姝等，2014）。本研究一方面支持了上述观点，另一方面还发现社群激励和社群协同作为调节变量分别在不同阶段调节了虚拟工作嵌入、敬业度和价值共创绩效的中介过程。

综上，本研究考虑了互联网众创平台激励、社群协同与创客虚拟工作嵌入、敬业度的交互作用对创客价值共创绩效的影响，拓展了对社群激励和社群协同影响众创式创新的认知。

为了提高创客在互联网众创平台的敬业度，提高其价值共创绩效，众创平台企业或互联网众创平台管理者应该从创客匹配、情感联结和社群获益三个方面出发提高创客的虚拟工作嵌入程度。具体来说：首先，建议采用大数据分析技术，精准了解创客的兴趣、技能，从而实现创客的诉求与社群的服务、激励措施、众创任务的有效匹配。其次，建议采取多种措施繁荣社群氛围，增加创客的归属感和认同感。例如，当社群成员过多时，可以基于创客特征进行分而治之，使得具有共同兴趣、共同价值观的创客能够充分交流。最后，通过提高创客的满足感来提升互联网众创平台的黏性，根据创客的需求类型、需求层次，提供系统化的社群激励和支持。

4.3 基于非正式互动的机制

4.3.1 研究模型和研究假设

诸多研究和实践表明，"嵌入"创新创业社群有利于创客或创业企业获取与之互补的异质性知识、信息和资源，实现对价值共创绩效的促进作用（白鸥等，2015）。根据上述研究可知，在当今的万物互联时代，创客嵌入在互联网众创平台中，依托互联网众创平台，通过互动进行知识共享、资源交换与能力互补互助，在此过程中加强彼此的理解、建立良好的信任与关系基础，有助于创客更好地获取、吸收并整合开展创新活动所需的各种资源与能力，推动社群内的创新创业行动与合作形成，进而实现社群内的良性互动循环与长效创新创业动能。

近年来，理论界广泛关注互联网环境对创客创造力的影响作用，尤其对资源整合和信息传递两方面展开了比较丰富的探讨。根据这些研究的逻辑思路，可以推论互联网众创平台虚拟工作嵌入将对创客价值共创绩效有重要影响。首先，当创客的兴趣、能力、价值观与互联网众创平台的任务和文化氛围相匹配时，即互联网众创平台能为创客提供所需的资源与信息；创客的创意、想法能被社群所接受；创客在任务实施与创新过程中能够得到社群的支持，创客更容易产生积极的人际交往心态，更乐于采取非正式互动与其感兴趣的社群成员交流、获得意见与反馈（仲秋雁，2011）。其次，创客对互联网众创平台的归属感越强烈，即创客喜欢参与互联网众创平台的活动；愿意与其他创客进行交往与互动；能积极地发表自己的想法并分享知识与资源，此时创客更有可能持续参与社群讨论，通过非正式互动输送、获取、共享社会资本并作出贡献（Soliman，2015）。最后，在互联网众创平台中，当创客感知到自己的物质、社会和心理等需求得到满足，那么其完成任务的主动性和积极性也会得以提升，进而创客会增加相应的资源和能力的投入，愿意付出额外的情感、时间，开展更频繁、更深层次的非正式互动传播，吸收社群知识。在此过程中极可能激发其自身灵感，提高价值共创绩效（王蒙蒙等，2020）。进一步，本书认为创客通过虚拟工作嵌入深度扎根于互联网众创平台当中，会增加社群内创客间的交互与开展合作创新的可能性，而基于知识兼容性与跨界行为会促进创客之间的知识融合与合作产出的创新度，创客通过非正式互动获取的社会资本，需要借助知识兼容性的加工才能得以有效吸收，而跨界行为能够在一定程度内降低知识的冗余度，保证创客自身知识库不断扩充，最终增强社群内高虚拟工作嵌入状态下创客的非正式互动行为，提高其价值共创绩效的效果。

　　鉴于上述分析，基于社会网络理论，建构如图4-5所示的理论模型，以互联网众创平台创客为研究对象，本书提出的虚拟工作嵌入中，"多元匹配"探究创客与平台或社群的相适度，保证自身资源被有效利用而不被损失；"情感联结"研究创客的社会需求或者获取社会资本的动机；"社群获益"代表创客所看重的价值性资源，据此探索互联网众创平台环境下如何通过虚拟工作嵌入影响创客价值共创绩效。

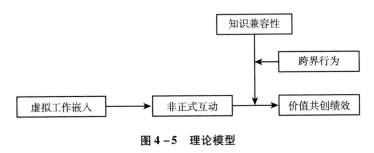

图4-5　理论模型

　　社会网络是社会行动者及其相互之间关系的集合（Brass，2004）。互联网众创平台内的社群关系更趋向于弱关系，其社群成员跨越地域、行业、组织、年龄等限制，汇集了不同群体的信息源，将其他群体的信息、资源带给本不属于该群体的某个个体（王夏洁、刘红丽，2007）。与传统的社会网络关系不同，虚拟工作环境下的这种弱联结所产生的"工作嵌入"与现实环境中相较，所带来的制约性和限制性也更弱。但相同的是，富有嵌入性的社会网络关系因行动者间的高度信任、频繁的信息交互和解决问题的能力提高而更强劲有力（Uzzi，1996），这种高嵌入性所带来的联系越紧密，创客与社群命运共同体的感觉就越强烈，进而更愿意作出达到甚至是超过社群期望的价值共创绩效表现。

虚拟工作嵌入是指创客通过互联网被嵌入到众创平台或社群的联系网络中。借鉴工作嵌入的概念，俞函斐（2014）提出了"互联网嵌入"的概念，并将此概念分为联系度、匹配度、牺牲感三个维度。然而，传统的工作嵌入研究已经不足以解释虚拟环境中社群的联系维度，"互联网嵌入"也无法很好地诠释虚拟工作嵌入的特征。在互联网众创平台中，创客与其他成员、社群之间的关系和联结发生了根本性的改变，不存在阶级和组织的制约与束缚。因此，本书提出虚拟工作嵌入的构念，以期探析工作嵌入在虚拟情景下的内涵与作用。当虚拟工作嵌入越深，创客对于社群的认同感和归属感也就越强烈，有利于社群成员强化对社群的心理依附，提高忠诚度，最大化激发创客的创新热情；当社群成员与社群及其他成员匹配度较高时，便可以更自由地表达自己的观点，发挥自己的主观能动性，且出于兴趣和舒适的体验，更容易激发创客的共创意愿和创新成果；同时，"嵌入"的过程也有助于创客积累更多的信息和社会资本，从而从实际层面推动价值共创的开展（王雁飞等，2014）。深层次的虚拟工作嵌入有助于加固创客与互联网众创平台以及社群间的情感依附关系，为价值共创绩效的提升创造良好的联结基础。基于此，提出以下研究假设：

H4 - 8：虚拟工作嵌入对创客价值共创绩效有正向影响。

创客在嵌入其所处的互联网众创平台获取社会资本的过程中受到制约，这一过程一方面取决于其与社群关系的强弱、规模与位置的中心性或位置的高低等；另一方面还和创客的选择性行为相关，在相同的制约中不同的创客可能会采取不同的行为（雷玉琼、徐刚，2010）。当创客在社群中始终处于一个游离的状态，被动地接受社群的信息，其获取的资源无疑是有限和陈旧的，导致其无法很好地融入社群环境，其在社群中和其他创客的联系网相对来说也就更稀疏，无法吸收更多优质的资源；而当创客选择与更多的社群成员开展互动，就会不断扩大自己在互联网众创平台中的关系网、信息网、资源网。与前者相比，创客这种主动的互动行为，能够帮助自己获取更多、更及时、更有效的信息和资源。

非正式互动，指的是互动主体超越组织架构的限制进行的非程序化的交流方式（沈超红等，2021）。以计算机技术为基础、互联网为媒介的网络互动无疑是一种非正式互动，网络用户利用文本、图像、音频等方式进行信息交换，以实现沟通交流、建立人际关系的目的（范晓屏、马庆国，2009）。类似于互联网众创平台这样的虚拟社群正是由于提供了能与他人持续互动的环境，才得以吸引并聚合一群人加入（Carver，1999）。创客通过将自身"嵌入"到社群非正式的人际互动中，可以更好地获取来自社群其他成员的信息、知识和资源，促使发生创意交流、吸收、融合等过程乃至合作创新（Feeley et al.，2010）。在互联网众创平台当中，创客之间的互动更加随意、自由，不存在程序化、组织化的约束和限制，这种非正式互动使得创客们能够勇敢地、真实地发表自己的观点和想法。首先，当创客彼此之间兴趣爱好、价值观等匹配度更高时，彼此间的共性吸引更有利于这种非正式互动的发生；其次，当创客对于社群产生认同感、归属感，出于信任更愿意开展非正式互动与他人交流自己的知识、想法；最后，当创客在社群中能获取满足感，由此产生的成就感赋予其极大的动力，使其更乐于通过非正式互动展示自己并获取新的知识，积累社会资本，参与更多社群活动。

具体而言，当非正式互动行为发生后，社群成员之间会进行两种路径的知识传递。一是显性知识共享。创客们通过自由互动将彼此外化的显性知识进行交换共享，并将其理解、吸收。二是隐性知识挖掘。创客们通过各种手段把隐性知识转化为人们易于理解和接受的显性知识（李兴华、李永先，2015），也就是把隐性知识显性化，外化为可以进一步传递的显性知识。而当创客非正式互动意愿越强烈，越会主动与其他成员进行交流与分享，也就越有利于知识共享和互动者知识挖掘行为的发生，并能够在非正式互动过程中，不断吸收并整合新知识和创新资源，再将其流转给其他创客，形成社群内的良性互动和知识循环。随着互动的深入和范围的拓展，形成持续性、高效性的稳定非正式互动。当社群成员在此过程中汲取的专业知识和收获的创意成果越多时就越容易吸引更多的创客嵌入其中，这也意味着社群能够汇聚更多的"知识源"，在多层次、宽领域的交互知识包裹下，促使社群成员进行相互学习，不断挖掘新知识，刺激创意思维的迸发，从而提升价值共创绩效。基于此，本书提出以下假设：

H4 – 9：非正式互动在虚拟工作嵌入对创客价值共创绩效影响中起着部分中介作用。

组织作为异质的知识承载实体，它们将知识应用于生产产品和提供服务（Foss，1996）。在互联网众创平台中，虽然不存在组织约束，但创客与创客、社群间也会通过网络这张无形的网产生联结。在这张庞大的关系网中，充斥着大量的知识资源，而由于网络空间的自由性，创客之间的互动更加频繁且不受限制。在这样的环境下，当互动双方沟通更加顺畅、相互理解程度更高时，互动过程也会更加愉悦，而这便与知识兼容性紧密相关。

知识兼容性是对组织间知识信息内容匹配程度与共存关系的一种客观描述和评判（Mitsuhashi，2016）。由于互联网众创平台内不存在地域和阶级的限制，社群成员可以接触到不同背景、行业、地区等的创客们，在与他们的交流中，不断汲取自己所需的知识养分，并通过持续互动结成亲密的伙伴甚至建立合作关系。知识兼容性越高，意味着合作双方的背景和知识基础越相似，对外部知识的吸收转化能力更强（Wesley，1990；Rajaguru，2013）；反之，合作双方会很难理解和接受对方的知识，从而阻碍对于外部知识的运用（Adenfelt，2006）。在较高的知识兼容性情境下，创客可以通过相互学习的互动方式高效地整合异质性资源，填补知识空白，丰富知识体系，提高创新能力，更有利于互动双方知识的整合，进而为提升价值共创绩效提供充足的内驱动力，非正式互动由此带来的影响更显著。但当知识兼容性较低时，创客之间难以相互理解，从而导致互动效果不佳，在很大程度上也降低了彼此持续、深入互动的欲望，双方的思维碰撞也就不容易发生，从而使得非正式互动的作用不显著。基于此，本书提出以下假设：

H4 – 10：知识兼容性在非正式互动与创客价值共创绩效的关系间起着调节作用。

传统的信息收集和知识获取一般为与自己专业相近的、熟悉的，而对于采取跨界行为的行动者来说，其获取的知识多为陌生的、异质性很强的资源。在互联网众创平台中，创客通过大胆的跨界行为获取信息和资源，必须要借助和其他不同的社群成员开展交流与互动建立联结，这不仅为其自身建立了大量的异质资源优势，更为自己培养了重要的关系优势，有利于其占据互联网众创平台中的"结构洞"位置。

互联网众创平台中活跃着来自全球各地、各行各业的创客，他们可以依照自己的兴趣不受限制地选择价值共创活动，所以常常导致其承接的任务与自身所学的专业或从事的行业并不相关，我们通常称之为跨界行为。跨界行为是指跨界主体为了从外部获取资源，应对环境的不确定性（Leifer & Delbecq，1978），主动跨越行业、组织、团队、知识等边界，与外部环境进行互动的行为（陈云、杜鹏程，2019）。跨界行为有助于与外界建立良好的信任关系，更容易进行知识的交流与分享，从而克服知识整合过程中的闭塞状态（Hoffer，2002），提升团队内外部资源整合过程中的系统化能力，使跨界员工更加容易完成个人的任务指标，获得更高的任务绩效（崔明明等，2018）。但在个体层面上，员工跨界行为通过增加员工的角色压力会对个体创造力产生不利影响（朱金强，2020）。同样，在互联网众创平台中，创客跨界行为有助于为其创新活动收集充足的社会资本，但当跨越边界过大时，受创客知识水平和知识能力的限制，不足以消化陌生和复杂的知识信息，会消耗创客自身大量的精力和资源，甚至最终仍无法实现知识兼容，还会导致个体花费在创造性活动中的资源减少，进而降低互动效率，对创新行为产生负向影响。只有当跨界行为维持在一定界限内，既保证知识的多样性和深度，又确保知识的可理解性，才能充分发挥知识兼容性的作用。一言以概之，跨界行为具有"双刃剑"的作用。基于此，本书提出以下假设：

H4-11：跨界行为倒"U"型调节了知识兼容性的调节作用。

4.3.2 研究设计

（1）数据与变量。

本研究共包含 9 个构念：虚拟工作嵌入、非正式互动、知识兼容性、跨界行为、价值共创绩效、创客性别（C_1）、创客年龄（C_2）、受教育程度（C_3）。除控制变量外，每个构念的测量题项均采用李克特 7 级量表进行衡量，1 表示非常不同意，7 表示非常同意。除了虚拟工作嵌入（VJE）和创客价值共创绩效（*VMP*）的量表如前所述，其他量表介绍如下。

非正式互动（*VCC*）的量表借鉴了沈超红等（2021）的研究。该量表包含 10 个题项，题项如"经常通过社群与不同类型行业的创客保持密切关系"，总体 Alpha 信度系数为 0.826。

知识兼容性（*VKC*）借鉴霍（Ho, 2013）、李丹等（2021）的量表，同时为体现创客个人的兼容性本质，对量表进行了修改。该量表包含 4 个题项，题项如"我的技能和技术与互动创客的相兼容"，总体 Alpha 信度系数为 0.816。

跨界行为（*VCB*）的量表主要借鉴马罗内等（Marrone et al., 2007）开发的量表，参考法拉杰等（Faraj et al., 2009）及张柏楠等（2020）的研究，得到的最终量表包含 4 个题项，如"我会向社区内的创客寻求专业知识和建议"，总体 Alpha 信度系数为 0.833。

（2）验证性因子分析和共同方法偏差检验。

如表 4 - 15 所示，五因子模型中的 $\chi^2/df = 2.080$；RMSEA = 0.040，SRMR = 0.022，CFI = 0.982，TLI = 0.980。各项指标均比其他模型要好，这说明五因子模型对实际数据的拟合效果最好，即研究涉及的五个因子具有良好的区分效度。

表 4 - 15　　　　　　　　　　变量区分效度检验结果

指标	χ^2/df	RMSEA	SRMR	CFI	TLI
五因子	2.080	0.040	0.022	0.982	0.980
四因子	11.698	0.125	0.098	0.819	0.801
三因子	16.843	0.152	0.138	0.730	0.706
二因子	21.955	0.175	0.113	0.642	0.611
单因子	31.015	0.296	0.269	0.514	0.501

注：四因子模型为 *VJE*、*VCC* + *VKC*、*VCB*、*VMP*；三因子模型为 *VJE*、*VCC* + *VKC*、*VMP* + *VCB*；二因子模型为 *VJE* + *VCC* + *VKC*、*VMP* + *VCB*。

为了检验共同方法偏差，首先，采用 Harman 单因子检验分析法，对各变量测量题项进行探索性因子分析，结果发现未旋转的探索因子分析出的第一个因子为 39.845%，不到总解释变量的一半，说明不存在严重的同源偏差问题。其次，通过不可测量潜在方法因子效应控制法来检验共同方法偏差，在五因子模型的基础上加入共同方法因子后，模型拟合指标（$\chi^2/df = 1.893$，$RMSEA = 0.038$，$SRMR = 0.021$，$CFI = 0.986$，$TLI = 0.988$），未发生明显改善，再次说明共同方法偏差对回收的数据影响不大。

（3）信效度分析。

采用克朗巴哈系数（Cronbach's α）来检验可靠性信度，结果显示：各变量的 Cronbach's α 系数最低为 0.835，表明数据具有较高的信度水平。通过一阶验证性因子分析剔除残差不独立和因子载荷小于 0.6 的题项，以保证量表具有良好的效度水平。组合信度检验结果显示：所有变量的组合信度值均超过 0.7 的标准。检验结果如表 4－16 所示。

表 4－16　　　　　　　　信效度分析

变量	α 系数	因子载荷	CR 值	AVE 值
VJE	0.947	0.775 ~ 0.932	0.957	0.737
VCC	0.932	0.744 ~ 0.911	0.952	0.666
VCB	0.843	0.869 ~ 0.875	0.905	0.762
VKC	0.835	0.795 ~ 0.848	0.893	0.675
VMP	0.867	0.724 ~ 0.816	0.901	0.604

由表 4－16 和表 4－17 可见，所有变量的平均方差提取值 AVE 均大于所设标准 0.5，达到数据构成要求。同时，各变量的平均方差提取值的平方根均大于其他变量的相关系数，说明各变量的测量值具有较高的聚合效度和区分效度。

表 4－17　　　　　　　　变量的描述统计

变量	M	SD	VJE	VCC	VCB	VKC	VMP
VJE	3.285	0.735	(0.858)				
VCC	3.482	0.893	0.071	(0.873)			
VCB	3.630	0.857	0.106	0.346 **	(0.822)		
VKC	3.879	0.856	0.479 **	0.430 **	0.374 **	(0.816)	
VMP	4.423	0.749	0.234 **	0.472 **	0.301 **	0.445 **	(0.777)

注：** 表示 $P < 0.01$；对角线括号内数值为各变量 AVE 平方根；M 为均值，SD 为标准差。

4.3.3 假设检验

首先，利用 SPSS 进行层次回归分析，检验虚拟工作嵌入、非正式互动、知识兼容性、跨界行为对价值共创绩效的影响，以及非正式互动的中介作用、知识兼容性的调节作用和跨界行为的二次调节作用，结果见表 4-18 和表 4-19；其次，运用拔靴法对中介效应以及知识兼容性对中介的调节作用进行再次检验。

表 4-18 主效应和中介效应检验

变量	非正式互动		创客价值共创绩效		
	模型 1	模型 2	模型 3	模型 4	模型 5
控制变量					
创客性别	0.016	0.011	0.041	0.031	0.049
创客年龄	-0.097^*	-0.066^*	0.040	0.086^{***}	0.063^*
受教育程度	0.037	0.006	0.112^*	0.113^*	0.096^*
自变量					
虚拟工作嵌入		0.433^{***}		0.482^{***}	0.212^{***}
中介变量					
非正式互动					0.256^{***}
R^2	0.017	0.480	0.032	0.366	0.438
ΔR^2	0.008	0.475	0.023	0.359	0.432
F	1.926	89.683	3.742	56.002	75.628

注：＊表示 $P < 0.05$，＊＊＊表示 $P < 0.001$。

表 4-19 调节效应检验

变量		VMP			
		模型 6	模型 7	模型 8	模型 9
控制变量	企业年龄	0.011	0.032	-0.022	-0.002
	企业规模	0.025	0.012	-0.009	-0.002
	所有权性质	0.044	0.036	0.026	0.021
自变量	VJE	0.365^{***}	0.294^{***}	0.245^{***}	0.174^{***}

续表

变量		VMP			
		模型6	模型7	模型8	模型9
调节变量	VKC	0.399 ***	0.214 ***	0.206 ***	0.173 ***
	VCB			0.275 ***	0.232 ***
二阶交互项	VCC × VKC		0.232 ***	0.138 **	0.103 **
	VKC × VCB²			-0.177 ***	-0.131 ***
	VCC × VCB²			-0.146 **	-0.107 *
三阶交互项	VCC × VKC × VCB²				-0.126 **
R²			0.466		0.590
ΔR²			0.222		0.013
F			43.345 ***		42.297 ***

注：* 表示 $P < 0.05$，** 表示 $P < 0.01$，*** 表示 $P < 0.001$。

（1）主效应和中介效应检验。

主效应回归检验结果如表4-18所示。模型3为基准模型，在模型3的基础上引入虚拟工作嵌入，形成模型4，即为主效应模型，检验结果显示虚拟工作嵌入对创客价值共创绩效具有显著的促进作用（$\beta = 0.482$，$P < 0.001$），假设 H4-8 得到支持。

中介效应回归检验结果如表4-18所示。模型1为基准模型，在模型1的基础上引入自变量虚拟工作嵌入后形成模型2，检验结果显示，虚拟工作嵌入对非正式互动具有显著的正向促进作用（$\beta = 0.433$，$P < 0.001$）。在模型4的基础上加入中介变量非正式互动后，形成模型5，检验结果显示非正式互动对创客价值共创绩效具有显著的正向促进作用（$\beta = 0.212$，$P < 0.001$），即非正式互动在虚拟工作嵌入与创客价值共创绩效之间起部分中介作用。由此，假设 H4-9 得到支持。

（2）调节效应检验。

调节效应回归检验结果如表4-19所示。在进行回归检验前，对交互性进行了中心化处理。模型6回归检验显示，知识兼容性对创客价值共创绩效具有显著的正向促进作用（$\beta = 0.399$，$P < 0.001$），在模型6的基础上加入非正式互动与知识兼容性的交互项后，形成模型7。从回归检验结果可知，非正式互动与知识兼容性的交互项对创客价值共创绩效具有显著

的正向促进作用（$\beta = 0.232$，$P < 0.001$），假设 H4 – 10 得到支持。

模型 8 显示非正式互动与跨界行为平方的二阶交互项对价值共创绩效（$\beta = -0.146$，$P < 0.01$）有显著的正向影响，知识兼容性与跨界行为平方的二阶交互项对价值共创绩效（$\beta = -0.177$，$P < 0.001$）有显著的正向影响；非正式互动、知识兼容性和跨界行为平方的三阶交互对动态能力（$\beta = -0.126$，$P < 0.01$）有显著的负向影响，说明跨界行为倒"U"型调节知识兼容性对非线性互动和价值共创绩效关系的调节作用，假设 H4 – 11 得到验证。

4.3.4　研究结果与讨论

虚拟工作嵌入是影响互联网众创平台创客价值共创绩效的重要因素，必须重视对于虚拟工作嵌入机制的挖掘与管理。现有研究关注工作嵌入对于员工离职、工作绩效、任务绩效等方面的影响，而且主要针对线下环境，忽视了工作嵌入在虚拟环境中对于价值共创绩效的作用机制。本书基于社会网络理论，以非正式互动作为研究视角切入，在探析和验证虚拟工作嵌入及其维度的基础上，探讨互联网众创平台内的创客如何突破知识兼容性约束、寻求跨界边界及提升创客价值共创绩效，得到如下结论。

第一，虚拟工作嵌入对创客价值共创绩效具有正向影响，高虚拟工作嵌入状态使得创客可以通过频繁、高效的非正式互动行为提升自身的价值共创绩效。

虚拟工作嵌入包括多元匹配、情感联结、社群获益三个维度，无论从哪一个维度出发，均能对创客的价值共创绩效产生促进作用。有别于传统现实生活中员工与企业的简单雇佣模式，在互联网众创平台中，社群对于创客的约束力和牵制力相对较弱，创客可以自由地出入互联网众创平台，可以完全根据自己的喜好选择任务成为创客，在任务完成过程中也具有较强的自主性，不受规章制度和领导阶层管制。而当创客与社群及其他成员在兴趣、思想、价值观上达到匹配，便会对社群产生发自内心的认同感，使得其对该互联网众创平台产生一种特殊的情感。特别是当创客通过与社群内成员进行频繁、持续互动，建立亲密关系时，社群于他而言就成了有朋友、亲人的港湾和栖息地，这种归属感会促使他轻松地表达自己的观点，并且更乐于为社群贡献自己的时间、知识、创意等宝贵资源。而当付出努力后，若再能得到来自社群的物质及精神奖励，创客就会在极大程度上受到激励和鼓舞，获得强大的成就感、满足感，在这一过程中逐渐深度嵌入互联网众创平台，愿意长期留在互联网众创平台内创造价值。与此同时，创客在与其他成员进行非正式互动时，更容易受到启发，乃至结成具有亲密关系的"社友"。在这种条件下，出于对彼此的信任感极容易促成合作，双方在完成任务的过程中取长补短、优势互补，从而提升创客价值共创绩效。

第二，知识兼容性对于虚拟工作嵌入下创客间非正式互动的有效性、创客价值共创绩效的提升过程均发挥积极作用。

互联网众创平台内的互动相较于传统互动模式更频繁且不受限制，创客之间的身份、关系都具有一定的虚拟性，社群中的诸多创客来自各行各业各地，因而，当他们之间产生交流和互动时，更容易受到知识兼容性的影响。当知识兼容性高时，成员之间的沟通会更顺畅，更容易相互理解，更有利于双方知识的整合，互动效果会更好，由此非正式互动对创客价值共创绩效的影响会更明显；当知识兼容性较低时，创客间的相互理解度不高，思维碰撞不容易发生，此时的互动是低效的，无法达到促进价值共创的效果。

第三，跨界行为对于高虚拟工作嵌入状态下知识兼容性的影响效果、创客价值共创绩效的提升发挥积极作用，但过度的跨界行为会抑制知识兼容性的作用发挥。

跨界行为对知识兼容性的作用发挥具有制衡作用。只有当跨界行为维持在一定的范围内，既能发挥知识的多样性，又能保证互动双方对于知识的可接受度时，才更容易发挥知识兼容性的作用。与现实环境中不同，互联网众创平台内创客从事的价值共创活动常常与其本身从事的行业和背景无关，而这种跨界行为可能会导致知识兼容性作用的削弱或增强。当跨界行为较低时，互动双方处于相同或相似行业，知识背景和工作经历较一致，虽然彼此拥有更多的共同话题，相互理解程度也极高，知识兼容性效果更好，但与此同时，带来的新知识和新经验却相对较少，无法很好地刺激创客的创新思维，降低了激发创新灵感的可能性；当跨界行为较高时，在互动过程中创客可以吸收和整合更多的异质性知识，同时，由于跨越边界并没有超过创客自身的接受能力，因而双方的知识兼容性也较强，可以成功地将获取的知识转化为可以利用的创新资源，从而有效地提升创客的价值共创绩效；当跨界行为过高时，创客面对全新的领域、行业，其中充斥着大量陌生知识，此时创客间的互动无疑是十分困难的。一方面，双方的知识兼容度极低，创客自身的经历和能力不足以支撑其消化和吸收这些晦涩难懂的信息资源；另一方面，整合、理解这些知识的交互过程，需要耗费彼此大量的时间和精力，即便成功了，创客也很难再有余力去运用这些知识进行价值创造活动。

本书的理论贡献体现在如下几个方面。

首先，从虚拟工作嵌入角度探讨创客价值共创绩效的提升机制，拓宽了工作嵌入的研究领域，丰富了互联网众创平台价值共创绩效提升机理的研究。

本书基于社会网络理论，全面审视了虚拟工作嵌入对于创客价值共创绩效影响的内在机理。以往的研究多从现实环境出发关注工作嵌入对于离职、工作绩效的关系，针对虚拟环境提出的网络嵌入也未能充分考虑和发挥互联网众创平台的特色，而本书则首次基于互联网众创平台虚拟工作嵌入的视角探究其对创客价值共创绩效的差异影响，提出了虚拟工作嵌入的新构念，并将其划分为匹配度、归属感和满足感三个维度。本书的研究验证了创客们能够通过虚拟工作嵌入，获取、传播、共享社群资源，实现互联网众创平台内知识互补、能力互助的良性氛围的营造，有效扩展了工作嵌入和创新领域的相关研究。

其次，基于非正式互动的视角，分析了虚拟工作嵌入对创客价值共创绩效的影响机制，为互联网众创平台价值共创实践和管理提供了新的方向。

传统意义上，非正式互动强调互动双方以非程序化的、相对自由的形式开展互动，在工作环境中充当正式互动的补充形式，而互联网众创平台作为网络化、多元化、跨组织的线上平台，使得非正式互动成为创客间交流的普遍形式。但由于社群成员间关系的动态性、多变性导致非正式互动呈现复杂性和波动性，现有研究多数是将互动的观点未经明确区分直接放置到互联网众创平台等虚拟社群情境下，没有体现虚拟环境的特点。本书认为创客通过虚拟工作嵌入互联网众创平台中有利于创客间非正式互动的发生，并详细论证了"虚拟工作嵌入—非正式互动—创客价值共创绩效"这一路径中的相关假设，明确了非正式互动在互联网众创平台创新过程中的重要价值。在当今的共享经济时代，成为一头"独狼"单打独斗固然英勇，但融入社会、适应合作与竞争并存的环境才能更好地生存。毋庸置疑，懂得如何通过虚拟工作嵌入融入互联网众创平台，并借助非正式互动获取优质资源，成为创客提升价值共创绩效、增强竞争优势的明智选择，本书从虚拟工作嵌入、开展非正式互动的角度为提升创客价值共创绩效指明了新方向。

最后，强调互联网众创平台内非正式互动的知识兼容性与跨界行为，更清晰地揭示了虚拟工作嵌入对非正式互动的内在作用机理，延伸了社会网络理论的研究范围。

当前，学者们针对知识兼容性和跨界行为的探析多从团队、组织、企业层面出发，本书创新性地从个体层面出发，解释了不同程度的知识兼容性和跨界行为对创客价值共创绩效作用效果的影响。本书认为要想充分发挥非正式互动的交流效果，就必须要突破创客通过非正式互动所获取的知识能否被有效吸收的难点，而化解这一难题的关键就是要解决互动主体间的知识融合与跨界问题。本书深度剖析了知识兼容性与跨界行为对于创客虚拟工作嵌入互联网众创平台中通过非正式互动行为提升创客价值共创绩效的调节效应，丰富了社会网络理论的相关命题与结论。

第5章

社群生态嵌入对创业企业
价值共创的影响

本章借鉴嵌入式创新理论，从创业企业的视角出发，探索了创业企业在互联网众创平台的社群生态嵌入对其价值共创绩效的影响机制。在本章中，主要从利益相关者整合、知识流耦合、异质性资源获取、能力重构、创新柔性等角度验证了社群生态嵌入影响价值共创的机理路径。

5.1　基于利益相关者整合和知识流耦合的机制

5.1.1　研究基础和研究框架

（1）社群生态嵌入。

李平（2019）把腾讯、海尔、小米等互联网众创平台企业将创业企业或创业团队嵌入自身生态系统，通过平台渠道、品牌和流量资源的共享，实现平台企业和创业企业共同创新的模式称为嵌入式创新，并将其分为三个层次，即战略嵌入、资源嵌入和生态嵌入。本书认为，社群生态嵌入指目标企业与众创平台组织架构的生态系统中的其他企业联结、互动、契合与合作，进而获取的系统生态效应。与战略嵌入和资源嵌入相比，生态嵌入的层次更高、嵌入程度更深，也是当前工业互联网、商业互联网以及互联网众创平台发展追求的一种状态，因此本书选择社群生态嵌入来研究嵌入互联网众创平台后对创业企业研发型价值共创的影响。

一些学者虽然没有明确提出社群生态嵌入，但其观点已经蕴含了这一思想，如余菲菲、董飞（2019）从两化融合的视角分析了平台社群生态系统中的创业企业或创业团队与互联网的融合问题，并总结了四种模式，即服务化融合、智能化融合、信息化融合与生态化融合。其中，生态化融合即要建立跨界互联的产业集群和层次共生进化的产业生态圈。陈武、李燕萍（2018）从网络嵌入的视角指出，平台型组织结构竞争力的培育途径包括通过建立社群关系、社群生态圈实现社群生态共生，进而获取竞争力。金杨华、潘建林（2014）通过淘宝网的案例研究指出，平台领导与用户创业的协同内在机理在于多主体嵌入及开放创新的非线性互动机制。

（2）利益相关者整合。

利益相关者理论指出，将利益相关者纳入组织决策，有助于提升组织的竞争优势（Danso et al.，2019；贾兴平等，2016）。虽然许多国内外学者都强调将利益相关者纳入企业经营活动的重要性，但有关整合利益相关者的能力与其价值共创绩效关系的研究较为少见。为此普拉扎等（Plaza et al.，2010）提出利益相关者整合的概念，将利益相关者整合视为企业与多方利益相关者建立积极合作关系的能力，同时提出一种具体的措施来识别和描述利益相关者整合的实施程度。他们认为，首先，企业要对不同利益相关者进行识别和了解；其次，评估企业与利益相关者进行互动的意愿；最后，企业愿意修改其战略目标和组织程序以适应利益相关者的需求。总的来说，即认知行为、互动行为和适应行为。丹索等（Danso et al.，2019）认为将利益相关者整合到公司的决策和战略中是企业的一种宝贵资产，有利于实现可持续竞争优势并提高绩效。利益相关者整合的提出，为学者进一步深入研究利益相关者如何参与提高价值共创能力提供了新的理论视角和实用的分析工具。

对于创业企业来说，其利益相关者众多。从创业管理的角度，其利益相关者指参与或服务于其价值共创过程的利益主体；从社群嵌入的角度，其利益相关者指社群生态中与其发生商业联系、具有关系或资源互动的利益主体。本书所研究的利益相关者是上述两者的综合，这些利益相关者既与其价值共创活动有关联，同时也嵌入平台社群生态系统当中。

（3）知识流耦合。

根据知识基础理论，创业企业的价值共创能力取决于其在多大程度上能比竞争者更好地获取、生成、储存和使用知识。斯特兰巴赫（Strambach，2017）认为创新和创业需要知识的流动与碰撞，即需要知识流的耦合。于飞等（2020）指出知识流耦合是两个或两个以上技术领域中的知识元素通过不断的、动态的相互渗透、联结、组合与重构等相互作用方式整合成新知识的过程和结果。知识的涌现是互联网众创平台中价值共创活动的核心，是一个通过多种知识的群化、外化、融合和内化进行知识管理的过程，因此提高创业企业的知识流耦合将会大大促进价值共创能力的提升（赵宏霞、李豪，2020）。对于嵌入平台社群生态的创业企业来说，互联网众创平台的数字化管理模式将极大地拓展信息和知识的搜索空间，实现信息和知识的供需匹配，因此将会促进知识耦合进而提高创业企业的研发型价值共创绩效。

（4）文献述评与研究框架。

社群生态嵌入是在网络嵌入理论的基础上结合我国企业平台化的实践提出来的本土性概念，虽然目前的研究仍停留在概念的逐步明晰阶段，但其比较准确地刻画了入驻平台的创业企业与互联网众创平台中的其他企业之间的互动关系和状态。社群生态嵌入有助于解释为什么嵌入平台社群生态的企业或团队更具抗风险性、创新性和发展性。与普通的网络嵌入相比，社群生态嵌入更加强调了平台的整合性和协同性，以及企业间关系的融合性和生态性。

开放式创新原理认为要保证内部与外部各种创新要素之间的协同，就要与利益相关者之间保持紧密互动关系。基于结果导向，利益相关者整合测度了创业企业整合利益相关者关系、资源的能力；基于过程导向，利益相关者整合评估了创业企业调整自身适应外部环境的行为。在当前环境下，利益相关者整合将会成为创业企业有效提升创新能力和竞争优势的基本能力之一，利益相关者整合能力有助于为创业企业提供获取信息、技术、知识等各种创新要素的机会，从而增强创业企业的动态能力。

根据嵌入式创新（王新华等，2019）和开放式创新（陈钰芬、陈劲，2009）理论，社群生态嵌入和利益相关者整合有助于回答为什么入驻互联网众创平台的创业企业更具有成长性和探索性创新能力。即创业企业加入众创平台以后通过与其他企业的联结、互动、契合与合作嵌入该生态系统中，而这种社群生态嵌入将会提高创业企业整合平台中其利益相关者的资源与关系的能力。那么利益相关者整合能力对创业企业研发型价值共创的影响是直接影响还是间接影响仍需要深入探索。

虽然多数研究认为与利益相关者的合作会提升创业企业或企业的价值创造能力，但也有学者（Knudsen & Mortensen，2011）提出了相反的观点，说明在利益相关者和价值共创之间可能存在一些潜在媒介。根据陈钰芬、陈劲（2009）的观点，价值创造所需知识的获取和创造以及组织内外创新资源的整合是企业价值共创能力的关键组成部分，因此从知识管理的角度或许可以分析利益社群生态嵌入、利益相关者整合对创业企业研发型价值共创的影响。根据知识基础理论，一个组织的成功取决于它在多大程度上能比竞争者更好地获取、生成、储存和使用知识；贾卫峰等（2010）从知识管理的角度指出创新需要知识的流动和不同知识的相互碰撞，而知识流耦合正逐渐成为创客及创业企业社会互动的基本模式。

本书认为平台社群生态嵌入的程度、对利益相关者的整合能力强弱极有可能会带来不同的知识流耦合情况。根据王新华、车珍和于灏等（2019）的观点，知识流耦合是反映组织系统内部各子系统知识协调程度的重要变量，决定了组织内部知识要素互补和兼容情况，因此这一概念有助于架起社群生态嵌入、利益相关者整合与创业企业研发型价值共创的"桥梁"。另外，根据社会交换理论，社群生态嵌入和利益相关者整合在一定程度上衡量了平台内企业间关系的质量，这种关系质量势必影响企业间知识的沟通交流、知识耦合的程度和效率。

综上，在嵌入式创新和开放式创新的基础上，借鉴社会交换理论，可以建立如图 5-1 所示的理论模型，即认为创业企业的众创平台社群生态嵌入对其研发型价值共创的影响可能通过利益相关者整合、知识流耦合发挥作用，特别是可能存在社群生态嵌入→利益相关者整合→知识流耦合→研发型价值共创的链式中介作用。

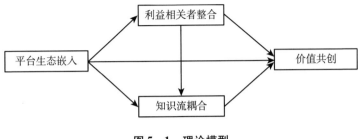

图 5 - 1　理论模型

关于社群生态嵌入、利益相关者整合对创业企业价值共创的影响，现有研究鲜有涉及，本书将开展如下研究：①将社群生态嵌入构念化，并分析其对嵌入众创平台的创业企业价值共创的影响；②将利益相关者理论与创新管理理论相联系，探究利益相关者整合对研发型价值共创的影响；③以知识流耦合为中介变量分析社群生态嵌入、利益相关者整合对研发型价值共创的影响路径。

5.1.2　研究假设与研究设计

（1）社群生态嵌入与研发型价值共创。

网络嵌入理论（Granovetter，1985）认为经济行为会受到经济主体间的社会网络关系影响，后来学者们发现企业所嵌入的社会网络结构、关系强度等对企业的战略、成长、创新、财务、营销等均具有重要的影响（Figueiredo，2011）。借鉴网络嵌入的概念，我国学者李平（2019）提出生态嵌入的概念，并将其划分为产业链嵌入、互补产品嵌入和生态资源嵌入。

研发型价值共创强调知识搜索的扩展性和价值共创成果的新颖性，旨在为创业企业寻求新的机会领域和发展空间（厉娜等，2020）。社群生态嵌入与传统的网络嵌入相比，社群生态中的参与主体数量更多、异质性更强，更加强调跨界互动、协同共生，因此当企业嵌入众创社群生态系统中，其获取异质性信息、跨界知识、创新性资源的可能性将大大增加。

首先，从产业链嵌入的角度，互联网众创平台中企业之间的包容性和协同性更强，使企业能够接触到更广域的资源和信息的同时，企业间分工协作、产业链融合的概率更大；其次，从互补产品嵌入的角度，众创社群生态系统以市场需求为导向，能够整合不同领域、不同企业的相对优势资源（魏津瑜、李翔，2020），通过企业间的优势互补拓展企业的发展空间；最后，从生态资源嵌入的角度，在平台网络外部性的作用下，互联网众创平台吸附了众多经济主体和产业资源，相对于其他企业而言，众创平台内部企业间的关系链接更加密切，异质性的知识、技术和衍生性资源更加丰富，更容易涌现出探索性、突破性的创新价值。因此，提出如下研究假设：

H5 – 1：创业企业的社群生态嵌入程度有助于提升其研发型价值共创绩效。

（2）利益相关者整合的中介作用。

首先，众创平台的社群生态系统借助现代化的网络与信息技术，低成本、广范围地整合了相关行业的上下游企业、同类具有优势互补的企业、政府和社会服务组织等利益相关者（Danso，2019）。当创业企业嵌入互联网众创平台所重构的产业链之后，将促进其与各利益相关者的合作共赢、协同演进（Plaza – Ubeda，2010），从而形成价值共创组合体。其次，创业企业加入互联网众创平台后借助平台的信息优势，可及时获取用户对产品的需求信息，快速匹配到合作伙伴（Caloffi，2018），实现在产品开发和生产方面的资源互补、资源协同，从而实现各相关利益者的共赢。最后，互联网众创平台拓展了传统的地理空间限制和产业门类限制，实现了以市场为中心，将分散在不同空间、不同产业的研发设计资源、制造资源、服务资源、财务及运营资源进行跨域、跨界融合，形成超大规模、分工协作、价值共创的产业生态（Nyuur et al.，2018），极大限度地整合了各利益相关主体的生态资源（王新华等，2019）。综上，创业企业嵌入众创平台的社群生态系统中有助于其利益相关者整合水平的提升。

根据利益相关者整合理论（赵凤等，2016），创业企业整合利益相关者的能力体现在创业企业对利益相关者的认知行为、互动行为和适应行为上。首先，只有创业企业重视对利益相关者资源的整合，才能更加主动地获取外部知识，进而积累大量的技术诀窍，形成突破式的新观点和探索性的新知识（路畅等，2019）；其次，与利益相关者的互动，能够保持探索型互动（Juntunen，2019），有利于促进知识异质性的重新组合，形成更具创新性的思维和想法；最后，适应利益相关者诉求的创业企业更善于通过调配企业内部的资源来适应外部获得的技术，为促进研发型价值共创提供资源支持（赵风等，2016）。因此，创业企业的利益相关者整合水平有利于提升其研发型价值共创绩效。当创业企业嵌入互联网社群生态系统中，在平台内各主体间互动、共享、协同的氛围下，创业企业将会更加重视对利益相关者资源的整合；在平台系统的数字化运营和大数据计算的支持下，更容易实现知识或资源的互动和整合；在社群生态嵌入模块化管理的模式下，各利益主体调动资源适应外部需求的能力会得到提升。基于上述分析，提出如下研究假设：

H5 – 2：创业企业的利益相关者整合能力在社群生态嵌入与研发型价值共创之间具有中介作用。

（3）知识流耦合的中介作用。

与其他类型的组织相比，平台型组织的知识管理有如下特征：一是将知识的定位从辅助性工作上升到核心资产的高度，知识资产的管理成为平台型商业模式的主要工作流程（Kim & Sung，2020）；二是平台型组织更加注重知识共享和知识的整合，其目的旨在实现知识共创和新知识的不断涌现（阿里研究院，2016）；三是平台型组织可以更加精准地实现知识的搜索与匹配，促进知识的流动和耦合（Wamba et al.，2017）；四是平台型组织将构建的面向平台企业的知识转化链条升级为面向所有平台中所有利益相关者的知识生态群落，从而实现了知识创造的循环往复、螺旋上升（Brix & Jacob，2017），因此创业企业嵌入互联网众创社群生态中将会提升其知识流耦合水平。

从知识流的角度，研发型价值共创和体验型价值共创植根于不同类型的知识流，其中研发型价值共创更加重视与创业企业基础知识不同的异质性知识（陈钰芬、陈劲，2004）。通常来说，外部性知识、异质性知识的内隐性和模糊性等特点阻碍了知识的跨组织流动（贾卫峰、党兴华，2010），因此要提高创业企业的研发型价值共创能力和竞争优势，必须提高知识获取、知识匹配、知识融合的能力。相关研究指出，企业或团队的知识流耦合程度越高，越有利于减少知识的模糊性，增加企业或团队的研发能力（王新华等，2019）。循此逻辑，创业企业的知识流耦合水平对其研发型价值共创绩效也会有重要的促进作用。综上分析，本书提出如下研究假设：

H5－3：创业企业的知识流耦合水平在社群生态嵌入与研发型价值共创之间具有中介作用。

（4）利益相关者整合与知识流耦合的链式中介。

根据普拉扎等（2010）的研究可知，利益相关者整合的理念是希望创业企业经过对利益相关者的选择、评估和甄别，与目标利益相关者实现多方互动与深度合作，从而建立信任关系，并将其需求和利益纳入创业管理与战略决策的一种组织惯例；同时根据于飞等（2020）对知识流耦合的界定可知，知识流耦合是两个或两个以上技术领域中的异质性知识元素通过不断的、动态的相互渗透、联结、组合与重构等相互作用方式整合成新知识的过程和结果。根据组织间知识管理的相关研究（厉娜等，2020；赵凤等，2016）初步可以判断，利益相关者整合能力对创业企业的知识流耦合水平有重要促进作用，可以从如下角度予以阐释。

首先，知识流的流动伴随着与利益相关者之间关于技术、建议、政策以及产品等之间的交流，而信息、商业、人才是知识流在系统中赖以存在的现实载体，因此利益相关者整合带来的知识流载体为知识流的传播、转移、扩散提供了有效渠道；其次，组织间的信任能加速隐性知识的交换，建立信任关系对需要获取隐性知识的创业企业来说尤为重要（路畅等，2019）；最后，要发挥外部性、多途径、异质性的知识对研发型价值共创的积极作用，重点是通过组织制度建设与非制度建设营造有利于沟通、交流的氛围（Sammarra & Biggiero，2019）。因此提出如下假设：

H5－4：利益相关者整合与知识流耦合在创业企业社群生态嵌入与研发型价值共创关系中起着链式中介作用。

（5）问卷设计。

问卷的制作总共分为两个阶段来完成：第一阶段走访企业，根据调研结果设计调查问卷；第二阶段预调研，以此来验证问卷的科学性与合理性。预调研的样本主要来源于青岛市的部分创业企业，根据预调研的结果对调查问卷进行了修改和完善。

研发型价值共创绩效（*EIP*）。研发型价值共创绩效采用赵健宇等（2019）开发的量表，共涉及 6 个题项，包括"为新的目标市场提供新的产品和服务"，总体 Alpha 信度系数为 0.891。

社群生态嵌入（*PEE*）测度是在考虑创业企业特性的基础上，借鉴李平等（2019）的研究成果，从产业链嵌入、互补品嵌入和生态资源嵌入 3 个维度，设计了包含"生态企业间的产品呈现包容性和互补性"等 5 个题项的测量量表。

利益相关者整合（*SIA*）。借鉴普拉扎等（2010）和丹索（2019）的问卷，通过对两个量表转译后共同点的确定，进行题项的筛选和设计，最终确定 3 个维度 13 个题项，如"经常对利益相关者的需求进行讨论"，Alpha 信度系数为 0.881。

知识流耦合（*KFC*）。综合考虑国内外学者对利益相关者与知识流耦合的研究后，参考王新华（2019）设计的知识流耦合量表，共包含 6 个题项，如"与其他企业技术合作的频率比较多"，Alpha 信度系数为 0.899。

控制变量选取企业年限 C_1、员工数量 C_2、总资产 C_3、研发投入 C_4。除了控制变量之外，其余变量均采用 5 级李克特量表。

在调研中，增加了创业企业是否加入某平台的前侧项，如果被调研创业企业没有嵌入任何众创平台中，令社群生态系统嵌入各测度指标的取值均为零，那么社群生态嵌入的取值在 0 ~ 5 之间。

（6）数据获取。

本研究采用调查问卷收集研究数据，在样本企业的选择上，遵从当前研究普遍采纳的"在研究便利的基础上尽可能保证样本随机性"的原则。根据济南市发改委和青岛市发改委提供的两市创业企业名单，经过随机抽样首次确定 100 家样本企业。选定样本企业后，科研团队通过电话、微信以及实地拜访等方式联系了企业的关键联系人，得到他们对该研究的支持。由于题项的内容涉及企业的研发管理、关系管理、运营管理，因此把问卷分为三个部分，委托联系人分发给不同部门的管理人员和员工。相关研究（宋华等，2018）指出该方式在一定程度上有助于减少共同方法偏差。

调研从 2019 年 4 月开始，持续到 2019 年 7 月。每家企业发放 5 份问卷，1 份由管理人员填写，4 份由员工填写；每份问卷分为 3 部分，由联系人分部门发放，最终回收得到 483 份。将那些年限、员工数量、总资产、研发投入四个控制变量的取值与本企业其他问卷明显不同的问卷视为无效问卷，经过整理共得到有效问卷 406 份，来自 89 家企业。由于员工掌握的信息可能不全面，对每家企业中员工填写的问卷取平均值，得到 89 家企业的 178 份数据。

（7）数据检验。

采用 Mplus 软件对研发型价值共创绩效、社群生态嵌入、利益相关者整合（利益相关者认知 $SIA1$、互动 $SIA2$、适应 $SIA3$）、知识流耦合四个变量进行 6 个因子的因子分析，模型显示：$\chi^2 = 784.660$，RMSEA $= 0.030$，CFI $= 0.978$，TLI $= 0.976$。表 5 – 1 列出了各变量的因子载荷、组合信度 CR、聚合效度 AVE 等信息。

表 5 – 1　　　　　　　　　　　信效度分析

变量	α 系数	因子载荷	CR 值	AVE 值
PEE	0.917	0.805 ~ 0.853	0.917	0.689
$SIA1$	0.834	0.658 ~ 0.819	0.836	0.562
$SIA2$	0.876	0.777 ~ 0.842	0.877	0.642
$SIA3$	0.889	0.729 ~ 0.831	0.889	0.617
KFC	0.899	0.735 ~ 0.824	0.899	0.599
EIP	0.891	0.716 ~ 0.790	0.891	0.579

本书旨在分析四个变量间的关系，所以把利益相关者视为一个整体；若把四个变量均作为一阶因子进行因子分析，模型显示 $\chi^2 = 1031.969$，RMSEA $= 0.052$，CFI $= 0.932$，TLI $= 0.928$；若把利益相关者整合作为二阶因子，其余变量作为一阶因子进行因子分析时，模型显示 $\chi^2 = 801.334$，RMSEA $= 0.030$，CFI $= 0.978$，TLI $= 0.976$，可见无论把利益相关者整合作为单因子还是作为二阶因子均满足拟合阈值，但相对而言，二阶因子的拟合指数更优，所以采用二阶因子处理。另外，如表 5 – 2 所示，各构念间的相关系数小于对应构念 AVE 的平方根，表明各构念之间具有良好的区分效度。

表 5 - 2 变量的描述统计

变量	均值	标准差	PEE	SIA	KFC	EIP
企业年限 C_1	4.483	1.485	0.003	-0.012	-0.033	-0.041
员工数量（百人）C_2	5.747	3.023	0.001	-0.032	-0.005	-0.100
企业总资产（千万）C_3	6.465	2.364	-0.014	0.009	0.087	-0.084
研发投入（百万）C_4	7.683	2.369	0.036	0.062	0.087	0.043
社群生态嵌入 PEE	2.216	1.126	(0.737)			
利益相关者整合 SIA	2.996	0.569	0.692 ***	(0.715)		
知识流耦合 KFC	3.016	0.542	0.512 ***	0.602 ***	(0.774)	
研发型价值共创绩效 EIP	3.018	0.574	0.365 ***	0.433 ***	0.358 ***	(0.761)

注：*** 表示 P < 0.01；括号内数字为 AVE 平方根。

检验数据是否存在同源偏差问题时，采用了通用的研究方法，即社群生态嵌入、利益相关者整合、知识流耦合、研发型价值共创绩效四个变量6个维度共39个题项合并成一个单因子进行测量分析。结果显示：单因子模型的检验值为 $\chi^2 = 3207.733$，$df = 702$，CFI = 0.513，TLI = 0.486，RMSEA = 0.142，由于单因子模型的拟合度不高，初步说明不存在同源偏差。继续采用 Harman 单因子检验分析法，结果发现未旋转的探索因子分析出的第一个因子为 35.701%，不到总解释变量的一半。由表 5 - 2 可知，构念间的相关系数均小于 0.9，这表明本研究测量数据可靠，再一次说明数据同源偏差问题不严重，可以为本研究所用。

（8）方法与思路。

在上述相关分析的基础上，首先，本研究采用均值比较模型检验创业企业加入社群生态组织与否是否影响其研发型价值共创能力；其次，采用回归分析检验社群生态嵌入程度与研发型价值共创绩效之间是否存在显著正向影响；最后，采用结构方程模型检验利益相关者整合、知识流耦合的独立中介和链式中介作用，本次研究采用的软件为 SPSS 和 Mplus。

5.1.3 假设检验与结果分析

（1）均值比较检验。

回收问卷的89家企业中，有26家企业没有加入任何互联网众创平台，将这26家非社群生态嵌入式企业与63家社群生态嵌入企业的 EIP、SIA 与 KFC 进行独立样本均值比较研究。由表5-3可知，两类企业的研发型价值共创绩效的平均值在5%的水平上具有显著差异；两类企业的利益相关者整合、知识流耦合均在1%的水平上存在差异。

表5-3　　　　　　　　独立样本均值比较

指标		EIP	SIA	KFC
均值	$PEE = 0$	2.750	2.275	2.666
	$PEE \neq 0$	3.063	3.118	3.076
	差值	0.313	0.844	0.410
T 值		2.414	3.191	2.923
P 值		0.020	0.002	0.005

（2）总体效应检验。

采用分层回归分析的方法检验总体效应，以 EIP 为被解释变量，以 PEE 为解释变量，$C_1 \sim C_4$ 为控制变量，进行分层回归分析发现：只考虑控制变量时，模型的拟合优度 $R^2 = 0.114$，增加解释变量后 $R^2 = 0.230$，拟合优度显著提升（$\Delta R^2 = 0.115$，$P = 0.000$），PEE 前的系数也正向显著（$\beta = 0.144$，$P = 0.000$）。同时，结合表5-3可知，假设 H5-1 得到验证，即创业企业嵌入互联网众创社群生态的程度越深入，越有利于其研发型价值共创绩效的提升。

（3）中介效应检验。

通过建立若干相互竞争的结构方程模型来检验 SIA、KFC 的中介效应。

首先，构建以 PEE 为解释变量，以 EIP 为被解释变量，SIA 和 KFC 为独立中介变量的假设模型（模型1和模型2），分别检验 SIA 与 KFC 的中介效应。如表5-4所示，在模型1中，PEE 到 SIA 的路径系数为正且具有显著性（$\beta = 0.519$，$P < 0.01$），SIA 到 EIP 的路径系数为正也具有显著性（$\beta = 0.203$，$P < 0.01$），SIA 的独立中介效应量为 0.105（$P < 0.05$）。由于此时 PEE 对 EIP 的直接效应仍旧具有显著性（$\beta = 0.383$，$P < 0.01$），所以判定 SIA 在 PEE 和 EIP 之间起到了部分中介作用，即假设 H5-2 得到数据支持。在模型2中，PEE 到 KFC 的路径系数为正且具有显著性（$\beta = 0.595$，

P＜0.01），*KFC* 到 *EIP* 的路径系数为正也具有显著性（$\beta = 0.398$，P＜0.01），*KFC* 的独立中介效应量为 0.237（P＜0.01）。由于此时 *PEE* 对 *EIP* 的直接效应仍旧具有显著性（$\beta = 0.241$，P＜0.01），所以判定 *KFC* 在 *PEE* 和 *EIP* 之间起到了部分中介作用，即假设 H5－3 得到数据支持。

表 5－4　　　　　　　　　　结构方程分析结果

变量	关系路径	模型 1	模型 2	模型 3	模型 4	模型 5
控制 变量	$C_1 \to EIP$	0.052 (0.738) [−0.094,0.186]	0.081 (1.334) [−0.042,0.195]	0.058 (0.885) [−0.075,0.181]	0.058 (0.885) [−0.075,0.181]	0.078 (1.253) [−0.048,0.197]
	$C_2 \to EIP$	0.096 (1.411) [−0.035,0.228]	0.119* (1.922) [−0.004,0.239]	0.126** (1.994) [0.000,0.248]	0.125** (2.001) [0.000,0.246]	0.125* (1.967) [−0.02,0.247]
	$C_3 \to EIP$	0.205 (3.631) [0.092,0.315]	0.216*** (4.119) [0.108,0.311]	0.218*** (4.131) [0.109,0.318]	0.217*** (4.126) [0.108,0.316]	0.222*** (4.170) [0.110,0.319]
	$C_4 \to EIP$	0.482 (8.858) [0.356,0.573]	0.487*** (9.970) [0.376,0.568]	0.480*** (9.335) [0.361,0.565]	0.477*** (9.260) [0.358,0.563]	0.498*** (9.954) [0.385,0.580]
解释 变量	$PEE \to SIA$	0.519*** (7.438) [0.360,0.643]		0.518*** (7.431) [0.360,0.642]	0.512*** (7.307) [0.353,0.634]	0.534*** (7.734) [0.369,0.657]
	$PEE \to KFC$		0.595*** (9.611) [0.455,0.698]	0.595*** (9.599) [0.454,0.698]	0.474*** (5.466) [0.383,0.632]	
	$PEE \to EIP$	0.383*** (5.668) [0.244,0.502]	0.241*** (3.393) [0.101,0.383]	0.182** (2.423) [0.038,0.333]	0.186** (2.542) [0.045,0.334]	0.263*** (3.896) [0.124,0.399]
中介 变量	$SIA \to KFC$				0.224*** (2.542) [0.046,0.400]	0.498*** (6.809) [0.348,0.638]
	$SIA \to EIP$	0.203*** (2.624) [0.049,0.352]		0.141** (1.928) [0.002,0.290]	0.128* (1.746) [−0.008,0.278]	
	$KFC \to EIP$		0.398*** (5.998) [0.256,0.532]	0.377*** (5.507) [0.231,0.510]	0.376*** (5.438) [0.229,0.509]	0.415*** (6.595) [0.280,0.538]

续表

变量	关系路径	模型1	模型2	模型3	模型4	模型5
中介效应	$PEE\rightarrow$ $SIA\rightarrow EIP$	0.105** (2.350) [0.024,0.203]		0.073* (1.781) [0.001,0.165]	0.006 (1.622) [-0.004,0.155]	
	$PEE\rightarrow$ $KFC\rightarrow EIP$		0.237*** (4.919) [0.143,0.336]	0.224*** (4.576) [0.129,0.320]	0.178*** (3.708) [0.085,0.271]	
	$PEE\rightarrow SIA\rightarrow$ $KFC\rightarrow EIP$				0.043*** (2.112) [0.009,0.088]	0.110*** (3.249) [0.054,0.185]
拟合指标	CFI	0.965	0.968	0.966	0.968	0.958
	TLI	0.963	0.966	0.964	0.966	0.956
	RMSEA	0.033	0.032	0.033	0.032	0.036
	SRMR	0.055	0.055	0.058	0.053	0.098

注：（ ）内为 t 统计量，［ ］内为 Bootstrap 程序对应的95%置信区间；*、**、***分别表示在1%、5%、10%的水平上显著。

其次，构建三个相互竞争的模型，对 SIA 和 KFC 的多重中介、链式中介以及链式多重中介作用进行检验。其中，模型3同时考虑 SIA 的中介、KFC 的中介及 PEE 的直接作用；模型4为全模型，即在模型3的基础上增加 SIA 到 KFC 的链式中介；模型5只考虑纯链式中介与 PEE 的直接效应。模型4与模型3相比，考虑链式中介后 SIA 对 EIP 的直接效应由显著变得不再显著，说明 KFC 充当了 SIA 与 EIP 的中介，即 SIA、KFC 在 PEE 到 EIP 的关系中具有链式作用；同时可以看出，无论模型4还是模型5，链式中介效应均具有显著性（$\beta=0.043$，P＜0.01；$\beta=0.110$，P＜0.01），即假设 H5-4 成立。另外对比三种竞争模型，根据拟合指标可知模型4最优，初步说明 PEE 对 EIP 的影响机理共包括三条路径：$PEE\rightarrow EIP$，$PEE\rightarrow KFC\rightarrow EIP$，$PEE\rightarrow SIA\rightarrow KFC\rightarrow EIP$。

最后，采用校正偏差 Bootstrap 程序重复随机抽取原始数据的1000个样本，对各路径系数进行显著性检验。由模型1和模型2可知，SIA 与 EIP 的中介效应95%的置信区间分别为 [0.024，0.203]，[0.143，0.336]，两者均不含0，再次说明假设 H5-2 和假设 H5-3 得到验证。由模型4可知，三条机理路径的效应对应的95%置信区间分别为 [0.045，0.334]，

[0.085，0.271]，[0.009，0.088]，三个区间均不含0，说明三条路径效应确实存在，同时也再次说明H5-4获得支持。

综上，得到创业企业的社群生态嵌入、利益相关者整合、知识流耦合与研发型价值共创绩效存在如图5-2所示的关系。

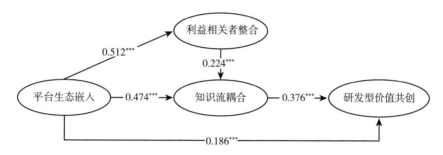

图5-2 创业企业社群生态嵌入对研发型价值共创的影响路径
注：*** 表示在10%的水平上显著。

（4）研究结果与讨论。

① 社群生态嵌入对研发型价值共创的总效应。假设检验显示，创业企业的社群生态嵌入程度对其研发型价值共创绩效具有显著正向影响，并且在考虑了利益相关者整合与知识流耦合后，社群生态嵌入对研发型价值共创仍具有直接效应，即假设H5-1得到支持。根据网络嵌入理论和嵌入式创新理论，嵌入互联网众创平台社群生态后的创业企业与产业链上下游企业的交流更密切，与互补性企业的合作更充分，获取生态资源、关系资源更便利（厉娜等，2020），加之社群生态的开放性、包容性，有效整合了协同创新、开放式创新的优势，从而有利于创业企业探索式学习能力或绩效的提升（余菲菲、董飞，2019）。同时研究发现，加入互联网众创社群生态的创业企业的平均研发型价值共创绩效要高于没有加入社群生态的创业企业，说明鼓励创业企业加入众创社群生态是解决创业企业发展短板的有效措施，也说明当前国家鼓励发展众创平台对提高创业企业发展能力、创新能力具有重要的推动作用（魏津瑜、李翔，2020）。

② 利益相关者整合的中介效应。假设检验显示，利益相关者整合部分中介了社群生态嵌入对创业企业研发型价值共创绩效的影响，即H5-2得到支持；但研究也发现利益相关者整合对研发型价值共创绩效的直接影响

并不显著，而是借助知识流耦合的链式中介，即其内部机理为社群生态嵌入→利益相关者整合→知识流耦合→研发型价值共创绩效。根据网络嵌入理论，嵌入到网络中的企业比处于网络外部的企业更容易获得网络资源的支持，更具有产业链的控制能力（Gunawan，2016），因此嵌入众创社群生态的企业其利益相关者整合能力也相对更强。根据利益相关者整合理论，利益相关者整合能力衡量的是企业处理外部关系的能力（Plaza et al.，2010），该能力较强时有助于产业链或供应链的协调，但并不直接导致价值共创能力尤其是研发型价值共创能力的提升，而是取决于能否有效实现跨组织的知识在产业链或供应链的流动与组合（路畅等，2019）。

③ 知识流耦合的中介效应。结构方程拟合显示，知识流耦合不仅中介了社群生态嵌入与研发型价值共创绩效间的关系，而且中介了利益相关者整合与研发型价值共创绩效间的关系，即假设 H5 – 3 与假设 H5 – 4 均得到支持，说明知识流耦合对创业企业研发型价值共创的影响更加直接。基于网络嵌入理论，嵌入网络的企业容易获取网络的共享知识，尤其是网络节点的异质性、隐秘性知识，从而利于实现协同创新（王新华等，2019）；创新的知识基础观认为，企业的创新能力取决于其在多大程度上能比竞争者更好地获取、生成、储存和使用知识，创新需要知识的流动和碰撞，即需要知识流的耦合（贾卫峰、党兴华，2010）。对于社群生态嵌入来说，由于互联网众创平台的开放性、无边界性和互动性，使得嵌入其中的创业企业获取异质性知识更容易，知识间的碰撞、融合也更充分，从而有利于提升研发型价值共创绩效。

5.1.4 研究结果与讨论

根据 89 家企业的 178 份数据，以利益相关者整合、知识流耦合为中介变量，研究了社群生态嵌入对创业企业研发型价值共创的影响。实证分析结果显示，社群生态嵌入有助于提升创业企业的研发型价值共创绩效，除了直接影响研发型价值共创绩效之外，社群生态嵌入增加了创业企业的利益相关者整合能力和知识流耦合水平是重要的原因。主要结论与贡献体现在如下几个方面。

（1）对于自身知识和资源均相对匮乏的创业企业来说，嵌入工业或商业互联网社群生态中是提高其研发型价值共创能力的有效选择。

现有研究指出，针对创业企业的自身缺陷，其应该与大型企业开展合作创新（Caloffi et al.，2018），加入正式或非正式合作网络（路畅等，2019），嵌入产业供应链（Raymond，2018）进而获取外部知识和资源来弥补自身不足。本研究指出，除了上述战略之外还可以选择嵌入互联网众创平台的社群生态当中，这是对当前研究的扩展。另外，社群生态嵌入与传统的网络嵌入不同的是：首先，传统的网络嵌入研究均把创业企业视为从属、配套地位（路畅等，2019），而本书认为嵌入互联网众创平台社群生态的各个企业间，以及平台企业与嵌入企业间是平等互助、协同互补的关系（李平等，2019）。其次，已有研究发现嵌入产业集群、创新网络（Gunawan，2016），对企业的研发型价值共创绩效均存在"双刃剑"的作用，因此需要保持适度的嵌入（厉娜等，2020），而对于社群生态嵌入来说，由于互联网众创平台社群生态的动态性、开放性，出现过度嵌入负作用的可能性将大大降低。

虽然也有研究探讨社群生态系统对嵌入其中的企业创新绩效的影响，但这些研究主要基于典型案例进行归纳总结（余菲菲、董飞，2019），虽然研究视域比较宽阔，但研究纵深略显不足。本书基于利益相关者和知识耦合的视角对社群生态嵌入的优势进行深入挖掘，是对当前研究的补充。

（2）社群生态嵌入之所以能够增加创业企业的研发型价值共创绩效，一个重要原因是互联网众创平台社群生态中的知识流动性、知识耦合性更好。

研发型价值共创需要异质性知识，需要跨界搜索（赵健宇等，2019），因此现有关于网络嵌入、集群嵌入、产业链嵌入对研发型价值共创尤其是创业企业研发型价值共创影响的研究中，均强调了异质性知识的重要（Sammarra & Biggiero，2019），以及知识场域、知识空间的作用（路畅等，2019）。本研究认为，除了强调知识的异质性与丰富性（厉娜等，2020），更应该重视异质性知识的流动性和耦合性。从知识管理的视角来看，研究异质性知识与研发型价值共创的关系主要基于静态的视角，而本书研究知识流耦合与研发型价值共创的关系则基于动态的视角，是对现有研究的一个补充。

从社群生态视角，现有研究在探索知识管理对企业价值共创的影响时，主要针对平台搭建企业（张镒、刘人怀，2020），对于嵌入互联网众创平台社群生态的创业企业探索较少；而关于平台嵌入企业的研究主要基于价值链重构、资源重组和信息获取方面（Plaza et al.，2010），本书的研究从知识流耦合的视角出发，是对现有研究的拓展。

（3）创业企业嵌入社群生态系统中有助于提升其利益相关者的整合能力，而利益相关者整合能力也有利于提升研发型价值共创绩效。

在传统网络嵌入与企业创新能力或创新绩效关系的研究中，多数研究关注企业间信任、互惠、认同等关系范畴（Nyuur，2018）对创新的影响；当前虽然也有诸多研究探讨互联网环境下的网络嵌入问题（肖薇等，2019），但多数是平移或镜像传统网络嵌入研究的思路，这些研究主要从宏观的网络关系质量上分析利益相关者网络对创新能力的影响，对网络节点的能动性、主动性关注不足。本书选择利益相关者整合能力来剖析社群生态嵌入的创新优势，主要从嵌入企业的微观角度来分析企业的关系处理能力对研发型价值共创的影响，也是对现有研究的有效补充。

在传统网络关系嵌入与企业创新关系的研究中，很多学者发现节点企业可能陷入关系"盘丝洞"（杨震宁等，2013），为平衡不同关系所困（路畅等，2019），本研究基于社群生态嵌入的视角认为，如果能提高企业的利益相关者整合能力，有望既充分有效利用利益相关者关系网络，又能摆脱关系网络的过度束缚。

本研究得到的管理启示如下：在企业自身创新资源有限、研发能力不足且市场竞争激烈、技术发展迅速的背景下，整合组织外部的资源，利用组织外部的知识是创业企业进行创新实践的必然选择。除了当前研究中指出的实施产学研合作、加入创新网络、开展开放式创新之外，加入到互联网众创平台当中，实施嵌入式创新，也是有效选择之一。

首先，地方政府应积极营造工业互联和商业互联的经济生态，为企业的创新升级赋能。对于地方政府来说，应该大力发展工业互联网或商业互联网众创平台，将本地的创新资源加以整合利用，建立平台型众创生态系统；鼓励创业企业入驻平台系统，实现多种知识种群的集聚、碰撞、合成，从而提高创业企业的创业能力，提升整个众创平台社群生态系统的价值共创能力。

其次，创业企业应积极嵌入众创平台的社群生态系统中，实现自身与平台资源与能力的互动，提高创新能力。对于创业企业来说，应该借助众创平台的社群生态系统，加强与产业链上下游企业的互动，与那些具有互补优势企业的对话和沟通，从战略上重视外部知识和资源对提升自身创业能力的作用，与利益相关者之间开展协同创新与价值共创。同时，在嵌入互联网众创平台的社群生态系统后，应注意自身利益相关者整合能力的提升，加强外部知识的管理能力，使组织外部知识与内部知识实现更好的重组和融合。

5.2　基于资源获取和能力重构的机制

5.2.1　理论基础与研究模型

（1）理论基础。

随着平台经济的覆盖力和渗透力日益增强，以往分布式创新、开放式创新、协同创新等创新范式需要不断升级并作出调整，嵌入式创新成为一种新的创新范式。嵌入式创新分为战略嵌入、平台嵌入和生态嵌入三种嵌入机制。其中，生态嵌入是指创业企业作为不可或缺的生态环节，与生态系统中的其他创业企业高度连接和契合，通过优势互补，互为生存和发展条件，实现最大的系统生态效应。与战略嵌入和平台嵌入相比，生态嵌入发展的层次更高，而且社群生态探讨的是生态系统中不同企业间的协同合作，不再局限于创业企业与平台企业的互动，可能会对创业企业的价值创造活动和行为有更深的影响，因此本书以互联网众创社群生态嵌入为解释变量，对参与其中的创业型企业的研发型价值共创绩效进行分析。

资源编排这一概念是西蒙等（Sirmon et al.）在 2011 年正式提出的，它糅合了基于资源基础观的资源管理和基于动态能力观的资产编排两个框架。该理论包括三个过程：资源结构化，即在对资源进行收集、选择和获取的基础上实现对资源的积累和剥离；资源能力化，即在资源结构化的基础上整合或构建资源组合来创造新能力或扩大原有能力范畴的过程，包括能力稳定、能力丰富和能力创新；资源杠杆化，即释放资源组合与能力的价值以实现价值传递的过程。该理论基于过程视角，关注资源如何转化为竞争优势，打开了资源和能力转化为竞争优势的流程"黑箱"，并提出有效利用资源是创造核心竞争优势的基础（孙永波等，2021）。

（2）研究模型。

资源基础理论指出，企业构建竞争优势的关键在于异质性资源的获取和占有，而依托互联网众创平台架构和数字技术，社群生态能实现资源的泛在连接、弹性供给和有效精准匹配，因此创业企业嵌入众创平台社群生态后可以通过对内外部资源的识别、获取、剥离，形成新的知识和资源结构，拓展现有资源基础，丰富和满足创业企业进行研发型价值共创所需要的复杂资源（Al – Tabbaa et al.，2019）。基于嵌入式创新理论和资源基础理论可知，嵌入互联网众创平台社群生态进而获取异质性资源有助于理解为什么创业企业嵌入社群生态后更具有研发型价值共创能力，即嵌入社群生态的创业企业可以根据自身目标和需求，自组织地与生态内其他创业企业进行交流与合作，获取价值创造所需要的各种资源进而提高价值创造所需的相关能力。

相关研究表明，异质性资源并不必然会提高价值共创绩效，价值共创绩效的提高还取决于相关能力的辅助，以及资源是否能够转化为能力等环节。资源编排理论通过整合资源管理和资产编排两个框架，打开了异质性资源到价值共创绩效之间内在机理的"黑箱"，因此本书基于资源编排理论，从资源观和能力观两个角度来构建社群生态嵌入与创业企业研发型价值共创绩效的影响机制模型。考虑企业能力在复杂多变的商业环境中的不适应性，企业应及时对能力进行更新或创新以提高自身应对环境的弹性，而能力重构作为对企业能力进行及时更新和替换的活动，更能体现出动态环境下的能力观，因此引入能力重构变量或许可以探明社群生态嵌入、异质性资源获取对创业企业研发型价值共创绩效的影响。

综上，本书在嵌入式创新的基础上，借鉴资源编排理论，建立如图5－3所示的理论模型，即认为创业企业的社群生态嵌入行为对其研发型价值共创绩效的影响可能通过对异质性资源的识别、获取和利用以及能力重构发挥作用，特别是可能存在社群生态嵌入→异质性资源获取→能力重构→研发型价值共创绩效的链式中介作用。

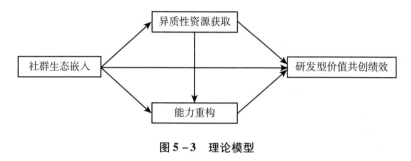

图 5 – 3 理论模型

5.2.2 研究假设与研究设计

（1）社群生态嵌入与创业企业研发型价值共创绩效。

社群生态嵌入是以嵌入互联网众创平台社群生态网络为前提，旨在加强社群生态中创业企业之间的互动与合作关系，放大创业企业的资源价值和功能，具体指嵌入众创平台社群生态系统中的各企业与生态系统内的其他参与者高度连接和契合，通过优势互补，互为生存和发展条件，实现最大的系统生态效应（Kim & Sung，2020）。研发型价值共创是指企业基于新的知识、资源和技能，或采用新的方法来实现对新技术、新产品或新生产流程和分销渠道等的探索与开发的价值创造活动（张振刚等，2020），强调新知识的获取与利用，力争超越企业现有的知识基础（赵凤等，2016；杨博旭等，2019）。

互联网众创平台作为信息技术、数字技术及商业模式深度融合所形成的新兴业态和应用模式，推动了创业企业的数字化、网络化以及智能化发展，实现了创业资源的泛在连接、弹性供给以及精准高效配置（Zhou et al.，2018），为社群生态系统内创业企业的研发型价值共创提供了新动力和新机遇。首先，研发型价值共创强调通过整合和构建全新的知识与资源基础来实现技术或产品的全新突破（Byun et al.，2021），而基于互联网众创平台架构，社群生态实现了创业资源的泛在连接和开放共享，使嵌入其中的创业企业有机会捕捉到大量的异质性知识和互补性资源，搜索到更多彼此尚未关联的新知识要素和组合机会，有利于创业企业开展超越现有知识基础的研发型价值共创活动（厉娜等，2020）；且异质性资源的注入也有助于创业企业打破以往在价值创造活动中形成的思维惯例（胡保亮等，2013），增加新思想、新创意产生的概率，进而产生研发型价值共创成果。其次，社群生态中积累了海量工业数据，如制造业设备设施、产品设计、生产、制造等运营数据以及产业链上下游企业和用户端数据，因此嵌入众创平台社群生态的创业企业可以依托数据处理技术实现业务流程的优化和完善，提高运营效率；同时还可以在对当前竞争环境和市场需求预测的基础上，提供符合客户偏好的新产品或服务。最后，社群生态强调创业企业间的协同合作，这不仅能够促进创业企业间的生产合作方式由原来内外部割裂的单链条串行生产向多链条并行协作方式转变，通过形成新的分工模式以实现对新技术、新产品的探索（梁树广、张芃芃，2021），同时在一定程度上也会增加创业企业应对动态环境的弹性，为研发型价值共创活动提供保障。基于上述分析，本书提出如下假设：

H5-5：社群生态嵌入对创业企业研发型价值共创绩效具有正向促进作用。

（2）异质性资源获取的中介作用。

企业之所以具有竞争优势或者具有相对其他组织更高的创新绩效，往往是因为该企业掌握了有价值的、稀缺性的且难以被对手模仿或替代的异质性资源（魏津瑜、李翔，2020；Madsen & Walker，2017）。基于大数据、物联网、云计算等新兴数字技术在新兴行业领域的集成运用，互联网众创社群生态实现了产业全要素、全产业链、全价值链的深度互联互通（朱国军等，2020），打通了相互隔离的"信息孤岛"，成为一个巨大的资源池，为创业企业嵌入众创平台社群生态获取异质性创新资源提供了基础。

首先，互联网众创平台的社群生态中汇聚了各创业企业在长期生产经营实践过程中积累的面向不同行业、不同场景、不同学科的经验、知识和技术性资源，由于嵌入互联网众创平台社群生态的创业企业可以基于价值网络同其他企业进行深度交流与互动，这在一定程度上为企业对资源的吸收和获取提供了基础。其次，互联网众创平台社群生态实现了工业设备、产业链各环节的数字化，并且在此过程中积累了海量业务流程数据、运营数据、客户端数据以及资金流、物流等信息；同时社群生态实现了创新部分或全价值链的整合（Kim & Sung，2020），不仅有利于创业企业获取上下游企业及其他利益相关者的重要技术资源，还有利于企业聚合和获取终端客户的消费偏好、市场需求等信息（Tan et al.，2015）。再次，互联网众创平台社群生态系统依托数字技术具备了强大的生成性能力，能够吸引更多行动者嵌入社群生态中，并在参与互动过程中自发地贡献资源，从而为社群生态注入更多的新资源（王新新、张佳佳，2021）。最后，互联网众创平台还可以通过购买、战略合作等方式将政府、行业协会、金融机构、服务机构等掌握的数据资源接入平台（Byun et al.，2021），拓展了社群生态资源的种类和异质性。需要指出的是，与网络嵌入或联盟不同，社群生态内各创业企业之间是松散耦合关系，各企业在信任、认可、合作、共赢的基础上（魏津瑜、李翔，2020），能与生态内其他企业进行自组织的深度互动和合作，从而有利于异质性创新资源的获取。

异质性资源是企业间合作的基础，是开展价值创造活动的关键要素（兰军等，2019）。关于异质性资源与创新绩效之间的关系，已有较多学者进行了探究。根据资源编排理论（张青、华志兵，2020），资源编排流程分为构建资源组合、捆绑资源形成能力、利用能力创造价值三个阶段，其中无论是构建资源组合还是捆绑资源，都离不开资源的获取，相关研究也指出资源的吸收获取是资源编排能力的三个维度之一（Wang et al.，2020）。虽然资源编排理论除了资源获取还强调了资源的剥离和替换，但对于社群生态的创业企业而言，异质性资源获取是基础和关键，只有获得了异质性资源，才能实现资源的组合与捆绑，才有基础去剥离和替换冗余的资源，最终实现资源的编排。综上，本书认为异质性资源获取对社群生态创业企业的研发型价值共创具有重要的促进作用。

首先，创业企业嵌入社群生态后获取的各种异质性资源扩展了企业的资源库，不仅能够弥补创新资源缺口，还能促进企业对内部陈旧的资源进行剥离和替换，促进资源的结构化，有利于创业企业突破在以往价值创造活动中形成的思维惯例，激发思维碰撞，产生创新热情（Caloffi et al.，2018），进而开展更多的研发型价值共创活动；同时异质性知识、资源的碰撞和结合有利于新想法的产生，从而有利于创业企业开发新的产品和服务（于飞等，2020）。其次，社群生态中的产业大数据是数字时代企业捕获竞争优势的关键资源（Byun et al.，2021），不仅有助于实现创业企业业务流程、运营模式等的创新，也有助于创业企业开辟新的业务领域来获取竞争优势。一方面，利用产业大数据，可以实现创业企业对业务流程管理的优化和完善，提高生产制造的敏捷性和效率，降低整体生产成本，为研发型价值共创提供支持；另一方面，还可以通过对目标顾客群行为数据的收集、分析，更好地把握市场竞争动态以及消费者偏好和潜在需求，通过设计出符合客户偏好以及能满足其个性化需求的新产品或服务，以促进企业研发型价值共创绩效的提升。基于上述分析，本书提出如下假设：

H5－6：异质性资源获取在社群生态嵌入和创业企业的研发型价值共创绩效之间发挥中介作用。

（3）能力重构的中介作用。

能力重构概念是由拉维（Lavie，2006）提出的，是指企业为应对高度复杂和不确定性的外部环境，通过改变企业内部常规流程以及惯例和惯例之间的关系以实现能力变革的过程，包括对既有能力进行改进和完善的进化式能力重构，以及构建全新能力以剔除旧能力的替代式能力重构两种方式。

本书认为，嵌入互联网众创平台社群生态有利于企业突破自身在资源、技术、能力等方面的桎梏，通过促进企业的数字化管理水平、业务流程管理能力、资源获取和适配能力以及风险应对能力等的提升以实现能力重构。首先，基于互联网众创平台架构和新兴数字技术，社群生态可以实现人、机、物等各要素的数字化，并在创业企业数字化和智能化转型的基础上，提高企业的在线化和数字化管理水平；同时，互联网众创平台的社群生态打通了产业全方位、全过程、全领域数据的实时流动与共享，这有利于创业企业将业务流程管理与新一代信息技术相融合，通过促进企业在设计、研发、生产、运营、管理及商业等方面的优化改进和创新，以实现企业业务流程的变革与重构（李红，2018）。刘帅等（2020）认为，创业企业借助生态内新一代信息技术和数字处理技术的优势，不仅可以提高自身生产经营全过程的数字化仿真和管控能力，还可以通过数据分析，优化生产效率，提高企业的制造能力。其次，互联网众创平台的社群生态系统依托数据处理技术和算法，可以实现资源在供需双方间的精准匹配和即时响应，因此嵌入社群生态有利于创业企业获取所需的创新资源，提升了企业的资源获取和利用能力；而且与一般的创新模式不同，社群生态强调参与者之间的分工、协同与合作，因此创业企业为了实现与社群生态内其他企业的知识、信息等资源的交互，会借助新兴信息技术对内部组织结构、生产模式等进行变革以实现流程再造，这将倒逼创业企业进行能力重构（陈超、陈拥军，2016）；同时，由于互联网众创平台的社群生态内各企业基于价值网络共同为终端用户提供产品和服务，这在一定程度上可以提升创业企业的市场风险应对能力，实现企业的能力重构。

随着新一代信息技术的快速发展和超竞争时代的到来，企业外部环境的动态性、复杂性和不确定性日益增加，这对企业创新提出了新挑战，而能力重构活动能及时实现对企业自身能力和组织常规的调整、重构或替代，提高企业应对外部环境的弹性，赋予企业创新柔性和创新能力（Ernst & Kim，2001），进而促进企业研发型价值共创绩效的提高。一方面，企业进行研发型价值共创主要是为了满足客户个性化或潜在需求进而实现价值创造，而借助社群生态内新兴数字技术，可以实现对创业企业资源适配能力以及数据处理能力的优化和重构，能使创业企业快速准确地把握市场竞争环境的发展趋势以及客户潜在需求信息，探索出符合消费者需求的新产品或服务，这不仅为创业企业的研发型价值共创指明了方向，也提升了企业研发型价值共创成功的可能性；而且精准快速的数据分析能力还能赋予创业企业对市场的超前预测，通过改变消费者偏好和习惯，引领市场方向，实现颠覆性的研发型价值共创。另一方面，通过对生态企业的设备设施以及产业链各环节数据的应用，能够实现新一代信息技术对创业企业业务管理能力的赋能，提高企业业务管理的效率和弹性，帮助企业在把握市场的基础上，快速实现新产品或服务的开发，为创业企业研发型价值共创的转换提供支持和保障。基于以上分析，本书提出如下假设：

H5 - 7：能力重构在社群生态嵌入和创业企业的研发型价值共创绩效之间发挥中介作用。

（4）异质性资源获取与能力重构的链式中介作用。

充足的异质性资源是企业获取竞争优势的必要不充分条件，由零散资源捆绑而成的能力作为中间产品，可以有效提升资源的利用效率（Gupta et al.，2019），其中能力重构是解开资源观与能力观关系的关键点（胡保亮、方刚，2013）。根据资源编排理论（Nyuur et al.，2018），捆绑资源形成能力包括能力稳定、能力丰富和能力创新三种类型，结合从社群生态中获取的资源类型和能力重构的含义，本书认为，创业企业对互联网众创平台社群生态中知识经验、技术工艺、市场需求信息以及积累的产业大数据等异质性资源的获取、整合和利用过程，有助于企业打破以往惯例要素、组织常规以及企业间的依赖关系，实现企业能力的丰富和创新。

首先，新旧资源的整合和重组是企业获取全新能力的有效方式（王核成、李鑫，2020），创业企业嵌入众创平台社群生态后对这些异质性资源的获取在一定程度上拓宽了企业既有的知识和资源边界，为企业通过知识、资源等的组合以促进能力创新提供了可能；同时创业企业还可以通过与社群生态内其他企业进行相关知识、经验以及技术等资源的共享，获取相关领域的全新技术和工艺，进而丰富企业能力。其次，创业企业嵌入众创平台的社群生态后会获取海量工业设备设施、运营数据以及产业链上下游相关的大数据资源，如采购、研发、设计、生产以及客户群行为等信息资源。在此基础上，创业企业可以依托社群生态的信息处理技术，深度提取与挖掘这些数据资源以实现能力重构。例如，通过将工业设备、设施数据资源与运维服务相结合，可以提高创业企业的事故诊断、预防、维修能力（Madsen & Walker，2017）；同时通过对生产运营数据进行分析和处理，可以帮助企业优化和重塑业务流程，促进企业业务管理能力和运营能力的提高，实现企业的能力重构（唐国锋、李丹，2020）。而对客户群资源的获取和聚合，也可以帮助企业对既有及潜在的用户群体画像，掌握不同用户群体的需求动态，实现精准营销（王节祥等，2021），促进企业营销能力的提高。基于上述分析，提出如下假设：

H5－8：异质性资源获取和能力重构在社群生态嵌入与创业企业研发型价值共创绩效之间起链式中介作用。

（5）样本选择与数据来源。

本次调研以嵌入 COSMOPlat、浪潮云等以制造业为主的互联网众创社群生态中的创业企业为调查对象，同时为了保证数据的准确性和可信度，主要针对调研企业中的中高层管理人员进行问卷的发放与收集。研究结合纸质问卷和电子问卷两种方式对数据进行收集，为提高问卷可靠性，在调查问卷正式大规模发放之前，先从调研企业中随机选取 8 家企业进行预调研，并根据调研反馈结果对问卷进行修订和完善以形成最终问卷。正式调研时间始于 2020 年 11 月、止于 2021 年 4 月，主要借助团队成员、学校MBA 学员以及在相关企业任职老师的人际关系网络进行问卷的发放和回收，共计回收问卷 775 份。剔除信息不完整、选项完全一致等无效问卷后，最终得到 685 份有效问卷，问卷有效回收率为 88.4%。有效样本的描述性统计结果见表 5-5。

表 5-5　　　　　　　　　有效样本统计

企业特征	测量题项	数量（个）	百分比（%）
企业年龄	3~5 年	153	22.3
	6~10 年	184	26.9
	11~20 年	203	29.6
	20 年以上	145	21.2
企业规模	50 人以下	40	5.8
	51~100 人	129	18.8
	101~500 人	177	25.8
	501~1000 人	130	19.0
	1000 人以上	209	30.5
产业类型	传统产业	571	83.4
	战略性新兴产业	114	16.6
企业性质	国有企业	164	23.9
	非国有企业	521	76.1

（6）变量测量。

研究模型包括社群生态嵌入、异质性资源获取、能力重构、研发型价值共创绩效 4 个变量。由于当前对互联网众创社群生态的研究仍处于初级阶段，尚未形成学界广泛认同的成熟量表，因此本研究在相关研究的基础上，自行开发"社群生态嵌入"量表对该变量进行测量。此外，对其余三个变量的测量均借鉴了相关成熟量表，研究采用 Likert 7 点评分法。社群生态嵌入与价值共创绩效的测度如表 5-5 所述，异质性资源获取和能力重构的测度如下。

① 异质性资源获取（HRA）。根据互联网众创社群生态特点，本研究涉及的异质性资源主要包括知识资源、营销资源和关系资源，因此本书在李泽等（2017）和朱晓红等（2014）采用量表的基础上修订形成了包含以上 3 种资源的测量量表，共有 8 个题项，分别为"我们能及时获取平台中的客户需求信息""能及时获取供应链信息""有助于我们与客户建立稳定关系""有助于与渠道成员建立稳固关系""有助于获取平台商业知识""获取数字化的运作知识""获取工程管理知识""获取行业新兴知识"。因子分析显示该单维度因子拟合效果较好（$\chi^2/df = 1.511$，RMSEA = 0.027，SRMR = 0.012，CFI = 0.997，TLI = 0.996），满足阈值条件，可将其视为单维度变量。

② 能力重构（EAR）。采用奉小斌等（2021）使用的量表进行测量，该量表共包含"探索新的概念或原理""善于发展新技能"等 10 个题项。

③ 控制变量。本书控制变量选取如下：企业年龄（EA）、企业规模（ES）、产业类型（EI）、企业性质（EO）。

5.2.3　实证分析

（1）数据检验。

为排除同源偏差问题对研究造成影响，本书采用 Harman 单因子检验法进行同源偏差检验。结果显示：特征值大于 1 的因子的累计方差贡献率为 69.847%，其中单因子最大方差解释率为 43.878%，低于标准值 50%，因此不存在严重的共同偏差问题。对多重共线性问题的检验主要采用的是方差膨胀因子法，分析结果显示，各变量的方差膨胀因子 VIF 值均小于 10，说明多重共线性问题并不显著。

综合运用 SPSS26.0 和 Mplus 检验量表的信效度，以保证数据的合理性和科学性。结果显示，各变量的 Cronbach's α 值和 CR 值均大于 0.7，表明各量表均具有较高的内部一致性和信度水平。运用软件 Mplus 进行验证性因子分析以判断变量间的区分效度，结果如表 5 – 6 所示。四因子模型对样本数据的拟合效果最好，表明变量间的区分效度较高。由于本书将能力重构作为一个整体构念进行研究，因此将其作为单因子进行分析，而且单因子拟合满足拟合优度要求。同时，各变量所有题项的因子载荷均大于 0.6，各变量的 AVE 值均大于 0.5，表明问卷数据具有较高的聚合效度。此外，由表 5 – 7 也可知，四个变量间的相关系数均小于 AVE 值的平方根，再次表明四个变量间的聚合效度较高。

表 5 – 6 变量区分效度的验证性因子分析

模型	χ^2/df	RMSEA	SRMR	CFI	TLI
单因子：$PEE + HRA + EAR + EIP$	13.332	0.134	0.099	0.645	0.617
二因子：PEE，$HRA + EAR + EIP$	8.716	0.106	0.084	0.778	0.761
三因子：PEE，$HRA + EAR$，EIP	5.605	0.082	0.068	0.868	0.857
四因子：PEE，HRA，EAR，EIP	1.724	0.033	0.031	0.979	0.978

注：PEE 表示"社群生态嵌入"，HRA 表示"异质性资源获取"，EAR 表示"能力重构"，EIP 表示"研发型价值共创绩效"，下同。

（2）相关性检验。

变量间的相关性分析结果如表 5 – 7 所示，社群生态嵌入与异质性资源获取（$r = 0.590$，$P < 0.01$）、能力重构（$r = 0.539$，$P < 0.01$）以及创业企业研发型价值共创绩效（$r = 0.498$，$P < 0.01$）之间均呈现显著正相关关系。异质性资源获取与研发型价值共创绩效（$r = 0.547$，$P < 0.01$）以及能力重构（$r = 0.572$，$P < 0.01$）也均呈现出显著的正相关关系，能力重构与研发型价值共创绩效（$r = 0.539$，$P < 0.01$）也显著正相关。以上分析结果为书中理论假设检验提供了初步数据支持。

表 5 – 7 变量均值、标准差和相关系数

变量	EA	ES	EI	EO	PEE	HRA	EAR	EIP
企业年龄	1							
企业规模	0.026	1						

续表

变量	EA	ES	EI	EO	PEE	HRA	EAR	EIP
产业类型	−0.047	0.018	1					
企业性质	0.005	−0.013	−0.065	1				
PEE	0.054	0.135 **	0.036	0.112 *	(0.890)			
HRA	0.172 **	0.333 **	0.094 *	0.141 **	0.590 **	(0.787)		
EAR	0.150 **	0.303 **	0.087 *	0.107 *	0.539 **	0.572 **	(0.774)	
EIP	0.239 **	0.326 **	0.042	0.086 *	0.498 **	0.547 **	0.539 **	(0.792)
均值	2.496	3.495	5.087	2.186	3.035	2.885	3.140	3.011
标准差	1.059	1.261	2.411	1.003	0.790	0.517	0.550	0.442

注: EA 代表企业年龄, ES 代表企业规模, EI 代表细分行业, EO 代表所有权性质; * 表示 $P<0.05$, ** 表示 $P<0.01$, *** 表示 $P<0.001$, 下同; 括号内为 AVE 值的平方根。

(3) 主效应检验。

为了检验社群生态嵌入对创业企业研发型价值共创绩效的影响,将研发型价值共创绩效作为因变量,社群生态嵌入作为自变量,作回归分析。由表 5 - 8 中的模型 4 可知,社群生态嵌入显著正向影响创业企业的研发型价值共创绩效 ($\beta = 0.310$,$P < 0.001$),假设 H5 - 5 成立。

(4) 中介效应检验。

关于异质性资源获取的中介作用:首先,由表 5 - 8 中的模型 1 可知,社群生态嵌入对异质性资源获取具有显著正向影响 ($\beta = 0.351$,$P < 0.001$);其次,由模型 5 可知,异质性资源获取显著正向影响创业企业的研发型价值共创 ($\beta = 0.489$,$P < 0.001$);最后,将社群生态嵌入与异质性资源获取同时纳入回归模型,对研发型价值共创绩效进行回归得到模型 6,结果表明,社群生态嵌入 ($\beta = 0.208$,$P < 0.001$) 和异质性资源获取 ($\beta = 0.291$,$P < 0.001$) 均显著正向影响创业企业的研发型价值共创绩效,但是社群生态嵌入对研发型价值共创绩效的回归系数由 0.310 (95% 区间为 [0.268, 0.353]) 下降为 0.208 (95% 区间为 [0.158, 0.259])。由此可知,异质性资源获取在社群生态嵌入和创业企业研发型价值共创绩效之间发挥部分中介作用,假设 H5 - 6 成立。

表 5 − 8   回归分析结果

变量	HRA	EAR	EIP					
	模型 1	模型 2	模型 3	模型 4	模型 5	模型 6	模型 7	模型 8
控制变量								
企业年龄	0.069 ***	0.051 ***	0.121 ***	0.109 ***	0.081 ***	0.089 ***	0.087 ***	0.091 ***
企业规模	0.105 ***	0.082 ***	0.140 ***	0.114 ***	0.074 ***	0.083 ***	0.081 ***	0.085 ***
产业类型	0.018 **	0.014 *	0.012	0.008	0.001	0.003	0.002	0.003
所有权性质	0.046 **	0.026	0.051 **	0.023	0.013	0.009	0.022	0.013
自变量								
PEE	0.351 ***	0.275 ***		0.310 ***		0.208 ***		0.212 ***
中介变量								
HRA					0.489 ***	0.291 ***		
EAR							0.563 ***	0.356 ***
R²	0.446	0.367	0.170	0.362	0.346	0.403	0.348	0.414
ΔR²				0.191 ***	0.175 ***	0.057 ***	0.178 ***	0.065 ***
F 值	109.117	78.628	34.932	76.971	71.819	76.400	72.510	76.693

注： * 表示 P < 0.05， ** 表示 P < 0.01， *** 表示 P < 0.001。

对于能力重构的中介作用：首先，由模型 2 可知，社群生态嵌入显著正向影响企业的能力重构（β = 0.275，P < 0.001）；其次，由模型 7 可知，能力重构显著正向影响创业企业的研发型价值共创绩效（β = 0.563，P < 0.001）；最后，将社群生态嵌入与能力重构同时纳入回归模型，对研发型价值共创绩效进行回归得到模型 8，由数据可知，社群生态嵌入（β = 0.212，P < 0.001）和能力重构（β = 0.356，P < 0.001）对研发型价值共创绩效均具有显著正向影响，但是社群生态嵌入对研发型价值共创绩效的回归系数由 0.310（95% 区间为 [0.268，0.353]）下降为 0.212（95% 区间为 [0.164，0.260]），表明能力重构在社群生态嵌入和创业企业研发型价值共创绩效之间发挥部分中介作用，假设 H5 − 7 成立。综上，假设 H5 − 5、假设 H5 − 6、假设 H5 − 7 得到初步验证。

为弥补传统中介检验方法的不足，本书采用 Bootstrap 法重复抽样 5000次并构建 95% 的无偏差校正置信区间，以进一步检验异质性资源获取和能力重构的中介效应，结果见表 5 − 9。异质性资源获取的中介效应值为 0.160，95% 的置信区间为 [0.126，0.197]，说明异质性资源获取具有显著的中介作用；加入异质性资源获取变量后，社群生态嵌入对研发型价值共创绩效的直接效应为0.187，95%的置信区间为 [0.135，0.240]，进一步验证了异质性资源获取在社群生态嵌入影响研发型价值共创绩效过程中存在中介作用，假设 H5 - 2 成立。同理，能力重构的中介效应值为0.143，95%的置信区间为 [0.113，0.175]，表明能力重构的中介效应显著；加入能力重构变量后，社群生态嵌入对研发型价值共创绩效的直接效应为0.204，95%的置信区间为 [0.153，0.254]，进一步验证了能力重构在社群生态嵌入影响研发型价值共创绩效过程中存在中介作用，假设 H5 - 7 成立。

表5 - 9　　　　　　异质性资源获取与能力重构的单独中介路径系数检验结果

中介路径	直接效应			中介效应		
	效应值	95% 置信区间		效应值	95% 置信区间	
		下限	上限		下限	上限
$PEE \rightarrow HRA \rightarrow EIP$	0.187	0.135	0.240	0.160	0.126	0.197
$PEE \rightarrow EAR \rightarrow EIP$	0.204	0.153	0.254	0.143	0.113	0.175

此外，本书采用 Bootstrap 法来检验异质性资源获取和能力重构的链式中介效应，结果如表5 - 10 所示。由表可知，社群生态嵌入对研发型价值共创绩效的直接效应值为0.155，95%的置信区间为 [0.103，0.207]，再次验证了假设 H5 - 1。异质性资源获取和能力重构在社群生态嵌入与研发型价值共创绩效之间的链式中介效应为 0.026，95% 的置信区间为 [0.017，0.037]，假设 H5 - 8 成立。同理，由表 5 - 10 可知，异质性资源获取、能力重构的中介效应均显著，假设 H5 - 5、假设 H5 - 6 再次得到验证。

表5 - 10　　　　　异质性资源获取与能力重构的链式中介路径系数检验结果

模型路径	效应值	95% 置信区间	
		下限	上限
直接效应：$PEE \rightarrow EIP$	0.155	0.103	0.207
路径1：$PEE \rightarrow HRA \rightarrow EIP$	0.076	0.046	0.108
路径2：$PEE \rightarrow EAR \rightarrow EIP$	0.053	0.034	0.077
路径3：$PEE \rightarrow HRA \rightarrow EAR \rightarrow EIP$	0.026	0.017	0.037

（5）辅助分析。

调换异质性资源获取和能力重构在社群生态嵌入与研发型价值共创绩效之间的顺序，构建了两个 SEM 模型，以此来检验模型中链式中介变量序列顺序的稳健性。通过模型拟合结果可知，"社群生态嵌入→异质性资源获取→能力重构→研发型价值共创绩效"模型的拟合指标明显优于"社群生态嵌入→能力重构→异质性资源获取→研发型价值共创绩效"模型的拟合指标。这表明异质性资源获取在前能力重构在后的顺序能更好地解释社群生态嵌入研发型价值共创绩效的转化机制。

5.2.4　研究结论与启示

研究基于资源编排理论构建了"社群生态嵌入—异质性资源获取—能力重构—创新绩效"的理论框架，探究了创业企业在互联网众创平台的社群生态嵌入与研发型价值共创绩效之间的作用机制，检验了异质性资源获取和能力重构的中介作用，得出如下结论。

（1）嵌入互联网众创平台的社群生态有利于创业企业研发型价值共创绩效的提升。

该结论验证了"嵌入社群生态能够促进企业创新孵化和加速"的观点（Kim & Sung, 2020），表明社群生态嵌入是企业实现创新的一种重要方式。首先，嵌入互联网众创平台的社群生态不仅能够弥补创新资源的不足，还会促进企业对内部陈旧冗余资源的舍弃和剥离，形成新的资源结构，从而有利于研发型价值共创对新知识和新资源的搜寻。其次，社群生态嵌入有助于各创业企业充分挖掘和发挥产业大数据的价值，可以帮助企业准确把握市场环境和顾客潜在需求，为企业研发型价值共创活动指明方向。最后，嵌入互联网众创平台的社群生态有助于促进创业企业的数字化和智能化转型，并利用相关的工业数据对企业的生产流程、业务流程进行改进、完善甚至重构，进而为企业的研发型价值共创提供支持。

（2）创业企业嵌入互联网众创平台的社群生态之所以能提升研发型价值共创绩效的一个重要机制是生态嵌入有利于获取异质性资源。

社群生态实现了工业资源的广泛汇聚，成为一个丰富的工业资源池，嵌入互联网众创平台社群生态的各创业企业可以基于自身目标和需求与其他企业进行自组织合作和交流，获取所需的异质性创新资源，激发创新活力，促进新思想、新思维的产生，进而促进创业企业研发型价值共创绩效的提升。这一结论间接支持了权锡鉴等（2020）的理论观点，即互联网众创平台实质是资本配置结构优化的企业混合所有制，正是社群生态的新兴数字技术实现了企业资源的精准有效配置，既能满足企业对异质性资源的需求，又能节省企业对异质性资源吸收利用的成本，充分发挥异质性资源的互补效应，促进企业研发型价值共创绩效的提升。

（3）嵌入互联网众创平台的社群生态之所以能提升研发型价值共创绩效的另一个重要机制是生态嵌入可以促进创业企业的能力重构。

社群生态嵌入既能提供企业能力重构的动力，又能为企业的能力重构提供良好的条件。一方面，互联网众创平台的社群生态强调各用户企业间的协同共生和分工合作，企业为了获取所需的创新资源，必须先更好地嵌入社群生态的价值链中，这要求企业对既有的与价值链需求不匹配的能力进行及时更新或创新，为企业的能力重构提供了动力。另一方面，社群生态是互联网众创平台最高级和最完善的发展阶段，其在产业大数据汇聚和利用方面的优势赋予了企业能力重构的条件，不仅能够实现创业企业的在线化和数字化管理，还能基于对产业大数据的应用实现对业务流程管理的改进和完善，增强企业应对动态环境的能力，促进创业企业研发型价值共创绩效的提高。

（4）异质性资源获取还能通过促进创业企业的能力重构来提高其研发型价值共创绩效。

这是对异质性资源获取和能力重构在社群生态嵌入和研发型价值共创绩效之间关系中作用的全新认识，揭示了企业可以通过异质性资源的获取为企业能力重构提供资源基础，进而促进企业对外部动态环境的适配来提高企业的研发型价值共创绩效。这是资源编排理论在实证研究中的充分运用。企业可以通过嵌入互联网众创平台社群生态对创新资源进行获取、积累和剥离，形成和扩展资源基础；并在此基础上对所获取的资源进行创新性组合、捆绑形成能力以实现对企业既有能力的丰富和创新，如生产能力、业务管理能力、数据分析能力等，充分发挥资源和能力的杠杆作用，促进创业企业的研发型价值共创。

本书的理论贡献体现在如下几个方面。

首先，本研究对互联网众创平台社群生态与创业企业研发型价值共创绩效之间关系的研究不仅弥补了现有文献缺乏从社群生态参与者角度审视互联网众创平台这一研究视角的不足，也突破了既有关于社群生态的研究——主要集中在社群生态的形成与构建（杨仲基等，2019）、价值共创（王新新、张佳佳，2021）以及社群生态系统竞争优势的构建（葛安茹、唐方成，2021）等方面，丰富了社群生态嵌入的相关结果变量。

其次，本研究证明了嵌入互联网众创平台的社群生态是创业企业进行价值创造活动的有效新途径。以往研究表明，企业更多地选择网络嵌入（Caloffi et al.，2018）或者建立联盟（贡文伟等，2020）来提高其创新绩效，而新一代信息技术与商业模式创新深度融合催生了互联网众创平台的出现和发展，并逐渐构建了完善的社群生态系统，这对企业的创新行为和价值创造活动产生了深刻的影响，越来越多的企业开始选择嵌入社群生态来进行价值创造活动。本研究结果为企业嵌入互联网众创平台的社群生态，通过成为社群生态的参与者来进行价值创造活动提供了理论支撑。

最后，不同于以往仅从资源视角或从能力视角构建单一中介机制或者将其中一个作为调节变量（彭灿等，2021）对创新进行的研究，本书拓展资源编排理论，形成了"嵌入—资源—能力—绩效"理论框架，探索社群生态嵌入与创业企业研发型价值共创绩效关系的内部逻辑，验证了异质性资源获取和能力重构的链式中介作用，同时这也是对资源编排理论的支撑和验证。研究结论为现实中很多创业企业选择嵌入社群生态来提升研发型价值共创能力提供了理论解释，例如，优必选科技有限公司嵌入腾讯平台打造了全新的 Alpha Ebot 机器人，Yeelight 嵌入小米平台后大大提升了自己的品牌价值，青岛的前丰国际帽艺和环球服装等企业嵌入 COSMOPlat 平台后在疫情期间仍能取得良好业绩，这在很大程度上是源于社群生态嵌入对异质性资源的获取以及对企业能力重构的促进作用。

本书的管理启示体现在如下两个方面。

首先，企业要根据自身情况积极搭建或选择嵌入互联网众创平台的社群生态，并充分调动和利用社群生态内的资源或能力来进行价值创造活动。社群生态是众创平台最完善的发展阶段，具有超越传统创新方式的优势，如资源的泛在连接、弹性供给和高效配置以及大数据的应用等，对企业的创新孵化和加速具有重要作用。未来的竞争是以生态系统为基础的竞争，因此企业要结合自身情况选择构建或是嵌入社群生态来实现创新，不断提高企业的数字化和智能化水平，为更好地构建或嵌入社群生态奠定基础，以保障未来的竞争优势。

其次，创业企业在嵌入互联网众创社群生态实现研发型价值共创的过程中，应重视异质性资源获取与能力重构的重要作用，积极对资源进行编排形成能力以增强企业的竞争优势。一方面，企业应该根据自身目标和策略，积极与互补企业进行交流与合作，获取所需的互补性创新资源，这样不仅可以弥补企业创新在知识、技术和资源等方面的不足，还能降低资源异质性过大对创新的消极影响。另一方面，在日益复杂动态的环境背景下，企业应该对既有能力作出适时调整。通过对从互联网众创平台的社群生态中获取的新知识和信息等资源进行积极编排，促进资源能力化，实现对企业现有能力的丰富和创新，提高企业与环境的适配能力，并充分发挥资源和能力的杠杆作用，提升企业的研发型价值共创绩效。

5.3 基于数据赋能和创新柔性的机制

5.3.1 理论基础与研究框架

（1）创新柔性。

创新柔性最早由维克里（Vickery，1999）提出，是指企业在低成本基础上主动调整生产流程和资源以响应用户需求的能力。相较于反映创新数量和程度的创新绩效，创新柔性被视为一种与环境和需求匹配、更高层次的创新绩效（陈钰芬、陈劲，2009）。随着理论研究的不断深入，创新柔性的定义日趋完善，近期的研究将创新柔性定义为企业主动或被动地调整创新战略、计划及创新资源配置状态，对环境变化带来的机遇和挑战作出迅速反应，以达到降低创新风险和不确定性的能力（Knudsen & Mortensen，

2011）。可见，创新柔性是企业在价值创造过程中不断成长的一种能力，特点是主动、快速以及调整。本书基于已有研究将创新柔性定义为创业企业应对动态环境作出迅速反应，主动对企业战略、计划和资源快速进行调整的能力。

目前，关于创新柔性的研究主要是以其为前因变量探讨作用效果，如对创新绩效、组织成长等的影响机制。在创新绩效方面，创新柔性能通过互补性资源供给、二元组织构建等柔性策略有效促进创新绩效的提升，具体表现为新产品、新市场、新技术以及新业务的开发（贾卫峰、党兴华，2010）。在组织成长方面，创新柔性能够通过技术创新和商业模式创新促进制造企业的智能化转型（于飞等，2020；王新华等，2019）。而且，创新柔性能有效提升创新网络协调能力，进而增强企业环境适应能力（贾卫峰、党兴华，2010），因此创新柔性对于企业短期绩效和长远发展均发挥积极作用。

（2）数据赋能。

"赋能"是指通过一定的技术、方法、工具或管理手段，促进相关主体获得过去所不具备的能力，或达成不能实现的价值目标。随着数据成为企业发展动态能力、打造卓越竞争优势的关键资源，赋能的概念和思想也逐渐被注入新的内涵，"数据赋能"引起实践界和学术界的广泛关注。数据赋能主要指通过数据为相关主体进行能量赋予，或者相关主体通过挖掘、分析和利用数据获得之前所不具备的能力，创造过去难以实现的价值目标。数据赋能的关键，是通过创新数据使用场景、技能与方法来实现数据价值，在此过程中伴随着组织资源的数据化、标准化和联网化。更有学者立足于之前赋能文献中提到的客户赋能与员工赋能的维度划分，探究了数据赋能在促进出行平台企业价值共创中的作用，可谓丰富了赋能研究的应用情境。

数据赋能是一个新兴概念，尽管现有研究结合具体的实践应用场景，探讨了数据赋能所带来的价值突破与提升，但研究尚不够深入。一方面，当前研究仍限于围绕之前赋能文献中客户赋能和员工赋能的维度划分来探究数据赋能的效用；另一方面，尽管有学者注意到了数据赋能在客户赋能和员工赋能范畴之外的赋能作用，但对于数据如何实现赋能的机理路径缺少深入探究。

（3）资源编排。

资源编排理论源于资源基础观和动态能力观，从过程与动态视角解释了企业如何通过对资源构建、整合以及利用以形成竞争优势，为探究创业企业资源获取与转化提供了新颖视角（Granovetter，1985）。关于资源编排的维度结构，单一公司情境中的资源编排包含资源构建、资源的杠杆化利用等子过程（Figueiredo，2011）；多公司合作情境中则包含资源共享、资源转化，以及资源协调等子过程（厉娜等，2020）。

对资源整合、利用并形成竞争优势是资源基础理论和资源编排理论的共同话题。资源基础理论认为资源本身具有的"有价值、稀缺、难以复制或替代"的属性是创业企业获得竞争优势的关键，而资源编排理论认为资源本身不会凭空转化为竞争优势和绩效，只有对资源合理利用才能创造价值。而且，即使拥有相同属性资源，创业企业通过资源管理创造的绩效也不同，究其原因是创业企业在资源构建及资源杠杆化利用过程中存在选择性差异（魏津瑜、李翔，2020）。资源编排理论并不刻意强调对异质性资源的拥有，认为即便同质性或可替代性资源也可通过管理行动获得绩效（Nyuur et al.，2018）。相较于强调拥有异质资源的资源基础理论，资源编排理论更加关注对资源的有效转化和利用。

（4）研究框架。

资源基础理论认为企业占有的异质性资源是企业获得持续竞争优势的关键（Sammarra & Biggiero，2019），数字经济时代孕育了互联网众创平台，其衍生出的社群生态可视为一个隐性资源池，此时嵌入社群生态将有助于丰富创业企业获取资源的种类和数量，故而可认为嵌入社群生态将有助于创业企业创新柔性的提升。但也有研究指出获取资源种类、数量的增加会对企业资源整合能力提出更高要求，这也是创业企业极难具备的（赵健宇等，2019），甚至还有学者指出嵌入社群生态的创业企业也会产生路径依赖和低端模仿等问题，抑制创新柔性的提升（宋华等，2018）。

在互联网众创平台的社群生态中，创业企业成长所需的海量资源分散在社群生态各处，并非稀缺资源，也可以被替代，在此情境下具备高资源编排能力的企业往往能够低成本、快速地整合生态内资源，并以低风险和低不确定性的创新行为快速响应外部环境（Granovetter，1985），进而更具有创新柔性。可见，能够快速、低成本地整合资源是企业提升创新柔性和价值共创绩效的一大基础。但是仅有资源并不一定就能提升创新柔性和价值共创绩效。提升企业创新柔性和价值共创绩效的第二大基础是实现资源间的连接以及资源与需求的精准匹配，促进资源有效转化，而数据赋能恰恰可以满足这一点。因为数据赋能在更好地响应用户需求，整合人、物、信息等资源的同时不断深化对用户需求的认知（Caloffi et al.，2018）。因此，在资源编排视角下，中小制造企业可以通过嵌入社群生态快速整合各类资源，并通过数据赋能实现资源与需求的精准匹配，以应对动态多变的外部环境。

上述分析认为社群生态嵌入是数字经济时代创业企业提升创新柔性、增强价值共创能力的重要选择，同时数据赋能与社群生态嵌入之间还存在匹配效应。首先，虽然嵌入社群生态为创业企业带来了多样、异质的创新资源，为其价值创造奠定了基础，但也对创业企业的资源管理能力提出了更高要求，如资源连接能力、转化能力以及资源与需求匹配的能力等。而数据作为一项重要的战略资源，将推动企业资源的转化以及资源与需求的精准匹配，尤其是数据赋能所体现出的连接能力、智能能力和分析能力成为推动资源转化的关键（张镒、刘人怀，2020）。其次，推行数据赋能转型需要实现数据标准化、资源数据化和联网化（Caloffi et al.，2018），而实现上述过程需要投入大量人力、物力、资金等，社群生态嵌入恰恰可以补足中小制造企业在转型过程中所欠缺的资源。

资源编排理论认为组织基于内外部环境动态调整资源组合与能力配置是连接资源和竞争优势的桥梁，而且该理论解决了资源来源、转化和利用问题，勾勒了从资源到产出的完整路径（Figueiredo，2011）。结合前面所述，互联网众创的平台资源助力创业企业打破资源束缚，为创业企业实现创新柔性提升创造前提。尽管社群生态嵌入和数据赋能解决了企业资源的来源和转化问题，但尚未解决资源编排过程中资源的利用问题（肖薇等，2019）。在社群生态情境中，生态参与者通过整合社群生态内资源，同时通过数据赋能实现资源连接和供需匹配，协同促进创业企业的创新柔性，由此创业企业表现出较高水平的价值创新能力。基于资源编排理论，创新柔性能有效解决资源利用问题，在社群生态嵌入与价值共创绩效间起中介作用，其内在逻辑是嵌入社群生态会增加企业间交互，进而提高创新柔性和价值共创绩效。数据赋能转型会提升创新柔性能力和价值共创的效果，进而提高其价值共创绩效。综上分析，提出如图5-4所示的理论模型，该模型基于资源编排理论，以互联网众创平台社群生态系统中的创业企业为研究主体，探讨创业企业如何有效利用社群生态系统提升价值共创绩效，以期在丰富已有资源编排理论的同时，为创业企业的创新实践提供一定指导。

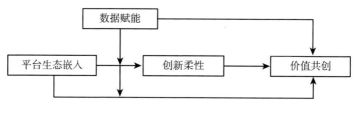

图5-4 理论框架

与现有文献相比，本研究具有如下两点不同：①在社群生态蓬勃发展的背景下，现有文献鲜有研究资源匮乏的创业企业如何借助互联网众创平台实现创新柔性和价值创造能力的提升，本书则关注了社群生态嵌入对创业企业价值共创绩效的影响。②现有对价值共创能力或绩效提升机制的研究多以资源基础理论为指导，忽视了对资源转化过程的关注，本书则基于资源编排理论的过程视角，分析了社群生态嵌入通过创新柔性影响价值共创绩效的内在机制，并考虑了资源获取与资源转化的协同关系。

5.3.2 研究假设

（1）社群生态嵌入与价值共创绩效。

根据波特（Porter）的价值链理论，提升企业竞争优势应以市场和客户需求为导向，通过信息技术手段，实现对价值链中物流、信息流、资金流的有效整合。该理论认为价值是由企业创造通过交换传递给大众消费者的。在此基础上，普拉哈拉德和文卡特（Prahalad & Venkat，2004）提出了基于顾客体验的价值共创理论，强调企业可将消费者看作一种生产要素资源，通过将其加入企业生产过程而生产出更容易满足消费者的产品，进而为企业创造价值。随着数字化时代的普及，互联网众创平台的社群生态系统进一步拓宽了价值共创的范畴，已不仅仅局限于企业和消费者活动，更强调生态中多个利益相关者共同创造价值，实现共赢共生。因此本书对应的价值共创是指以数字化为背景，以互联网众创平台为依托，以满足用户需求为导向，以共生共赢为目标，社群生态中的多方利益相关者协同合作实现价值创造的过程，包括价值链的整合以及多方合作伙伴的协同。

创业企业嵌入社群生态后可与生态内的合作伙伴相互参与对方的研发生产、战略决策等价值链环节，实现价值共创。具体表现为：首先，社群生态嵌入有助于创业企业获得更宽的信息接口，更快地获取价值共创活动所需的资源。而且，随着生态嵌入深度的增加，企业间形成强连接关系，创业企业更易获取跨界的、优质的、隐性的创新知识和资源。其次，通过生态内企业间的交流、互动、共享等行为，有助于形成具有竞争力的价值活动体系，进而促进价值共创（梁树广、张芃芃，2021）。此外，通过社群生态嵌入，创业企业实现与平台企业、平台其他参与者耦合共轭，并通过企业间的互动交流以及价值链整合实现价值共创。因此，创业企业嵌入社群生态有助于获取资源，增强企业间合作意愿，促进生态内价值共创活动的开展。据此，本书提出如下假设：

H5 – 9：社群生态嵌入对创业企业的价值共创绩效有促进作用。

（2）创新柔性的中介作用。

基于资源基础理论的核心理念，通过嵌入社群生态，中小制造企业获取了优质的生态资源和生态关系，借助此类要素可促进其创新柔性的提升。首先，中小制造企业嵌入社群生态之后，成为生态系统中其他企业的供应商和用户，借此中小制造企业得以拓宽渠道，可以短时间、低成本、高质量地寻得所需的创新资源（孙永波等，2021），弥补自身相较于大型制造企业在研发、制造等环节的劣势。其次，由于生态内企业间的产品具有互补性，中小制造企业嵌入社群生态后可参与某些优势企业的研发设计活动，打通产品接口，优化工艺流程，促进产品间功能的兼容性、协同性和连贯性，发挥互补产品的正向推动作用（Al – Tabbaa et al. , 2019）。最后，社群生态将嵌入企业的资源聚合为隐性资源池，扩大了企业可触达和利用的资源范围，中小制造企业借助平台企业与部分企业建立连接，通过交流、互动和共享提升企业间的关系强度，获取生态资源池内所需的优质资源，进而提升其创新柔性（张振刚等，2020）。因此，结合资源基础理论和李平等（2019）关于嵌入式创新的研究，中小制造企业嵌入互联网众创平台中，作为社群生态中不可或缺的部分，与生态内的其他企业高度联结和契合，可通过优势互补，互为生存和发展的条件，实现创新柔性的提升。

在与生态系统中其他参与者的价值共创活动中，创业企业可将生态内获得的多样化、互补性资源有效转化和利用，有助于提升其价值共创绩效（Lavie，2006）。首先，创业企业创新柔性的提升有利于学习合作伙伴的新知识和先进技术，并将其应用于企业的生产实践以响应动态环境和市场需求，进而提升其价值共创绩效（李红，2018）。其次，参与众创平台提高创新柔性能力有助于创业企业熟悉彼此的技术和产品领域，当面临需求变化和市场波动时，能通过整合价值链，快速制订解决方案，对解决现有问题、改善运营流程和优化产品设计至关重要（Caloffi et al.，2018）。最后，创新柔性能力的提升有助于异质性资源的整合和碰撞，通过协作创新突破发展"瓶颈"，提升企业对内优化和对外反应的能力，以增强价值创造能力（刘帅等，2020）。

综上分析，社群生态嵌入对创业企业的正向作用体现在能够解决创业资源匮乏的问题，并通过提升创新柔性能力进而促进价值创造能力，这一逻辑契合资源编排理论，实现了"资源—价值"的转化。因此，本书提出如下假设：

H5－10：创新柔性在社群生态嵌入与价值共创绩效的关系中起中介作用。

（3）数据赋能的调节效应。

如前所述，创业企业能够通过社群生态嵌入丰富自身获取资源的种类和数量，进而促进价值共创活动的开展。然而，资源编排理论强调资源本身无法直接转化为竞争优势和绩效，只有对资源合理利用才能创造价值。但困囿于资源转化能力不足，创业企业往往在社群生态嵌入价值共创过程中处于劣势，且主要以跟随和模仿为主（刘帅等，2020）。而数字经济时代，数据赋能有助于加快创业企业转化获取所需的知识、技术和经验等资源（李平等，2019），促使其嵌入社群生态获取资源并转化资源形成能力，这契合资源编排理论的思想。具体来说，首先，数据赋能提高了企业的资源连接能力。高数据赋能水平下，企业之间更容易建立关系，更有利于企业间资源连接和数据共享（陈超、陈拥军，2016），进而强化社群生态嵌入对价值共创活动的影响。其次，数据赋能促进企业用户行为感知的开展。当创业企业数据赋能水平较高时，其能更好地感知用户需求以及处理、转化信息，企业开展价值共创活动的效率相对也较高。最后，数据赋能可加快企业的信息处理速度。高数据赋能水平下，企业间的服务交换与资源分配更容易同步和协作（Ernst & Kim，2001），从而促使价值共创活动高频、高效、高质量地开展。反之，当数据赋能水平较低时，创业企业调配、转化资源的能力极其有限，价值共创活动也只能是一种低端、临时的活动（刘帅等，2020；陈超、陈拥军，2016；Gupta et al.，2019）。基于上述分析，本书提出如下假设：

H5-11：数据赋能正向调节社群生态嵌入与价值共创活动之间的关系。

创业企业通过数据赋能可以加强企业间的互动合作，协调整合价值链和生态伙伴间关系，放大资源价值和功能，进而优化社群生态嵌入创新柔性的提升过程（李平等，2019）。数据赋能为创业企业资源转化创造条件，推动了创业企业数据化、标准化和联网化的实施。首先，数据赋能通过促进企业资源连接，强化了企业的连接能力。在高数据赋能水平下创业企业通过适度的社群生态嵌入可以更快、更广地获取所需创新资源，有助于更好地发挥数据价值，进而对社群生态嵌入创新柔性提升的过程发挥更加积极的作用。其次，数据赋能通过用户行为感知，加强企业智能能力。高数据赋能水平下的企业更容易获取其他嵌入企业的热门产品数据和用户大数据，通过对此类数据的深入了解和分析，能更快地产生互补品的设计灵感，从而促进企业快速、低成本地开发出热门产品的互补品（李平等，2019）。最后，数据赋能通过促进企业资源动态分配及信息处理，增强了企业的分析能力。高数据赋能水平下适度地嵌入社群生态增加了企业间的互动交流频率，增加了企业间的关系强度，创新过程中遇到问题时能够合作解决，提升了社群生态嵌入的质量和效率（兰军等，2019）。反之，低数据赋能水平下的创业企业依然存在资源转化能力不足的问题，在 VUCA 时代下无法对用户需求快速、精准响应，创新柔性也较弱（Gupta et al. ，2019）。可见数据赋能弥补了创业企业资源和关系的不足，以此促进企业社群生态嵌入创新柔性提升的过程。基于上述分析，本书提出如下假设：

H5－12：数据赋能正向调节社群生态嵌入与创新柔性之间的关系。

5.3.3 研究设计与假设检验

（1）样本与数据。

以在各大互联网众创平台注册的中小制造型创业企业为主，于 2020 年 11 月至 2021 年 4 月进行数据收集工作。问卷设计与发放步骤具体分为 4 步。首先，研究团队通过梳理现有文献及测度指标，经过多次研讨，制定初步的问卷量表。其次，研究团队邀请相关专家学者以及企业高层管理者参与问卷反复讨论并修改。再次，为进一步确保问卷的合理性，选取 8 家企业进行预调研，根据调研结果剔除不恰当的题项，对表述模糊不清或存在理解歧义的内容进行修正，形成最终调研问卷。最后，通过以下两种方式发放问卷：①基于研究团队的地理优势，在调研青岛企业时，向调研对象直接发放问卷，并现场收回。②通过人际关系以及行业微信群募集调研群体，以语音通话采访或者电子邮件的方式发放问卷。为确保数据的可靠性，在问卷发放前明确告知被调研对象调研的目的和要求。为进一步理清被调研对象，在问卷中设置"贵企业是否嵌入互联网众创平台"的题项，若被调研者所在企业并非嵌入社群生态的中小制造企业，则视为无效问卷。

问卷填写时，被调研者需填写自己的人口统计学特征（如性别、年龄及受教育水平等），用于评估可能存在的被调研者偏差。为保证数据的可靠性，消除同源偏差对研究结果的影响，对收集到的来自同一家企业同一部门的多份问卷只保留一份。线下共发放 300 份问卷，回收 238 份，通过行业微信群获取电子问卷 537 份，剔除无效问卷后，共获得有效问卷 685 份，有效率为 88.4%，平均每家企业 6 份问卷。在有效样本中，企业员工数介于 300～1000 人的企业占比为 84.9%，平均企业年龄为 8.7 年。中高层管理人员占比为67.4%，研发技术人员占比为30.5%，其余占比为2.1%。调研对象主营行业包括轻纺工业（21.7%）、机械电子制造业（36.5%）、家具制造业（23.2%）和其他（18.6%）。对有效问卷和无效问卷的人口统计学变量进行 t 检验，结果显示两个样本之间无显著差异，表明被调研者间基本无显著偏差。

（2）变量测度。

本书采用李克特7级量表对变量进行测度。其中，1表示"几乎没有"、"完全不重要"或"很差"，7表示"非常多"、"非常重要"或"非常好"。对每个变量的题项采用取平均值的方式来反映最终的变量值。社群生态嵌入和价值共创绩效的测度如前面章节，创新柔性和数字赋能的测度如下。

创新柔性（IF）量表主要借鉴苏亚雷斯（Suarez，1996）、孟凡生和赵刚（2019）、宋华和王岚（2012）的研究成果，涉及创新资源柔性配置和创新柔性生产两个层面，包含"企业能短时间、快速地研发并推出新产品和新服务"等4个题项。

数据赋能（DE）测度量表在伦卡等（Lenka et al.，2017）、周文辉等（2016）、孙新波和苏钟海（2018）等学者的研究成果基础之上，考虑了制造企业特性，量表共包括"贵企业通过数据标准化促进数据的高效流通和交流，提升信息交互、信息处理和信息共享能力"等8个题项。

增加控制变量能够更好地体现出因变量与自变量之间的关系。一方面，根据现有关于企业创新柔性研究中的控制标量选取标准，控制了企业层面的重要特征因素，包括：①企业年龄（EA），即企业的成立年限加1再取自然对数；②企业规模（ES），即企业期末员工总数加1再取自然对数；③企业所处行业类型（EI），根据在生产中使用的物质形态，制造业可划分为流程型制造业和离散型制造业，并构建哑变量，"0"代表流程制造业，"1"代表离散型制造业。

（3）数据检验。

图5-4中4个变量为组织层面的变量，但数据来自员工个体，首先对数据进行组内同质性和组间差异性检验，通过计算组间相关系数ICC（1）、ICC（2）和组内一致性系数 R_{wg} 均值发现，数据不满足聚合条件，

故而不适合汇聚到企业层面。究其原因发现，问卷数据中同一企业的员工来自不同部门，而不同部门的数据赋能水平、社群生态嵌入程度等变量不尽相同，而且价值共创活动和创新柔性也不同。此时企业可视为多个部门组织的集合，变量可视为部门层次的变量，直接采用685份数据进行实证分析。

利用 Harman 单因子试验对共同方法偏差检验。探索性因子分析表明：最大的因子方差解释率为36.463%，低于先前研究建议的50%，表明样本数据不存在解释大部分变异量的单一因子，即不存在严重的共同方法偏差。

采用 Cronbach's α 来检验问卷信度，结果显示：各变量的 Cronbach's α 系数最低为0.810，表明数据具有较高的信度水平。同时，通过一阶验证性因子分析剔除残差不独立和因子载荷小于0.6的题项，以保证量表具有良好的效度水平。组合信度检验结果显示：所有变量的组合信度值均超过0.7的标准。检验结果如表5-11所示。由表5-11和表5-12可见，所有变量的平均方差提取值 AVE 均大于所设标准0.5，达到数据构成要求。同时，各变量的平均方差提取值的平方根均大于变量与其他变量的相关系数，说明各变量的测量值具有较高的聚合效度和区分效度。

表5-11　　　　　　　　　　　**变量信度效度检验结果**

变量	测量指标	载荷	AVE	CR
数据赋能（DE）	DE_1：贵企业通过数据标准化提升了信息交互、信息处理和信息共享能力	0.799	0.738	0.957
	DE_2：贵企业通过数据标准化提升了企业数据运用能力，释放数据潜力	0.791		
	DE_3：需求数据标准化提升了数据分析能力，便于贵企业精准响应用户需求	0.898		
	DE_4：用户需求数据化加速了订单信息进入生产系统	0.891		
	DE_5：贵企业通过资源数据化和联网化提升了企业动态资源分配效率	0.892		
	DE_6：贵企业通过原料数据化和联网化提升了供应商动态响应能力	0.879		
	DE_7：贵企业通过库存信息联网化可直接对接物流商，便于产成品敏捷配送	0.898		
	DE_8：数据互联互通帮助贵企业打破沟通壁垒，便于精准、高效接收指令	0.815		

续表

变量	测量指标	载荷	AVE	CR
创新柔性（IF）	IF_1：企业能短时间、快速地研发并推出满足质量要求的新产品	0.803	0.637	0.875
	IF_2：企业能低成本地研发并推出满足质量要求的新产品	0.781		
	IF_3：在短时间、低成本、符合质量要求的前提下，企业能在多个研发方案间选择和改变	0.807		
	IF_4：在短时间、低成本、符合质量要求的前提下，企业能快速换产以满足新产品生产	0.801		

表 5 – 12　　　　　　　　　　　变量的描述统计

变量	M	SD	PEE	DE	EIP	IF
社群生态嵌入	3.692	0.686	(0.907)			
数据赋能	3.190	0.797	0.009	(0.859)		
价值共创活动	3.603	0.703	0.440 **	0.414 **	(0.906)	
创新柔性	3.508	0.601	0.313 ***	0.381 **	0.412 ***	(0.798)

注：** 表示 $P < 0.01$，*** 表示 $P < 0.001$；对角线括号内数值为各变量 AVE 平方根；M 为均值、SD 为标准差。

通过验证性因子分析进一步检验四个潜变量之间的区分效度，检验结果见表 5 – 13。由表 5 – 13 可以发现：四因子模型的拟合效果较好（$\chi^2/\mathrm{df} = 1.116$，$CFI = 0.978$，$TLI = 0.978$，$RMSEA = 0.013$），且拟合指标显著优于其他模型，说明四个变量属于不同构念。

表 5 – 13　　　　　　　　　　变量区分效度检验结果

变量	χ^2	df	χ^2/df	CFI	TLI	RMSEA	模型对比	$\Delta\chi^2$
四因子	205.324	184	1.116	0.978	0.978	0.013		
三因子	4681.059	186	25.167	0.578	0.523	0.188	2VS1	4475.735 ***
二因子	3968.251	188	21.108	0.645	0.603	0.171	3VS1	3762.927 ***
单因子	4594.263	189	24.308	0.586	0.540	0.185	4VS1	4388.939 ***

注：*** 表示 $P < 0.001$；三因子模型为 $EE + DE$、VC、IF；二因子模型为 $EE + DE + VC$、IF。

（4）直接效应检验。

采用多层回归分析得到如表 5 – 14 所示结果。模型 M1 中仅包含企业年龄等控制变量，模型 M2 增加社群生态嵌入，M2 中社群生态嵌入的系数为正且显著（$\beta = 0.144$，$P < 0.001$）。假设 H5 – 9 得到支持。

表 5－14　　　　　　　　　　　多层回归分析结果

变量	EIP			IF		
	M1	M2	M3	M4	M5	M6
EA	0.165 ***	0.162 ***	0.178 *	0.145 **	0.117 **	0.067 ***
ES	0.210 ***	0.209 ***	0.235 *	0.193 **	0.132 ***	0.108 ***
EI	0.017	0.014	0.005	0.006	0.037	0.012
PEE		0.144 ***	0.317 ***			0.311 **
IF				0.320 ***		
DE			0.338 ***			
PEE × DE			0.121 **			0.202 **
R^2	0.054	0.135	0.538	0.388	0.037	0.474

注：* 表示 $P<0.05$，** 表示 $P<0.01$，*** 表示 $P<0.001$。

（5）中介效应检验。

模型 M4 中创新柔性的系数为正且显著，说明创业企业创新柔性的提升可以促进其价值共创绩效的改善。模型 M6 中 PEE 和 PEE × DE 的系数为正且显著，其余变量的系数不具有显著性。PEE 系数为正且显著，说明社群生态嵌入能正向促进创业企业的创新柔性。综合模型 M4 和模型 M6 回归结果，初步说明创新柔性可作为中介变量解释社群生态嵌入与价值共创绩效间的关系。

利用结构方程模型构建部分中介模型 M7、完全中介模型 M8、无中介模型 M9 以及两个非嵌套模型 M10、模型 M11，从表 5－15 中的模型拟合指数比较可知，部分中介模型的拟合效果明显优于完全中介模型（$\Delta \chi^2 = 92.093$，$P<0.001$）和无中介模型（$\Delta \chi^2 = 44.146$，$P<0.001$）。部分中介模型 M7 的 AIC 值最小且与其他模型差异明显。因此，部分中介模型的拟合效果最优。验证假设 H5－10。

表 5－15　　　　　　　　　结构方程模型拟合指数比较

模型	χ^2	df	χ^2/df	CFI	TLI	RMSEA	模型对比	$\Delta \chi^2$
M7	110.447	88	1.255	0.982	0.977	0.014		
M8	202.540	76	2.665	0.949	0.953	0.039	11VS10	92.093 ***
M9	154.593	89	1.737	0.976	0.966	0.107	12VS10	44.146 ***

注：*** 表示 $P<0.01$；M7 为部分中介模型，M8 为完全中介模型，M9 为无中介模型。

使用 Bootstrap 方法检验价值共创活动的中介效应，迭代次数选择

5000，检验结果见表 5-16。结果显示：中介效应 "$PEE \rightarrow IF \rightarrow EIP$" 间接效应的点估计值为 0.118，对于 95% 的置信区间，Bias-Corrected 检验的信赖区间为（0.047，0.139），Percentile 检验的信赖区间为（0.050，0.155），均不包含 0，进一步验证假设 H5-2。

表 5-16 中介效应检验结果

中介效应	间接效应	Bootstrapping	
		Bias-Corrected 95% CI	Percentile 95% CI
$EE \rightarrow IF \rightarrow EIP$	0.118	（0.047，0.139）	（0.050，0.155）

模型 M6 中 $PEE \times DE$ 的系数为正且显著，说明数据赋能正向调节社群生态嵌入与创新柔性的关系，验证假设 H5-3b。

模型 M3 检验社群生态嵌入与数据赋能的交互项对价值共创绩效的影响，结果显示 $PEE \times DE$ 系数为正且显著（$\beta = 0.121$，P < 0.01），即相较低数据赋能水平，在高数据赋能水平下，适度嵌入社群生态对创新柔性的提升效果更明显，验证假设 H5-11。

进一步采用 PROCESS 检验有调节的中介效应，将数据赋能在均值的基础上加减 1 个标准差，检验结果见表 5-17。数据赋能水平较低时，社群生态嵌入通过创新柔性提升价值共创绩效的间接效应为 0.071（95% 的置信区间为 [0.035，0.107]）；数据赋能水平较高时，其间接效应为 0.101（95% 的置信区间为 [0.051，0.151]）。无论数据赋能较低或是较高，社群生态嵌入通过创新柔性对价值共创绩效的影响均显著（置信区间不包含 0）。进一步地，检验了有调节的中介效应判定指标 INDEX，数据赋能为调节变量时，其 INDEX 值为 0.011，95% 的置信区间为 [0.005，0.019]，再次验证假设 H5-4c。

表 5-17 数据赋能调节的中介效应检验

中介变量	间接效应				有调节的中介效应			
	效应	标准误差	置信下限	置信上限	INDEX	标准误差	置信下限	置信上限
$\overline{DE} - SD_{DE}$	0.071	0.019	0.035	0.107				
$\overline{DE}$	0.086	0.022	0.042	0.128	0.011	0.004	0.005	0.019
$\overline{DE} + SD_{DE}$	0.101	0.026	0.051	0.151				

注：$\overline{DE}$ 表示数据赋能的均值；SD_{DE} 表示数据赋能的标准差。

5.3.4　研究结论与讨论

本书在"众创平台+社群生态"蓬勃发展的背景下，基于资源编排理论，立足于创业企业的特性，探讨创业企业如何突破资源束缚，并通过创新柔性能力的提升改善价值共创绩效。具体来说，引入社群生态嵌入作为资源获取和转化的新方式，引入创新柔性刻画资源运用能力，引入数据赋能作为实现资源连接和供需精准匹配的前提和基础，探讨上述行为对价值共创的作用机制，得到如下几点结论。

首先，嵌入互联网众创平台的社群生态有助于解决创业企业资源获取的问题，促进价值共创绩效的提升。创业企业存在创新资金不足、创新资源匮乏、创新风险高等问题，嵌入社群生态能在一定程度上弥补以上不足。作为社群生态中的重要成员，创业企业纵向可以嵌入生态内某一产业链，成为上下游的供应商或用户，横向可以通过产品互补嵌入优势企业，也可以获取生态资源池中丰富优质的创新资源。同时，嵌入生态降低了获取资源的时间和成本，提高了资源获取的质量和准确度，有助于价值共创能力的提升。这一观点与资源基础理论吻合。

其次，创业企业通过社群生态嵌入增加了创业企业的创新柔性能力，进而提升价值共创绩效。为提升运营绩效，本着精诚合作、互惠共赢原则，创业企业可以邀请社群生态内合作伙伴参与企业的研发、采购、生产、销售等价值链环节，开展产品研发、流程优化等多领域的创新合作。此外，数据赋能能够促进企业间信息共享和资源整合，对企业创新柔性有积极影响。高数据赋能水平的创业企业往往具有更高的连接能力、智能能力和分析能力，更有利于社群生态嵌入价值共创活动的开展和创新柔性的提升。

再次，数据赋能可为创业企业的资源转化创造条件，有助于其创新柔性的提升。虽然短期内数据赋能转型会增加企业成本，但长远来看，数据赋能提升了创业企业的连接能力、智能能力和分析能力，实现对用户需求的精准识别得以降低创新风险，对内促进跨部门的数据共享、协同作业得以优化业务流程，对外促进合作网络的交流交互和资源共享得以拓宽资源获取渠道，最终实现交付周期压缩、创新柔性提升。

最后，数据赋能对创业企业在社群生态嵌入的价值共创过程发挥了积极作用。数据赋能所体现出的连接能力、智能能力和分析能力能有效促进资源的转化以及资源与需求精准匹配，资源与能力的相互叠加促进势必大大提升创业企业的价值创造能力。

本书的理论贡献体现在如下几个方面。

首先，验证了社群生态嵌入对创业企业价值共创绩效的影响机制，拓展了嵌入式创新理论。目前，关于嵌入式创新的研究以网络嵌入理论为主，围绕结构性嵌入和关系性嵌入展开（路畅等，2019；Juntunen et al.，2019；赵凤等，2016；Kim & Sung，2020；Wamba et al.，2017），但在互联网众创平台构建的社群生态中，结构洞和网络中心度等指标并不适合刻画制造企业嵌入平台的程度。基于此，李平提出了嵌入式创新范式，初步构建了嵌入式创新的理论框架。本书是对该嵌入式创新范式的呼应，认为社群生态嵌入能弥补创业企业在创新过程中资源不足的问题，数据赋能所体现出的连接能力、智能能力和分析能力为资源转化创造条件，生态内企业价值共创活动的开展能够有效促进资源的利用，本书结论揭开了社群生态嵌入对价值共创绩效的影响机制"黑箱子"，丰富了嵌入式创新理论。

其次，推动了资源编排理论在互联网众创平台背景下的发展。已有的资源管理研究缺乏对资源管理全面、连贯的动态讨论，本书基于资源编排理论的过程视角，结合创业企业固有特性，引入社群生态嵌入作为构建资源组合的新形式、数据赋能作为实现资源连接和供需精准匹配的前提与基础、价值共创活动作为推动资源有效利用的新途径，进一步丰富了资源编排理论。

创业企业发展长期困囿于资源和能力，嵌入社群生态和数据赋能转型能有效解决这两大困境。本书对创业企业的管理启示体现在如下两个方面。

其一，适度嵌入社群生态，拓宽外部资源获取渠道。创业企业自身实力相对薄弱，无论是客户、供应商、技术、资金、信息等都可能成为压死其的"稻草"，通过适度嵌入社群生态，如海尔的COSMOPlat、阿里巴巴商业操作系统等，可助力其低成本、快速地获取创新发展所需资源。创业企业要积极通过与社群生态内的利益相关者开展多领域（技术、市场、产品、资本等）、多层次（研发、采购、分销、生产等）的价值共创活动，拓展资源获取渠道。

其二，加强数据管理，通过数据赋能提升企业自身能力。创业企业往往缺乏数据管理意识和数据管理能力，这在很大程度上造成企业数据堆砌、冗余，形成壁垒，表现为"信息孤岛"、沟通协调不畅、反应迟缓、有价值信息无法提炼等。在竞争激烈的当下，创业企业要树立前瞻的数据化战略，梳理内外的数据流程，构建系统的数据管理体系，通过实现数据标准化、智能化、联网化，真正让数据能说话、会说话，使其成为推动企业创新发展的核心助推器。

第 6 章

网络文化嵌入对平台价值
共创的影响

本章首先探索了网络文化嵌入的新构念，然后开发了网络文化嵌入的四维度量表，并以此为基础，探索了网络文化嵌入对创客和整体社群价值共创绩效的影响路径。其中，在对创客个体的研究中利用了基于优势的心理氛围和工作繁荣感两个中介变量，在对社群总体的研究中利用了知识共享为中介变量。

6.1 互联网众创平台的网络文化嵌入

6.1.1 文化嵌入理论与网络场景新构念

文化嵌入的概念最早是由保罗·迪马吉奥和莎朗·佐金（Paul Dimaggio & Sharon Zukin，1990）提出的，他们将文化嵌入作为与关系嵌入、结构嵌入、认知嵌入并列的一种重要嵌入类型，认为文化嵌入指共享的集体理解在塑造经济战略和目标上的约束，强调文化因素在影响经济关系和行为方面的重要性。第一位真正运用文化嵌入这一构念对集群进行实证研究的是艾·詹姆斯（AI James，2005），他指出文化嵌入是区域内企业普遍受区域文化的影响，将其转变为自身企业文化的一部分，并因而成为自身产业中共享的产业文化。文化嵌入的结果导致区域文化、区域产业文化和企业文化的交叠。

文化嵌入体现为不同的主体类型受不同层次文化的影响。沙因（Schein，1995）首先使用了"嵌入"一词来描述企业中员工受组织文化影响的社会化过程。从组织文化形成的影响因素看，企业内部特征、产业文化和社会文化等从微观到宏观层次的文化均会对组织文化的形成与差异产生影响。维斯和德尔贝克（Weiss & Delbecq，1987）在对企业文化差异的分析中指出，区域文化、区域产业文化会对该区域的企业文化带来影响。由此可见，组织文化的"嵌入"受到从宏观到微观、从外部环境到内部自身要素的影响，是一个受多层次、多主体影响的结果。

网络的快速发展对社会结构、社会关系产生了深刻影响，网络化生存、网络化生态逐步形成，在为文化发展提供机遇、生态和条件的同时，也为包括文化在内的方方面面带来了巨大的冲击和挑战。同时在实现网络大国向网络强国跨越的过程中，网络文化是网络精神文明、内容文明等建设的主体及先导。鉴于此，对网络文化的研究就变得非常重要。文化是什么？学界一直存在争议。在网络化时代逐步形成的网络文化，作为一种新型文化形态，该如何准确、科学地界定，更是一个难题。

网络文化与其他社会文化相比，具有哪些特点？对此，学者们分别从不同角度进行了分析和归纳。刘友红（1999）认为，网络文化独具非线性、自组织性、交互性、自由开放性及边缘化、多元中心性的特征。匡文波（1999）认为，第一，网络文化是以电子为介质的高科技文化；第二，网络文化是高时效性文化；第三，网络文化具有开放性；第四，网络文化具有交互性；第五，网络文化具有虚拟性。戚攻（2001）从网络文化具有的现实文化一般特性出发，对其自身基本特性进行了阐述，提出正是其自身特性，才是作用和影响现实文化的重要契机与根源。这些基本特征包括：第一，网络文化的虚拟性；第二，网络文化的开放性；第三，网络文化的互融性；第四，网络文化的易变性。王璐（2014）从时代特征角度出发，认为网络文化具有如下特征：开放的网络文化体系、平等的参与机会、迅速的内容传播和松散的网络制约机制。

传统情景中，对文化嵌入的认识有两种视角。一种是分析文化嵌入的内容维度，如魏江和郑小勇（2012）认为集群文化嵌入可以提炼为冒险精神、长期导向、情感信任、合作精神、开放程度和成就欲望共 6 个维度；另一种是分析文化嵌入的程度，如学者们提出的文化相似性、趋同性和文化邻近等概念。郑小勇和黄劲松（2017）认为探讨文化嵌入对价值共创绩效的影响，既要分析文化嵌入的内容，也要分析文化嵌入的程度，顾此失彼不利于透彻了解文化嵌入的影响，并针对集群文化提出了个体主义文化嵌入程度、权利距离文化嵌入程度、男性主义文化嵌入程度、不确定性规避文化嵌入程度四个维度。循此逻辑，在互联网众创平台构建的社群中，我们对网络文化嵌入的提炼也要兼顾内容和程度。

6.1.2 网络文化嵌入维度构建

与 4.2 节类似，我们采用扎根理论对"猪八戒网"、"一品威客网"、小米社群和海尔 HOPE 等互联网众创平台所建社群中的创客作为访谈对象，提炼网络文化嵌入的结构。理论抽样与数据获取与 4.2 节基本类似，不再赘述。

开放式编码过程中，首先，分 2 组对访谈资料独立编码，初始编码过程中，尽量用被访者的话语或短语进行编码，保证真实呈现网络文化嵌入的特征。其次，对相似的编码进行归并，删除存在冲突的编码，得到每个小组的最终编码结果。最后，2 个小组相互检查编码过程，并集体讨论，最终得到 44 个初始概念，如表 6 - 1 所示。

表 6 - 1　　　　　　　　开放式访谈概念编码示例

原始访谈资料示例	概念化编码	数量（个）
社群成员只有知识技能的不同，没有职务的高低，大家在一起交流可以取长补短。A_{11}	A_{11}没有身份偏见	12
该网站在选择方案时，有一套比较规范的程序，相对来说是公开透明的，这也是我加入该网站的主要原因之一。A_{12}	A_{12}程序公开透明	6
我感觉众创的好处就是在很大范围内，让大家的方案进行竞争，谁的方案更好、谁的资质更好，谁就能接到单。A_{13}	A_{13}超大范围竞争	15

续表

原始访谈资料示例	概念化编码	数量（个）
在虚拟环境下，只要不违反法律，大家可以随便发表自己的观点，不用担心打击报复。A_{21}	A_{21} 允许随意发言	7
社群内的很多成员都是业余爱好者，他们的很多方案可能不完善，但不影响大家的参与，这些不完善的方案可能蕴含大智慧。A_{22}（A_{31}）	A_{22} 容忍瑕疵方案	11
社群成员的来源范围很广，只要大家感兴趣，都可以加入进来，没有高低贵贱之分，这也是社群活跃的重要原因。A_{23}	A_{23} 成员来源多元	9
社群内的很多成员都是业余爱好者，他们的很多方案可能不完善，但不影响大家的参与，这些不完善的方案可能蕴含大智慧。A_{31}（A_{22}）	A_{31} 允许探索失败	12
在这个社群无论大家的性别、种族、学历，只要有共同兴趣，大家都可以在一起讨论问题。A_{32}	A_{32} 身份求同存异	13
社群提供的学习方式更加多元，包括了交流、研讨、试验和协作参与等。A_{33}	A_{33} 学习方式多元	10
每次参与回答，我很期望获得其他用户肯定，如果用心给出的答案没有被采纳，会有一段时间对问答比较消极。A_{41}	A_{41} 可以获得回报	13
我特别期待自己的答案引起提问者和社群其他人的评论，讨论出一些自己没有想到的内容。A_{42}	A_{42} 希望他人反馈	7
在虚拟创新社群中，这些志同道合的消费者畅所欲言，积极地参与主题讨论、发表独特见解。A_{43}	A_{43} 成员积极讨论	15

主轴编码对 44 个初始概念进行筛选、合并和分类，形成扎根理论的副范畴和主范畴，通过一致性检查最终得到 12 个副范畴和 4 个主范畴，如表 6 - 2 所示。

表 6 - 2　　　　　　　　　主范畴和副范畴

核心范畴	主范畴	副范畴	概念化编码
网络文化嵌入	包容性	包容氛围	身份包容、和而不同、用人所长、百家争鸣
		多元共存	方式多元、职业多元、地位多元、区域多元
		鼓励探索	包容失败、瑕疵创新、鼓励参与、创新导向

核心范畴	主范畴	副范畴	概念化编码
网络文化嵌入	交互性	合作导向	鼓励合作、关系治理、协同共赢、生态效应
		成员互动	互动效果、用户互动、圈层互动、社群沟通
		反馈响应	结果预期、互动响应、善意回复、交流方式
	公平性	程序公平	公平竞争、程序规范、措施合理
		过程公平	处理规范、公平解决、公开透明
		分配公平	报酬公平、权责对等、风险分担、利益共享
	自主性	环境宽松	畅所欲言、言论自由、时间自由、空间自主
		自主参与	公众参与、进出自由、主观意愿
		自我决定	各尽所能、坚持自我、发挥优势

其中，包容性表示在众创平台中只要能完成任务或者提供的建议有意义，而不论成员身份、观点、方案和资源来源是什么的一种宽容氛围；公平性指在众创平台的社群中重能力、任务面前人人平等的情景，感知公平反映了求真、开放、平等、协作、分享的互联网精神；自主性是社群中的去中心化、去集权化情景，包括可以自由表达心情、发表观点，没有压力，无拘无束等；交互性是社群成员之间，社群成员与平台企业、生态企业之间的交流与反馈程度等。

网络文化嵌入刻画了社群空间的特征：一方面回答了为什么创客愿意沉浸在网络社群之中；另一方面也说明社群尽力维护这一氛围的原因，该氛围既作为一种状态，也作为一种调节因素。

6.1.3　网络文化嵌入测度量表开发

（1）量表题项收集。

根据扎根研究发现，由于众创平台的运营主要基于网络环境，因此网络文化的一些特征必然会体现在社群成员间的交流上，这些特征主要表现为包容、互动、公平和自主四个维度。一方面，根据郑小勇、黄劲松（2017）的观点，文化嵌入既要分析文化嵌入的内容，也要分析文化嵌入的程度，顾此失彼不利于透彻了解文化嵌入的影响；另一方面，在不同的众创平台社群中，由于平台管理方的管理制度、社群规范惯例等不尽相同，因此会导致网络文化嵌入的程度不尽相同，因此我们拟采用包容性、互动性、公平性和自主性四个维度。

类似虚拟工作嵌入测项的收集，我们首先利用中国知网、Web of Science、EBSCO 等中外数据库展开文献搜索。通过对既有文献的查阅，提取有关包容性、互动性、公平性和自主性的现有量表的题项，通过翻译—回译、场景修改、去同存异等环节，筛选提及率大于33%的题项得到如表 6 - 3 所示的 19 个题项。

表 6 - 3　　　　　　　　　文献筛选的网络文化嵌入测项

维度	测项	提及频率（%）
包容性	PTO_1 在该社群中，成员经常平等地分享观点、互相学习	69
	PTO_2 成员间有一种健康的百家争鸣的氛围	75
	PTO_3 社群积极鼓励大家提出不同的想法和方案	85
	PTO_4 社群对各创客提供的想法或方案进行评价时，主要基于该想法和方案本身，而非提出者是谁	69
	PTO_5 成员们提供的有价值的想法都会被借鉴或讨论	75
互动性	PIN_1 成员能对感兴趣的主题积极交换意见	81
	PIN_2 成员能够很方便地分享彼此的经验和感受	83
	PIN_3 社群中交流很充分，感觉时间过得很快	86
	PIN_4 大家经常和社群成员就某一主题进行共同探讨	76
	PIN_5 大家经常通过合作找到解决问题的途径	76
	PIN_6 从社群中可以获得所需要的信息和相关资料	70
公平性	PFA_1 对于我提交的大多数方案而言，我的报酬是合理的	40
	PFA_2 众创平台或合作方对我提交方案的评价是合理的	51
	PFA_3 平台会关心我对方案评审的意见或建议	39
	PFA_4 社群的各项规章制度对大家来说是平等的	46
自主性	PFR_1 在该社群我能自由决定我该做什么	67
	PFR_2 在社群我可以对我的工作或行为负责	78
	PFR_3 在完成众创项目时我们自由决定具体进度	85
	PFR_4 在该社群我可以自由安排我的时间	90

接着，类似虚拟工作嵌入的题项收集过程，在相关社群获得34份半结

构化访谈资料的基础上，对相关访谈内容中的关键词和关键句进行了提炼，剔除了与表 6 - 3 语义重复的项目，又另外得到 15 项作为量表的新增项目，如表 6 - 4 所示。

表 6 - 4　　　　　　　　半结构化访谈追加的网络文化嵌入测项

维度	测项	陈述数量（份）
包容性	PTO_6 社群中无论成员的性别、种族、学历，只要有共同兴趣，都可以一起讨论问题	22
	PTO_7 社群提供的交流方式非常多元化	20
	PTO_8 即便是不完善的想法和方案也不影响大家的参与	23
	PTO_9 社群内有很多业余爱好者	26
互动性	PIN_7 我经常与社群网友交流感情，并加他们为好友	18
	PIN_8 我在该社群中的发帖可以得到他人回复	14
	PIN_9 社群组织的一些社会活动，大家能积极参加	16
	PIN_{10} 该社群大家发言踊跃，比较热闹	27
	PIN_{11} 参与社群的交流，我经常会忘记烦恼	23
公平性	PFA_5 该网站在筛选方案时，相对来说是公开透明的	23
	PFA_6 该社群较好地体现了公平竞争的精神	19
自主性	PFR_5 在社群内只要不违反法律，大家可以随便发表自己的观点	25
	PFR_6 在社群中大家不用担心被打击或报复	23
	PFR_7 对于参与的众创项目，我可以按照自己的想法试着完成	21
	PFR_8 在该社群，要不要与他人合作，我可以自由决定	17

（2）预测试样本。

根据表 6 - 3 和表 6 - 4 建立网络文化嵌入 4 个维度 34 个测量条目的量表，并采用李克特 7 点量表填答，其中 1 代表"非常不同意"、7 代表"非常同意"。类似虚拟工作嵌入的问卷发放方式，共收回问卷 381 份，在剔除有明显填答规律和漏填的问卷后，共得到有效问卷 249 份，有效率为 65.4%。调查样本中，男性占 74.3%；年龄在 21 ~ 30 岁之间的占 64.3%，31 ~ 40 岁之间的占 23.3%；未婚者为 158 人，占 63.5%；学历为大专及以下的占 21.8%，本科或硕士占 51.4%，博士占 26.8%；参与众创社群不足 1 年的占 59.0%，1 ~ 3 年的占 23.7%，3 年以上的占 17.3%。

（3）项目提纯。

分析每个题项的临界比率值——CR 值，显示 PTO_6、PTO_9、PIN_1、PIN_3、PIN_{11}、PFR_4 共 6 个题项的临界比率值 CR 未达到显著差异水平，即被试者在这些题项上的打分区分度不大，将它们删除后，剩余的 28 个测项均达到显著差异水平（$5.234 < t < 17.321$），代表该 28 个测项构成的量表具有区分高低的鉴别能力，内在一致性较高。各项目与总分的相关也达到了 0.05 的显著水平，相关系数均高于 0.3（$0.367 < r < 0.657$），说明各题项鉴别力都比较好，内在一致性高。

测量每个测项与其他测项的相关系数，结果发现 PIN_6、PIN_7、PFR_2 三个测项与本维度其他测项的相关系数小于 0.3，予以删除。类似虚拟工作嵌入的方法，量表建构过程保证了问卷具有较好的内容效度，未发现不合格的测项。

对剩余的 25 个测项，本章应用最常用的信度指标——Cronbach's α 评价量表的一致程度，根据普遍采用的标准，α 值应至少达到 0.7。本次网络文化嵌入 4 个维度的 α 分布为 0.836、0.876、0.861、0.845，整个量表的 α 值为 0.827，均符合大于 0.7 的要求。此外，本章还计算了各个潜变量的组合信度，上述各个因子的 CR 值分别为 0.858、0.878、0.858、0.884，均达到了非常好或极佳的水平。由此，说明量表具有良好的内部一致性信度。

采用类似前面的方法分析各测项在相关因子上的载荷，根据共同度不低于 0.4，总测量项目解释方差不低于 60% 的原则，项目 PTO_1、PF_5 的共同度未达到 0.4 的标准，项目 PTO_2、PIN_{10}、PFA_4、PFA_1 出现了多重负荷的情况。因此，将这 6 个项目删除。

对余下的 19 个题项进行探索性因子分析，KMO 值为 0.845，Bartlett's 球状检验的显著性水平为 0.000，表示本调查数据适合做因子分析。随后，本章用 SPSS22.0 软件包对数据进行主成分分析和正交旋转，根据特征值大于 1 的标准，共提取了 4 个成分因子，累计方差解释率达到了 70.313%，因子负荷均大于 0.733（见表 6-5），并且未见有多重负荷的现象，这些结果表明因子分析的结果是理想的。

如表 6-5 所示，因子 1 由 PIN_2、PIN_4、PIN_5、PIN_8、PIN_9 识别，根

据前面的量表筛选和半结构化访谈，可知因子 1 正好是互动性；因子 2 由 PFA_1、PFA_2、PFA_3、PFA_5、PFA_6 识别，代表公平性；因子 3 由项目 PTO_3、PTO_4、PTO_5、PTO_7、PTO_8 识别，代表包容性；因子 4 由 PFR_3、PFR_6、PFR_7、PFR_8 识别，代表自主性。

表 6 - 5　　　　　网络文化嵌入旋转后的因子成分分布

项目	成分			
	因子 1	因子 2	因子 3	因子 4
PTO_3	0.202	0.201	**0.749**	0.155
PTO_4	0.046	0.169	**0.787**	0.114
PTO_5	0.139	0.224	**0.778**	0.142
PTO_7	0.135	0.114	**0.743**	0.249
PTO_8	0.150	0.190	**0.733**	0.111
PFA_1	0.106	**0.752**	0.203	0.279
PFA_2	0.181	**0.804**	0.188	0.165
PFA_3	0.131	**0.810**	0.161	0.108
PFA_5	0.181	**0.789**	0.153	0.193
PFA_6	0.186	**0.767**	0.253	0.099
PFR_3	0.129	0.242	0.169	**0.798**
PFR_6	0.236	0.204	0.174	**0.799**
PFR_7	0.189	0.194	0.180	**0.803**
PFR_8	0.149	0.103	0.189	**0.806**
PIN_2	**0.778**	0.209	0.184	0.160
PIN_4	**0.797**	0.089	0.120	0.157
PIN_5	**0.801**	0.157	0.121	0.110
PIN_8	**0.800**	0.123	0.079	0.102
PIN_9	**0.827**	0.179	0.170	0.216

提取方法：主成分
旋转法：具有 Kaiser 标准化的正交旋转法
旋转在 5 次迭代后收敛

在表 6-6 中，对角线上的数字为网络文化嵌入每一个维度的 AVE 的平方根值，其他数字为各维度之间的相关系数。可以看出，各潜变量中最小的 AVE = 0.575，大于判别标准 0.50，此外，每一维度的 AVE 值的平方根都明显大于任何两个维度之间的相关系数，表明各维度具有较好的区分效度。

表 6 - 6 网络文化嵌入各维度区分效度

变量	PTO	PFA	PFR	PIN
PTO	(0.758)			
PFA	0.492 **	(0.784)		
PFR	0.455 **	0.473 **	(0.801)	
PIN	0.384 **	0.419 **	0.432 **	(0.800)

注：** 表示 P < 0.01。

（4）量表与样本。

网络文化嵌入的测量采用修正后的量表，共 19 个题项，如表 6 - 7 所示。量表采用李克特 7 点计分。调研公司在"猪八戒网"、海尔 HOPE 平台向众创社群中的创客发放问卷，共回收 1500 份，有效问卷 1267 份，样本特征如虚拟工作嵌入的样本特征。

表 6 - 7 网络文化嵌入测度修正量表

维度	测项
包容性	CTO_1 社群积极鼓励大家提出不同的想法和方案
	CTO_2 社群对各创客提供的想法或方案进行评价时，主要基于该想法和方案本身，而非提出者是谁
	CTO_3 成员们提供的有价值的想法都会被借鉴或讨论
	CTO_4 社群提供的交流方式非常多元化
	CTO_5 即便是不完善的想法和方案也不影响大家的参与
互动性	CIN_1 成员能够很方便地分享彼此的经验和感受
	CIN_2 大家经常和社群成员就某一主题进行共同探讨
	CIN_3 大家经常通过合作找到解决问题的途径
	CIN_4 我在该社群中的发帖可以得到他人回复
	CIN_5 社群组织的一些社会活动，大家能积极参加
公平性	CFA_1 对于我提交的大多数方案而言，我的报酬是合理的
	CFA_2 众创平台或发包企业对我提交方案的评价是合理的
	CFA_3 平台会关心我对方案评审的意见或建议
	CFA_4 该网站在筛选方案时，相对来说是公开透明的
	CFA_5 该社群较好地体现了公平竞争的精神

续表

维度	测项
自主性	CFR_1 在完成众创项目时我们自由决定具体进度
	CFR_2 在社群中大家不用担心被打击或报复
	CFR_3 对于参与的众创项目，我可以按照自己的想法试着完成
	CFR_4 在该社群，要不要与他人合作，我可以自由决定

（5）因子结构。

为了检验网络文化嵌入的因子结构，表6-8对比了4因子模型与其他备择模型的拟合优度。从表6-8可以看出，相对于其他模型，4因子拟合优度最好，再次说明各变量间的区分效度良好，因此接受网络文化嵌入的四维度结构。

表6-8 网络文化嵌入验证性因子分析

模型	χ^2/df	RMSEA	SRMR	TLI	CFI
单因子模型	26.007	0.141	0.088	0.684	0.719
二因子模型[a]	17.967	0.116	0.073	0.758	0.811
二因子模型[b]	19.808	0.122	0.075	0.762	0.790
三因子模型[a]	9.128	0.080	0.051	0.897	0.910
三因子模型[b]	9.483	0.082	0.056	0.893	0.907
四因子模型	0.911	0.001	0.014	0.967	0.969

注：单因子模型：$ICTO + ICIN + ICFA + ICFR$；二因子模型[a]：$ICTO + ICIN + ICFR$、$ICFA$；二因子模型[b]：$ICTO + ICFR$、$ICIN + ICFA$；三因子模型[a]：$ICTO + ICFR$、$ICIN$、$ICFA$；三因子模型[b]：$ICTO + ICFA$、$ICFR$、$ICIN$；四因子模型：$ICTO$、$ICIN$、$ICFA$、$ICFR$。

各潜变量的一致性信度、相关系数和AVE值如表6-9所示。可见，网络文化嵌入内部4个维度的相关系数在0.520~0.555之间，均属中高相关；各维度间的相关系数小于对应维度AVE的平方根，表明各维度之间具有良好的区分效度。另外，从CFA结果来看各维度都相互独立存在，并不因为以上相关关系的存在而需要合并。α系数在0.854~0.886之间，组合信度在0.853~0.878之间，都在0.70以上，表明问卷具有较好的预测稳定性和结构可靠性。

表6–9 网络文化嵌入相关分析与信效度分析

变量	ICTO	ICIN	ICFA	ICFR
ICTO	(0.733)			
ICIN	0.525**	(0.768)		
ICFA	0.535**	0.555**	(0.757)	
ICFR	0.520**	0.539**	0.533**	(0.778)
均值	3.96	4.04	3.97	4.00
标准差	0.83	0.89	0.87	0.90
组合信度CR	0.853	0.878	0.870	0.860
一致性α	0.854	0.886	0.886	0.877

注: ** 表示 P < 0.01。

6.2 网络文化嵌入对创客价值共创绩效的影响

6.2.1 假设提出与模型构建

（1）网络文化嵌入对创客价值共创绩效的影响。

结合以往研究成果，本书认为网络文化嵌入是指创客的价值共创活动必将嵌入众创平台社群独特的网络文化当中，从而不可避免地受到这些网络文化的影响。创客价值共创绩效是属于创客个体层面的价值共创绩效，包括创客提交的新颖且实用的、被发包企业认可的、能为其带来收益的想法、方案，或是在互联网众创平台内表现出的能激发其他创客个体价值共创绩效的价值创造行为。例如，在众创平台社群内发布与价值共创活动相关的帖子或评论的行为等。

对于网络文化嵌入与创客价值共创绩效之间的关系，本书从以下四个维度进行分析。首先，从包容性维度。在中国情境下，包容性文化具有"包"和"容"两个含义（Tang，2015），其中，"包"是对异己事物接纳和开放的能力与程度；"容"指对个体失败或所犯差错的宽容与谅解。因此，具有包容性网络文化的互联网众创平台对事物差异性的接受度更高，能通过吸引不同背景创客的进入来促进多样性知识和资源的汇聚、共享和碰撞，有利于激发出更多新想法和新观点。创客的创新创业活动具有很高的不确定性和失败风险，是一个不断试错的过程，但是人们对差错的消极态度会对双创产生不利影响。而具有包容性网络文化的互联网众创平台社群会对创客价值共创过程中出现的失败和差错持宽容态度，这不仅会提升创客的心理安全感，使其集中于创新并大胆尝试新的知识和方法（张苏串、陈立新，2021），还会促进创客对差错进行学习和沟通，从而积累更多的知识、技能和经验，使价值共创活动更加接近成功。其次，从互动性维度。创新创业活动并非孤立的个体构建的，而是在社会互动中建构和维持的（沈超红等，2021）。由于互联网众创平台社群的互动性网络文化为创客营造了一个进行交流沟通的互动环境，能促进创客多样化知识、信息等资源的碰撞和整合，从而有利于引发群体智慧的涌现，产生新的创意或价值共创方案（孙妮妮等，2020）；而且，良好的互动也有利于创客形成强烈的社群归属感和认同感（姜鑫、杨皎平，2018），促使创客积极主动地参与互联网众创平台中的价值共创活动。再次，从公平性维度。互联网众创平台公平性网络文化主要体现为选决标过程中的程序公平，以及提供合理报酬或奖励的分配公平。从程序公平角度而言，透明、公平的选决标程序避免了社群生态企业欺骗行为的产生（钟祥喜，2018），这在一定程度上会提高创客对社群生态企业的信任水平，进而进行更多的价值共创活动。从分配公平角度，感知分配公平的创客会有更高的满意度和创新活力；同时分配公平也意味着劳动得到了合理的回报，这向创客传递了一种更多付出就会有更多回报的观点，会促使创客加大工作投入（杨月坤、杨惠，2021），从而正向预测价值共创绩效。最后，从自主性维度。结合自主性定义（Breaugh，1985）和价值共创实践，本书认为互联网众创平台自主性网络文化主要体现在创客能自由自愿地选择价值共创项目，以及在价值共创活动按时完成的前提下，自由选择工作方法和安排具体任务进度等方面。一方面，创客基于自身知识、经验、优势或兴趣等自主自愿选择价值共创活动的方式，其本质就是对创客优势和智慧的充分利用，因此更可能取得创新成功。基于互联网技术，互联网众创平台赋予了创客更大的自主行动空间（黄国宾，2012），这为其提供了更多的创新便利性（王玉峰等，2021），能有效激发创客的价值创造行为。另一方面，由于社群生态企业通过众创平台等渠道发布任务信息、设置任务要求，并不会强调任务完成的具体过程，因此创客可以按照任务要求尝试不同的工作方法来完成价值共创活动，这有利于创客创新思维和想法的拓展（吴颖宣等，2018），从而产生意想不到的创新成果。因此基于上述分析，本书提出如下假设：

H6-1：网络文化嵌入性越强，创客价值共创绩效越高。

（2）基于优势的心理氛围的中介作用。

基于优势的心理氛围是员工对组织中正式或非正式的，关于识别、开发、使用和欣赏员工优势与天赋的政策、实践和流程的感知（Peterson & Seligman，2014），属于个人认知（任华亮，2015）。因此本书将基于优势的心理氛围视为个体心理过程变量。

根据 SOR 理论模型（Breaugh，1985），网络文化嵌入作为一种重要的组织情境因素，可能会通过影响基于优势的心理氛围这一心理过程变量，进而对创客价值共创绩效这一机体反应结果产生影响。网络文化嵌入有利于创客基于优势的心理氛围的形成。智慧和知识是个体优势的体现（Peterson & Seligman，2014），依托互联网技术，互联网众创平台能实现大量具备不同知识和能力的创客在网络上的有机集聚（严杰，2021），这是互联网众创平台包容性网络文化的充分体现。在包容性网络文化情境下，社群生态企业利用创客所具有的知识、经验或智慧等优势帮助企业解决创新难题、提供创意方案的过程，实质就是利用和发挥创客优势的过程。从互动性维度而言，互动开拓了一条多样化知识、资源或经验的获取通道（徐奕红，2019），是个体优势开发的一条重要途径。由于在互联网众创平台互动性网络文化情境下，创客间能进行深度互动和沟通，因此有利于创客形成社群利于自身优势开发的感知。互联网众创平台允许创客结合自身知识、智慧或优势等选择性地参与价值共创活动，这赋予了创客更多利用和发挥自身优势的自主性；同时这种允许创客结合自身优势选择价值共创活动的创新形式也充分展示了互联网众创平台对创客优势和智慧的重视与利用，有利于创客形成良好的关于优势利用的感知。

此外，项目创意是创客自身知识、经验和智慧的成果体现，互联网众创平台选决标程序的公平、公正，以及能对创客所提交方案提供合理奖励的公平性网络文化也能体现出互联网众创平台对创客创新成果和智慧的尊重与肯定。因此根据基于优势的心理氛围定义，结合上述分析，本书认为互联网众创平台包容性、互动性、自主性和公平性网络文化嵌入，有助于提高创客关于互联网众创平台对其优势开发、重视和利用的感知，进而形成基于优势的心理氛围。

基于优势的心理氛围是创客对互联网众创平台关于其优势干预的感知，是互联网众创平台支持和重视创客优势利用与发挥的体现，这种支持会激发创客回报互联网众创平台的内在工作动机（孙柯意、张博坚，2019），提升创客创新意愿，进而实施更多的价值创造行为；同时这种支持也会促进创客在工作中的优势使用行为（Van Woerkom et al.，2016）。而研究表明，在工作场所中充分利用自身优势的员工往往会有更好的表现或结果（Ding & Yu，2020）。一方面，优势的使用能激发创客的兴趣和热情，使创客感受到最真实的自己，在工作中也更加积极和有活力，进而投入更多的努力、时间和精力，产生更多新颖、实用的创新方案或创意。另一方面，优势的使用在一定程度上可以更好地实现人岗匹配（汪海霞、王娜娜，2021），使其更容易获得创新成功；同时这些成功经验的不断积累也有助于创客自我效能感的提升（林新奇、丁贺，2019），使创客在创新过程中以及在解决工作中遇到的困难和障碍时更有信心，从而催生出更多价值创造行为。此外，优势的使用可以帮助创客轻松熟练地完成创新任务，提高创新效率，减轻其创新时间压力（林新奇、丁贺，2019），使创客产生积极的情绪体验（汪海霞、王娜娜，2021），进而促进价值共创绩效的提高。因此，本书提出如下假设：

H6-2：基于优势的心理氛围中介了网络文化嵌入与创客价值共创绩效的关系。

（3）工作繁荣的中介作用。

工作繁荣是个体在工作中同时体验到活力和学习的心理状态（Spreitzer et al.，2015），其中活力维度代表个体工作活跃和热情的状态，学习维度代表个体获取和利用知识与技能树立信心的能力。根据 SOR 理论模型，本书认为互联网众创平台的网络文化嵌入可能会通过工作繁荣这一心理状态对创客价值共创绩效产生影响。

　　从包容性维度而言，具有包容性网络文化的互联网众创平台会对创新过程中出现的错误或失败表现出宽容，允许创客进行多次尝试，这会促进创客学习积极性的提高，并不断进行改进（王朝晖，2018）。从互动性维度而言，互联网众创平台的互动性网络文化给创客提供了一个交流与沟通的互动环境，这在一定程度上能促进创客之间的互动学习；同时良好的互动也会增加创客与其他成员间的联系，进而激发出工作活力（王朝晖，2018）。从自主性维度来说，自主性网络文化赋予了创客较高的工作自主性，使创客可以基于兴趣或优势自由自愿地选择价值共创活动，并在工作方法和进度安排上拥有较大的自主权。这种基于兴趣而非被迫的工作更可能激励创客主动地学习新知识和技能，从而在工作中体验到活力和成长（吴郁雯等，2019；Nix et al.，1999）；同时这种自主性也会激发创客的独立思考，增强个体的认知活力（严瑞丽，2021）。自主性也会对个体学习产生影响，如邱（Chiu，2014）通过实证研究表明个体工作自主性会通过影响员工的学习态度，进而促进个体学习积极性的提高。从公平性维度而言，互联网众创平台在创意方案选择过程中所体现出来的程序公平以及提供合理奖励报酬的分配公平，会通过增强创客对社群生态企业的信任水平以及传递给创客一种多劳多得的观点，激发创客的内在动机，从而促进创新活力的提高。工作繁荣社会嵌入模型（Spreitzer，2005）也指出，嵌入在鼓励自主决策、享有自主裁量权、信息广泛共享以及信任和尊重的气氛中的个体更可能产生动因性工作行为，进而达到繁荣状态。

　　对于工作繁荣与价值共创之间的关系已有较多学者进行了研究，认为工作繁荣正向预测员工的价值创造行为和工作绩效。根据工作繁荣的定义，达到繁荣的个体在工作中会具有更高的活力和学习能力，而研究表明有活力的个体在工作中往往拥有充沛的精力和坚韧不拔的精神，并且能够自觉自愿地投入到工作中（韩翼、魏文文，2013），因此工作绩效也较高。而且工作繁荣的活力维度与内生动机息息相关，是促进个体创新的主要驱动力（王朝晖，2018），能有效促进个体创新。此外，达到繁荣的创客在工作中也会具有更高的学习和发展趋向，因此创客很可能为了绩效的提升而采取不同的学习方法，学习更多新技能、新能力以及新知识（吴江秋等，2019），从而推动价值创造行为的产生并确保创新成功。因此，本书提出如下假设：

H6 – 3：工作繁荣中介了网络文化嵌入性与创客价值共创绩效的关系。

（4）基于优势的心理氛围和工作繁荣的链式中介作用。

基于优势的心理氛围和工作繁荣并不是相互独立的，现有研究已间接表明了基于优势的心理氛围与创客工作繁荣感正相关。基于优势的心理氛围是创客关于社群对其优势重视、支持和肯定的感知，有利于创客形成社群生态企业积极促进和鼓励个人优势应用的认知（Van Woerkom，2016），因此创客会尽可能地和频繁地在工作中利用他们的优势。另有学者认为优势的使用和发挥有利于个体在工作中体验到更强的活力和学习（Linley & Harrington，2006），因此本书认为基于优势的心理氛围有利于创客工作繁荣感的产生。从活力维度而言，自身优势的发挥能够使创客很轻松地应对和解决创新中的困难，这意味着创客在解决创新困难的过程中消耗的能量也相对较少，因此具有较高基于优势的心理氛围的创客会在创新过程中具有更高的能量和活力。另外，作为一种积极的活动，优势的利用有助于创客释放和实现自身的全部潜力，并引发一些积极情绪，促使个人在工作中体验到一种充满活力、兴奋和愉悦的感觉（Meyers，2015）。同时优势的使用也会使创客在工作中更加得心应手，产生较高的工作胜任感，进而在工作中表现出更高的能量与活力（李悦、王怀勇，2017）。从学习维度而言，一方面，优势的利用和发挥增强了创客创新成功的信心以及应对挫折的能力，使创客产生积极的工作体验，而这种积极体验又会反过来激励创客产生更多的学习行为以取得进一步成长和发展；另一方面，优势的使用有助于激发创客的兴趣、喜好和热情，使其体验到一种真实感，进而促进他们对新事物的学习和吸收（Essop Mahomed，2020）。活力和学习是工作繁荣的两个维度，因此基于上述分析，本书提出如下假设：

H6 – 4：基于优势的心理氛围和工作繁荣在网络文化嵌入与创客价值共创绩效之间具有链式中介作用。

（5）理论模型构建。

互联网众创平台是以互联网为支撑的新型创新创业孵化组织和价值共创平台，越来越多的企业开始选择建立或嵌入互联网众创平台来进行价值共创活动，并取得了不错的创新成效。学者们对其影响创新的机制进行了深入探讨，认为互联网众创平台由于促进了用户间的互动（孙妮妮等，2021）、知识和创意等资源的共享和获取（蒋旋等，2021）而带来了价值共创绩效的提高，但是这些研究却忽略了对组织尤其是对互联网众创平台这一对创客缺乏约束管制权的线上组织来说具有重要意义的情境因素——文化嵌入可能发挥的作用。文化嵌入概念是由祖金和迪马吉奥（Zukin & DiMaggio）于1990年提出的，学者们对其进行了大量研究，通过文献梳理发现，以往对文化嵌入的研究主要集中在线下实体组织（吴颖宣等，2018）和集群企业（郑小勇、黄劲松，2017），且主要是基于组织的某种文化特性或在以往学者对文化嵌入维度划分的基础上进行的（郑小勇、黄劲松，2017）。随着互联网技术的发展，众多线上组织或平台快速发展，并形成了独特的网络文化，因此若将以往关于文化嵌入影响创新的研究结论照搬到互联网众创平台这一线上组织，或采用以往文化嵌入维度的划分来对互联网众创平台这一线上组织进行研究，会脱离实际。杨皎平和荆菁（2021）基于线上组织提出了网络文化嵌入的概念，因此本书借鉴其研究，从网络文化嵌入的包容性、自主性、公平性、互动性四个维度来探究其对创客价值共创绩效的作用机制。

在文化嵌入与价值共创间作用机制的研究中，大多数学者关注了组织层面因素在其中的作用，而很少从个体层面来探究其作用机制。SOR理论模型指出，外部情境因素会通过个体心理反应对个体行为或结果产生影响（Mehrabian & Russell，1974）。由于本书的被解释变量创客价值共创绩效是属于个体层面的结果变量，是个体有效行为的体现，解释变量网络文化嵌入是重要的情境因素，可能通过作用于个体的心理过程对创客价值共创绩效产生影响。因此为弥补现有研究的不足，本书基于SOR模型，创新性地从个体心理层面来剖析网络文化嵌入对创客价值共创绩效的影响机制。互联网众创平台是利用互联网汇聚和利用大众智慧进行创新的组织形式，实质是对大众优势的充分利用。即使在同一社群环境下，不同创客个体对组织重视、利用和肯定的感知也可能不同，凡·沃尔科姆（Van Woerkom）等将这种个体对组织识别、开发、欣赏和使用他们才能、优势的感知定义为基于优势的心理氛围，这是一种重要的心理过程。因此互联网众创平台中创客对组织关于其优势的重视和利用等的感知可能会对创客价值共创绩

效产生影响。同时，创客价值共创绩效作为个体层面有效价值创造行为的
体现，与创客自身的工作状态密切相关。工作繁荣作为员工在工作中同时
体验到学习和活力的状态，是积极工作状态的核心表现之一。而且工作繁
荣的社会嵌入模型也指出情境因素是工作繁荣的重要前因变量。因此，本
书基于 SOR 理论模型，从积极心理学视角引入基于优势的心理氛围和工作
繁荣两个个体心理层面变量作为中介变量。虽然两个变量均属于心理过程
变量，但考虑基于优势的心理氛围是创客对互联网众创平台关于其优势重
视的感知，属于心理过程的前期阶段，而工作繁荣是个体的心理状态，属
于心理过程的中后期，因此本书构建了基于优势的心理氛围在前、工作繁
荣在后的链式中介模型，来探究网络文化嵌入与创客价值共创绩效的影响
机制。结构模型如图 6 - 1 所示。

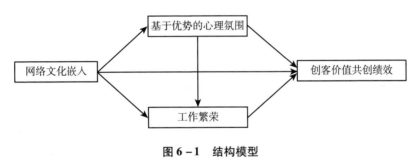

图 6 - 1　结构模型

6.2.2　研究设计与数据收集

（1）构念测量。

本研究主要探讨互联网众创平台的网络文化嵌入与创客价值共创绩效
之间的关系，以及基于优势的心理氛围和工作繁荣的中介作用，共涉及网
络文化嵌入、基于优势的心理氛围、工作繁荣、创客价值共创绩效四个关
键变量量表。除了本书开发的网络文化嵌入的量表，对其余变量的测量均
是结合研究实践，通过对国内外相关成熟量表进行修改和完善形成最终量
表的基础上进行的。本研究问卷调查采用李克特 7 点计分法，被调查者选
出最符合自己真实情况的选项。网络文化嵌入（VCE）和创客价值共创绩
效（VMP）的量表如前所述，除此之外，其余变量的测度如下。

基于优势的心理氛围（*SPC*）。借鉴沃尔科姆等（Woerkom et al.，2016）开发的量表对该变量进行测量，共包含 3 个维度 12 个题项。

工作繁荣（*TW*）。由于波拉斯等（Porath et al.，2012）开发的工作繁荣量表已被国内外学者认可并得到广泛运用，形成了成熟的量表，因此本书也直接使用该测量量表对工作繁荣变量进行测量。

参照以往研究，本书选取性别（*Gen*）、年龄（*Age*）、受教育程度（*Edu*）、众创社群参与时间（*Time*）4 个因素作为控制变量。选取这 4 个控制变量的原因如下：①一般来说，男性比女性具有更高的创新潜能，因此在价值共创绩效方面可能具有不同的表现；②对于年龄来说，由于身体机能和学习能力的不同，年纪较大的个体相对于年轻个体，思维相对缓慢，创新能力下降，在价值共创绩效方面也会有差异；③受教育程度越高，越有可能在互动过程中与其他创客进行思想上的碰撞，产生创新想法或方案，因此该因素也会对创客价值共创绩效产生影响；④众创平台参与时间越长，越有可能积累更多价值共创经验，更有利于创客更好地完成价值共创活动。其中，性别分为"男"和"女"；年龄主要划分为 5 个阶段，具体包括"18～25 岁""26～35 岁""36～45 岁""46～55 岁""55 岁以上"；受教育程度划分为"高中/中专及以下""大专""本科""硕士""博士及以上"5 个阶段；众创平台参与时间划分为"3 个月以下""3～6 个月""7～12 个月""1～2 年""2 年以上"。

（2）样本选择。

研究选取"猪八戒网"为研究情境，以其中的创客为调查对象进行问卷的发放与收集。这主要考虑以下三个原因：第一，本研究探讨的是包容性、互动性、公平性、自主性网络文化嵌入对创客价值共创绩效的影响，而"猪八戒网"是我国最大、最典型的互联网众创平台，成立的时间最早，发展也相对更加完善，因此在自变量网络文化嵌入的各维度上可能有更好的表现。同时，选取"猪八戒网"这一互联网众创平台，也保证了线上线下组织文化间的差异性最大，更能清晰地探明网络文化是否是影响创客价值共创绩效的因素之一。第二，"猪八戒网"的用户群体基数大，更有利于数据的收集。第三，"猪八戒网"是中国最成功的互联网众创平台之一，为雇主和服务商创造了巨大的价值，通过对"猪八戒网"用户的研究能够更加全面地了解互联网众创平台在中国的应用现状，同时也能使研究结果具有更强的推广和借鉴意义。

（3）数据收集。

本研究采用问卷调查的方式收集研究数据，考虑调查的样本过多以及调查的便利性，本研究主要采用线上渠道借助电子问卷进行数据的收集。研究主要以众创平台"猪八戒网"为样本，以嵌入其中的创客为调查对象进行问卷的发放和收集，具体细节如下：①通过"猪八戒网"发布问卷调查任务，吸引创客积极参与；②利用众创平台的人才库，邀请相关用户参与问卷的填写；③通过"猪八戒网"网站的留言功能向创客发送问卷链接或电子问卷，邀请创客参与问卷调查。本次调研共回收问卷 508 份，剔除回收问卷中漏填、选项完全一致、IP 地址相同等无效问卷后，共得到 432 份有效问卷，问卷有效回收率为 85%。

本次调研所获得的有效样本的描述性统计如表 6 - 10 所示，主要包括性别、年龄、受教育程度和众创平台参与时间四个方面。

表 6 - 10　　　　　　　　　有效样本描述性统计分析

样本特征	测量指标	数量（份）	百分比（%）
性别	男	298	69.0
	女	134	31.0
年龄	18~25 岁	58	13.4
	26~35 岁	202	46.7
	36~45 岁	126	29.2
	46~55 岁	38	8.8
	55 岁以上	8	1.9
受教育程度	高中/中专及以下	16	3.7
	大专	58	13.3
	本科	243	56.3
	硕士	94	21.8
	博士及以上	21	4.9
平台参与时间	3 个月以下	27	6.2
	3~6 个月	92	21.4
	7~12 个月	118	27.3
	1~2 年	141	32.7
	2 年以上	54	12.4

6.2.3 数据分析与假设检验

（1）同源偏差检验与共线性分析。

采用 Harman 单因素检验法对数据进行同源偏差分析。将研究中 4 个关键变量的所有测量题项放在一起以特征值大于 1 为特征进行因子分析，结果显示：未旋转的单因子最大方差解释率为 43.878%，低于 50% 的阈值，这表明本研究并不存在严重的同源偏差问题。同时，由验证性因子分析结果也可知，四因子模型各拟合指标明显优于单因子模型，因此不存在严重的同源偏差问题，不会对实证结果造成影响。此外，本书使用方差膨胀因子（VIF）来判断各变量之间是否存在多重共线性问题，结果显示：各变量的 VIF 值均未超过 3 这一临界值，表明各变量间多重共线性问题并不严重，排除了多重共线性问题对实证结果的影响。

（2）信度与效度分析。

信度和效度分析分别用于检验问卷数据的可靠性与有效性，这是数据处理的前提和必要条件，是保证测量质量的关键。

首先，对于信度检验。由于一个潜变量具有多个测度题项且往往是比较相似的，因此从理论上来讲，当问卷填写人对该变量问题的回答是相似或相同时，表明该问卷具有较好的可靠性。通常采用 Cronbach's α 值来对问卷的可靠性进行判断，一般而言，$\alpha < 0.5$，表明数据可靠性较低；$0.5 < \alpha < 0.7$，表明数据的可靠性较好；$\alpha > 0.7$，则表明问卷具有较强的可靠性，非常适合进行下一步数据分析处理。

其次，对于效度检验。效度检验用来检验问卷考察内容和待测量变量特征之间的吻合性，一般包括内容效度、收敛效度和区分效度。对于内容效度的评估，网络文化嵌入和创客价值共创绩效测量量表是在相关研究基础上，借助调研和专家访谈资料进行多次开发、修订和完善而成的，而另外两个变量的测量均借鉴了成熟量表，因此认为本书的测量量表均具有较高的内容效度。对于收敛效度，通常采用复合效度（CR）、平均抽取方差（AVE）和因子标准载荷三个指标来衡量。一般认为 CR 值应大于 0.7，AVE 应大于 0.5，因子载荷应大于 0.7。当这三个指标都满足要求时，表明测量量表具有良好的收敛效度。对于区分效度，一般采用验证性因子分析法进行检验。在进行因子分析之前，首先要进行巴特利特球形检验，通常在巴特利特显著性低于 0.05，同时 KMO 值大于 0.7 的情况下，才适合进一步做因子分析。在验证性因子分析指标中，χ^2/df 小于 5 表明区分效度可接受，小于 3 表明区分效度较好；SRMR、RMSEA 值应小于 0.08；GFI、NFI、CFI、IFI 大于 0.8 可接受，大于 0.9 较好。

　　本书综合运用 SPSS26.0 和 Mplus7.4 统计软件，对量表的信效度进行检验，以保证数据的合理性和科学性，结果如表 6-11 和表 6-12 所示。由表 6-11 可知，各变量的 Cronbach's α 值均大于 0.7，表明各量表内部一致性较好，信度水平较高。同时，各变量的 CR 值均大于 0.7，AVE 值均大于 0.500，所有题项的因子载荷值均大于所建议的 0.7 的临界水平，由此可知各量表均具有较好的收敛效度。

表 6-11　　　　　　　　　　　　信效度分析结果

变量维度	题项	α 系数	因子载荷	CR 值	AVE 值
VCE	$VCE_1 \sim VCE_{19}$	0.950	$0.878 \sim 0.909$	0.950	0.792
SPC	$SPC_1 \sim SPC_{12}$	0.928	$0.755 \sim 0.828$	0.929	0.619
TW	$TW_1 \sim TW_{10}$	0.883	$0.754 \sim 0.800$	0.900	0.599
VMP	$PEIP_1 \sim PEIP_5$	0.909	$0.714 \sim 0.828$	0.910	0.627

表 6-12　　　　　　　　　　变量区分效度的验证性因子分析

模型	χ^2/df	RMSEA	SRMR	CFI	TLI
单因子：$VCE + SPC + TW + VMP$	14.224	0.145	0.109	0.632	0.605
两因子：VCE、$SPC + TW + VMP$	8.729	0.119	0.097	0.765	0.748
三因子：VCE、$SPC + TW$、VMP	5.617	0.094	0.080	0.856	0.845
四因子：VCE、SPC、TW、VMP	1.834	0.044	0.042	0.968	0.967

　　注：VCE 表示网络文化嵌入，SPC 表示基于优势的心理氛围，TW 表示工作繁荣，VMP 表示创客价值共创绩效。

　　进一步地，本书采用验证性因子分析对本研究中网络文化嵌入、基于优势的心理氛围、工作繁荣与创客价值共创绩效 4 个变量间的区分效度进行检验，结果见表 6-12。由表可知：四因子模型中各指标均达到合格模型的临界值要求，并且四因子模型的拟合度显著优于其他三个模型（$\chi^2/df = 1.724$，CFI = 0.979，TLI = 0.978，RMSEA = 0.033，SRMR = 0.031），因此本书中 4 个研究变量的区分效度较好。同时,由 6 – 12 可知,所有变量 AVE 的平方根均大于该构念与其他构念的相关系数,进一步表明模型的区分效度较好。

(3) 相关性分析。

相关性分析的目的在于检验变量之间的相关程度,一方面可以为书中的研究假设提供初步支持,另一方面能粗略判断是否存在多重共线性问题。在统计学中,一般采用相关系数 r 来分析变量间的相关程度。r 的取值范围为 [1, 1],若 r 值为负值,表明变量间是负向相关关系;若 r 值为正值,表明变量间是正向相关关系;$|r|$ 越接近 1,相关度越强。

本书运用软件 SPSS26.0 对研究中包括控制变量在内的所有变量进行了 Pearson 相关性检验,相关性分析结果如表 6 – 13 所示。由表可知,网络文化嵌入(包容性、互动性、自主性、公平性)与基于优势的心理氛围、工作繁荣、创客价值共创绩效之间的 Person 相关系数分别为 0.590 (P < 0.01)、0.539 (P < 0.01) 和 0.498 (P < 0.01);基于优势的心理氛围、工作繁荣与创客价值共创绩效之间的 Person 相关系数分别为 0.547 (P < 0.01) 和 0.539 (P < 0.01);基于优势的心理氛围与工作繁荣之间的 Person 相关系数为 0.572 (P < 0.01)。各变量间均具有显著的相关关系,初步支持了书中的研究假设。此外,表中各相关系数均小于 0.6,基本可排除变量之间的多重共线性可能。

表 6 – 13 各变量的相关系数

变量	Gen	Age	Edu	Time	VCE	SPC	TW	VMP
Gen	1							
Age	0.038	1						
Edu	− 0.050	0.030	1					
Time	0.017	− 0.025	− 0.077	1				
VCE	0.066	0.147 **	0.058	0.123 *	(0.890)			
SPC	0.184 **	0.345 **	0.106 *	0.153 **	0.612 **	(0.787)		
TW	0.162 **	0.315 **	0.098 *	0.118 *	0.542 **	0.584 **	(0.774)	
VMP	0.252 **	0.338 **	0.054	0.098 *	0.520 **	0.559 **	0.541 **	(0.792)

注: * 表示显著性水平 P < 0.05,** 表示显著性水平 P < 0.01;对角线括号内为 AVE 平方根。

虽然相关性分析为书中研究假设提供了初步支持，但是无法从根本上说明模型中各变量间具有因果关系，即不能说明网络文化嵌入、基于优势的心理氛围、工作繁荣、创客价值共创绩效 4 个变量间存在因果关系，因此本研究综合采用逐步回归分析法和 Bootstrap 法对变量间的因果关系进行验证，主要包括主效应、单独中介效应和链式中介效应的检验。

（4）网络文化嵌入对创客价值共创绩效的主效应检验。

本研究运用软件 SPSS 26.0 采用线性回归分析法对网络文化嵌入和创客价值共创绩效之间的关系进行检验，即对假设 H6－1 进行检验。首先，将性别、年龄、受教育程度、平台参与时间 4 个控制变量作为自变量，将创客价值共创绩效作为因变量纳入回归模型构建基准模型3；其次，将控制变量和网络文化嵌入同时纳入回归模型得到模型4，具体回归分析结果见表6－14。由表可知，网络文化嵌入与创客价值共创绩效显著正相关（$\beta = 0.288$，$P < 0.001$），假设 H6－1 得到了验证。

表6－14　　　　　　　　　　逐步回归结果

变量	SPC	TW	VMP					
	模型 1	模型 2	模型 3	模型 4	模型 5	模型 6	模型 7	模型 8
控制变量								
Gen	0.080 ***	0.062 ***	0.132 ***	0.120 ***	0.092 ***	0.100 ***	0.098 ***	0.103 ***
Age	0.116 ***	0.093 ***	0.151 ***	0.125 ***	0.085 ***	0.094 ***	0.092 ***	0.096 ***
Edu	0.031 **	0.027 *	0.025	0.021	0.014	0.016	0.015	0.016
Time	0.059 **	0.039	0.064 **	0.034	0.026	0.022	0.035	0.026
自变量								
VCE	0.330 ***	0.254 ***		0.288 ***		0.197 ***		0.191 ***
中介变量								
SPC					0.468 ***	0.270 ***		
MP							0.542 ***	0.335 ***
R^2	0.556	0.477	0.280	0.472	0.456	0.513	0.458	0.524
ΔR^2				0.192 ***	0.176 ***	0.233 ***	0.178 ***	0.244 ***
F 值	109.383	81.477	36.314	79.617	76.772	80.534	74.641	78.782

注：＊表示显著性水平 $P < 0.05$，＊＊表示显著性水平 $P < 0.01$，＊＊＊表示显著性水平 $P < 0.001$。

（5）基于优势的心理氛围和工作繁荣的单独中介效应检验。

本书首先采用巴伦和肯尼（Baron & Kenny，1986）提出的"三步式"

中介效应检验法对基于优势的心理氛围和工作繁荣的单独中介效应进行检验，具体结果如表 6-14 所示。关于基于优势的心理氛围的中介效应检验：首先，检验网络文化嵌入对基于优势的心理氛围的影响，结果如模型 1 所示，网络文化嵌入显著正向影响基于优势的心理氛围（$\beta = 0.330$，P < 0.001）；其次，检验基于优势的心理氛围对创客价值共创绩效的影响，结果如模型 5 所示，基于优势的心理氛围显著正向影响创客价值共创绩效（$\beta = 0.468$，P < 0.001）；最后，检验基于优势的心理氛围的中介作用，将网络文化嵌入、基于优势的心理氛围同时纳入回归方程，对创客价值共创绩效进行回归分析，结果如模型 6 所示，可以发现，加入基于优势的心理氛围变量后，网络文化嵌入（$\beta = 0.197$，P < 0.001）和基于优势的心理氛围（$\beta = 0.291$，P < 0.001）对创客价值共创绩效均具有显著正向影响，虽然网络文化嵌入对创客价值共创绩效的影响效应从 0.288（95% 区间为 [0.239，0.321]）下降到了 0.197（95% 区间为 [0.137，0.233]），仍然是显著的。由此可知，基于优势的心理氛围部分中介了网络文化嵌入对创客价值共创绩效的影响，假设 H6-2 得到了验证。同理，本书采用相同的方法对工作繁荣的中介作用进行检验。首先，检验网络文化嵌入对工作繁荣的影响，结果如模型 2 所示，网络文化嵌入显著正向影响创客的工作繁荣（$\beta = 0.254$，P < 0.001）；其次，检验工作繁荣对创客价值共创绩效的影响，结果如模型 7 所示，工作繁荣显著正向影响创客价值共创绩效（$\beta = 0.542$，P < 0.001）；最后，检验工作繁荣的中介作用，将网络文化嵌入、工作繁荣同时纳入回归方程，对创客价值共创绩效进行回归分析，结果如模型 8 所示，可以发现，加入工作繁荣变量后，网络文化嵌入（$\beta = 0.191$，P < 0.001）和工作繁荣（$\beta = 0.335$，P < 0.001）对创客价值共创绩效均具有显著正向作用，虽然网络文化嵌入对创客价值共创绩效的影响效应从 0.288（95% 区间为 [0.239，0.321]）下降到了 0.191（95% 区间为 [0.141，0.238]），仍然是显著的。由此可知，工作繁荣在网络文化嵌入与创客价值共创绩效间发挥部分中介作用，假设 H6-3 得到了验证。

同时，为弥补传统中介检验方法的不足，本书采用近年来中介效应的主流检验方法 Bootstrap 法，对基于优势的心理氛围和工作繁荣的中介效应进行进一步验证。Bootstrap 法是在同一批样本中，有放回的重复抽样的方法，即将原始样本当作有放回取样的总体，之后从这个总体中重复抽样，以获取和原始样本相似的 Bootstrap 样本。本研究借助 SPSS 26.0 PROCESS 宏程序，重复抽样 5000 次并构建 95% 的无偏差校正置信区间，结果如表 6-15 所示。由表可知，基于优势的心理氛围的中介效应值为 0.147，95% 的置信区间为 [0.113，0.184]，不包括 0，说明基于优势的心理氛围具有显著的中介作用；加入基于优势的心理氛围变量后，网络文化嵌入对创客价值共创绩效的直接效应值为 0.174，95% 的置信区间为 [0.122，0.2227]，不包括 0，进一步验证了基于优势的心理氛围在网络文化嵌入影响创客价值共创绩效过程中存在中介作用，假设 H6-2 成立。同理，工作繁荣的中介效应值为 0.130，95% 的置信区间为 [0.100，0.162]，不包括 0，说明工作繁荣具有显著中介作用；加入工作繁荣变量后，网络文化嵌入对创客价值共创绩效的直接效应值为 0.191，95% 的置信区间为 [0.140，0.241]，不包括 0，进一步验证了工作繁荣在网络文化嵌入影响创客价值共创绩效过程中存在中介作用，假设 H6-3 成立。

表 6-15　基于优势的心理氛围与工作繁荣的单独中介路径系数检验结果

中介路径	直接效应			中介效应		
	效应值	95% 置信区间		效应值	95% 置信区间	
		下限	上限		下限	上限
$VCE \to SPC \to VMP$	0.174	0.122	0.227	0.147	0.113	0.184
$VCE \to TW \to VMP$	0.191	0.140	0.241	0.130	0.100	0.162

（6）基于优势的心理氛围和工作繁荣的链式中介效应检验。

链式中介模型是指存在两个或两个以上的中介变量，且多个中介变量之间具有顺序性的模型，是多重中介模型的一种。链式中介是一种相对复杂的中介类型，不宜采用以往单一中介检验方法进行检验，海耶斯（Hayes，2013）开发了 Bootstrap 中介效应检验方法，成为链式中介的主流检验方法，因此本研究借鉴此方法，运用 SPSS PROCESS 宏程序，对基于优势的心理氛围和工作繁荣在网络文化嵌入与创客价值共创绩效之间的链式中介效应进行检验。对有效样本进行 5000 次重复抽样，并构建 95% 的中介效应置信区间，具体结果如表 6-16 所示。由表可知，基于优势的心理氛围的中介效应值为 0.075，95% 置信区间为 [0.038，0.102]，不包含 0，表明中介效应显著，假设 H6 - 2 得到进一步验证。同理，工作繁荣的中介效应值为 0.043，95% 置信区间为 [0.029，0.070]，不包含 0，表明中介效应显著，假设 H6 - 3 也得到进一步验证。基于优势的心理氛围和工作繁荣在网络文化嵌入影响创客价值共创绩效中的链式中介效应值为 0.019，95% 置信区间为 [0.016，0.034]，不包含 0，表明基于优势的心理氛围和工作繁荣这两个变量具有显著的链式中介作用，假设 H6 - 4 成立。

表 6 - 16　　　　　　　　链式中介效应检验（Bootstrap = 5000）

作用路径	间接效应		
	效应值	95% 置信区间	
		下限	上限
直接效应：VCE→VMP	0.149	0.101	0.201
路径 1：VCE→SPC→VMP	0.075	0.038	0.102
路径 2：VCE→TW→VMP	0.043	0.029	0.070
路径 3：VCE→SPC→TW→VMP	0.019	0.016	0.034

（7）各条路径大小的比较。

通过分析不同中介路径效应占总效应的百分比可以得知不同路径在网络文化嵌入转化为创客价值共创绩效过程中的相对重要性。其中，网络文化嵌入通过基于优势的心理氛围影响创客价值共创绩效的中介效应占总效应的 24.516%，通过工作繁荣影响创客价值共创绩效的中介效应占总效应的 17.097%，通过基于优势的心理氛围→工作繁荣路径影响创客价值共创绩效的链式中介效应占总效应的 8.387%。由上述三条不同中介路径效应占总效应的比值可知，基于优势的心理氛围发挥的中介作用最大。

（8）链式中介序列的稳健性分析。

本书调换基于优势的心理氛围和工作繁荣在互联网众创平台的网络文化嵌入与创客价值共创绩效之间的顺序构建了两个 SEM 模型，以此来检验模型中链式中介变量序列顺序的稳健性。通过模型拟合结果可知，网络文化嵌入→基于优势的心理氛围→工作繁荣→创客价值共创绩效模型的拟合指标，明显优于网络文化嵌入→工作繁荣→基于优势的心理氛围→创客价值共创绩效模型的拟合指标。这表明基于优势的心理氛围在前、工作繁荣在后的顺序能更好地解释网络文化嵌入创客价值共创绩效的转化机制。

6.2.4 研究结论与展望

本研究基于 SOR 理论模型，从积极心理学角度引入基于优势的心理氛围和工作繁荣两个心理过程变量，构建了网络文化嵌入影响创客价值共创绩效的作用机制模型，并基于 432 份互联网众创平台创客问卷调查数据对研究假设进行了验证，得到以下几点结论。

（1）互联网众创平台的网络文化嵌入有利于创客价值共创绩效的提升。

这一结论表明互联网众创平台的网络文化嵌入是创客价值共创绩效的重要影响因素之一，即互联网众创平台内创客具有较高的价值共创绩效不仅仅是因为互联网众创平台能通过促进创客间的知识共享等激发创新想法的产生，还在于网络文化能潜移默化地对创客的价值创造行为进行规制（黄河，2018）。具体而言，在包容性网络文化情境下，互联网众创平台吸引了众多创客的进入，并促进了多样化知识、想法等创新资源的汇聚，而互动性网络文化为创客间基于多样化创新知识和资源的沟通、学习和互动提供了一个良好环境，能促进创新想法的产生；同时包容性网络文化对差错和失败的宽容态度，也会提高创客的心理安全感，促使创客进行更多的创新尝试。另外，互联网众创平台的自主性网络文化赋予了创客在价值共创活动选择以及对价值共创活动进度安排方面的自主性，能使创客充分发挥自身的优势和兴趣，激发创新激情。同时在公平性文化情境下，互联网众创平台在选决标程序方面的公平性以及对创客所提交方案报酬的合理性，都会使创客感受到互联网众创平台对其的重视和信任，从而产生更多的价值创造行为。

（2）互联网众创平台的网络文化嵌入可以通过提升创客的基于优势的心理氛围以及工作繁荣感来促进创客价值共创绩效的提升。

首先，从基于优势的心理氛围路径来说，在包容性网络文化情境下，互联网众创平台吸引众多创客进入，并利用创客所具有的多样化知识和创新资源来帮助社群生态企业解决创新难题或提供解决方案的过程，实质就是对创客优势的充分利用；同时互动性网络文化促进了创客间的互动学习和交流，有利于创客优势的进一步开发；而且自主性网络文化赋予了创客在价值共创活动选择和进度安排方面的自主性，能使创客充分利用和发挥自身的优势和兴趣，激发内在创新动机和热情；另外互联网众创平台在选决标程序以及提供合理报酬方面所体现的公平性网络文化，也能传递出社群对创客优势的尊重和肯定，能促进创客基于优势的心理氛围的提升，进而在价值共创活动中充分利用和发挥自身优势以提高价值共创绩效。其次，从工作繁荣路径来说，具有包容性、互动性网络文化的互联网众创平台能为创客营造一种相互沟通学习的环境；同时互联网众创平台公平性和自主性网络文化能激发创客的创新活力与激情，有利于促使创客达到工作繁荣状态。达到工作繁荣状态的创客在价值共创活动中有更充沛的精力和学习动力，能更好地投入到价值共创活动中，进而促进创客价值共创绩效的提高。

（3）基于优势的心理氛围、工作繁荣在互联网众创平台的网络文化嵌入与创客价值共创绩效关系中发挥链式中介作用。

这是对 SOR 理论模型的进一步拓展，引入基于优势的心理氛围和工作繁荣两个不同心理过程阶段的变量构建了一个链式中介模型来揭示网络文化嵌入与创客价值共创绩效之间的关系。一方面，优势的利用可以通过消耗较少的能量、挖掘自身潜力以及增强创客的工作胜任感来提高其在创新过程中的活力；另一方面，创客优势的运用还可以通过使创客产生积极的工作体验以及激发其兴趣和热情来促进其学习行为，从而使创客达到工作繁荣。

本书的实证分析结果对管理实践具有一定的启示作用：第一，互联网众创平台应该注重并营造良好的网络文化，并通过网络文化等软因素来规制创客的价值创造行为以实现创新；同时创客也应加强自身对互联网众创平台网络文化的嵌入程度，从而激发创新热情和内部动机。对传统组织而言，企业可以通过设置正式制度或政策来约束员工行为以提高价值共创绩效，但是对于互联网众创平台这种各成员之间是松散的合作关系的组织来说（肖薇等，2019），由于缺乏与创客之间的契约关系，对创客没有一般组织对员工的管制权，因此传统组织中的管理制度和方法在互联网众创平台中已不能发挥作用。因此，本研究成果对互联网众创平台的价值共创实践具有重要的指导意义，即互联网众创平台可以从硬性管理规范和制度的互补角度出发，通过营造良好的网络文化软因素来规制创客的价值共创行为，通过激发创客参与价值共创的激情和活力来实现价值共创绩效的提升。

第二，在管理实践中，互联网众创平台应关注创客的心理层面因素，围绕创客基于优势的心理氛围和工作繁荣感，采取措施促进创客产生积极的心理体验或状态，激发其创新创业激情和活力。创客基于优势的心理氛围不仅可以源于互联网众创平台对创客优势重视和肯定的网络文化，还能通过优势干预手段来激发。例如，互联网众创平台可以对价值共创活动完成较好的创客给予更多的奖励，或将其完成的价值共创活动作为创意示例，供其他创客学习和参考，以激发创客对社群关于其优势重视的感知程度，产生基于优势的心理氛围。同时，互联网众创平台还要注重调动创客在创新创业过程中的学习热情和活力，推动其投入更多的精力去参与价值共创。

6.3　网络文化嵌入对社群价值共创绩效的影响

6.3.1　研究假设与模型构建

（1）网络文化嵌入与社群价值共创绩效。

基于网络文化嵌入的包容性维度，借鉴包容性组织的研究，在团队层面，团队包容感对团队决策质量（景保峰、周霞，2017）、团队绩效（Wiebren et al.，2014）存在正向影响。在组织层面，包容性人力资源实践（Stephan et al.，2016）对组织绩效存在正向影响；有关包容型领导的研究也发现，包容型领导通过容纳他人，以开放的心态接纳多元化的成员，包容与认可成员在专业知识、价值观以及信仰方面的差异（彭伟、金丹丹，2018），可以提高团队创造力。在上述文献的研究基础上，本章认为由于互联网众创平台的社群具有高开放性特点，跨区域、跨领域和跨阶层的知识与信息资源在社群汇聚，当社群的文化包容性较强时，互联网众创平台就可以融合不同知识为生态企业提供创新方案。因此，基于开放式创新的角度，多元化的知识和资源融合可以提高价值共创绩效。另外，当社群的包容性氛围较强时，就会鼓励接包方与创客之间相互沟通交流，通过不同知识的碰撞进而提高众创项目的价值。基于上述分析，本书提出如下假设：

H6－5a：互联网众创平台某社群的网络文化嵌入的包容性越强，该社群的价值共创绩效越高。

基于网络文化嵌入的互动性维度，营销战略中的互动导向理论指出，互动导向强调企业与顾客个体互动，针对每个顾客进行信息收集、加工、整理和分析，企业在互动过程中能够提炼客户需求和偏好方面的知识，能够从顾客处获得创意，进而发现新机会，提高创新能力。朱毅等（2012）通过实证研究发现互动导向正向影响企业的探索和开发能力；赵莉等（2017）基于团队互动的视角，指出团队良好的建言氛围能激发整个团队的发散性思维和创意思考，通过争辩和交流不同的问题解决方法和思路，并主动寻找在团队中实施创意方案的途径，从而提升团队创造力。互动性维度虽然与营销战略的互动导向不完全相同，其主要强调的是社群成员之间的互动、平台与成员之间的互动的整体文化氛围，但与互动导向类似，网络文化的互动性氛围使得互联网众创平台对成员间的异质性信息进行加工、整理和分析，进而发现新机会，提高整个社群成员的整体创新创业能力。另外，有关社会互动的研究也指出组织之间的互动能够使组织间分享许多资源、知识或者学习经验，创造有利于新知识应用和开发的环境。在上述研究的基础上，本书提出如下假设：

H6－5b：互联网众创平台某社群的网络文化嵌入的互动性越强，该社群的价值共创绩效越高。

基于网络文化嵌入的公平性维度，组织行为学中与之类似的概念被称为公平性氛围。很多学者探讨了公平性氛围对雇员的组织承诺、公民行为、团队绩效等个体或团队层面的变量的影响，如张汉鹏等（2014）的研究发现，产品研发团队公平氛围在团队层面改善了大家的关系，在资源分配、任务分配、目标制定过程中更利于准确信息的传递，因此有利于团队价值共创绩效的提高；另外研究还发现团队凝聚力充当了公平氛围与价值共创绩效的中介变量。按照学者们对公平性氛围结果研究的逻辑，当互联网众创平台某社群的公平性较强时，社会成员间的关系更好，更愿意传递真实信息、真实知识，因此更能有效发挥开放式创新的优势；另外根据公平启发理论，当社群的公平性较强时，即便社群成员之间相互不太了解，也会根据公平的感知决定是否合作，因此公平性有利于社群的凝聚力，进而有利于价值共创活动的开展。基于上述分析，本书提出如下假设：

H6－5c：互联网众创平台某社群的网络文化嵌入的公平性越强，该社群的价值共创绩效越高。

基于网络文化嵌入的自主性维度，在组织行为中与之相近的概念有工作自主性和自我决定感的自主感（或自治感）维度。其中，工作自主性是指一种工作在自由度、独立性和灵活性方面的程度，自主感是指自己对自己行为的自由决定程度。文化嵌入的自主性维度则主要指网络文化鼓励自由、自主决定自己言行的程度，是一个环境性或氛围性的变量。虽然三个概念的应用背景、研究视角和变量层次存在差别，但核心思想具有一致性。关于工作自主性的实证研究表明从事自主性较强的工作时，员工会对工作活动产生更强烈的兴奋感和对完成这些工作任务的兴趣，而这种兴奋感会促进创造力的提升；阿玛尔和朱尼贾（Amar & Juneja，2008）的研究发现，对于新想法和创造力来说，员工需要拥有决定如何分配工作时间以及如何进行工作的自主权。关于自我决定感的研究指出知识型员工和顾客具有更高的自主需求、自主感时会增加员工的组织承诺（赵慧娟、龙立荣，2016）、促进顾客的融入（樊帅等，2019）。遵循上述逻辑，网络文化的自主性维度倡导人的自由发展，在网络环境中人们可以自主地表达思想，从而使各种思想在网上碰撞、交流或融合，这对于提高人的认知效率、广度和深度都会产生积极影响，从而调动人的创造性，因此对于社群的价值共创绩效具有重要的促进作用。基于上述分析，本书提出如下假设：

H6－5d：互联网众创平台某社群的网络文化嵌入的自主性越强，该社群的价值共创绩效越高。

（2）知识共享的中介作用。

知识共享是个体相互交换知识并共同创造新知识的过程，它涉及知识拥有者和知识接收者两个方面。知识拥有者能将拥有的相关知识以某些形式传递或发送，而知识接收者则以某些形式去感受或者接收所传达的知识。如前所述，知识共享的影响因素除了个人因素和技术因素之外，环境因素十分重要，而网络文化就是非常重要的环境因素。

首先，针对网络文化的包容性维度。许梅枝、张向前（2019）的研究指出，当团队成员感知到团队包容型氛围时，员工之间更易于建立相互信任和支持的关系，更容易主动进行知识共享。钟熙、付晔和王甜（2019）的研究认为，包容性的领导有利于员工内部身份的感知从而增加员工之间的知识共享。由此可以判断网络文化的包容性越强，越有利于创客之间的知识共享。其次，针对网络文化的互动性维度。杜鹏程、姚瑶和房莹等（2018）的研究认为，员工在社会互动中会增强与他人的社会联结，维系在社会网络中的成员会增多，进而促进相互之间的知识共享。王莉、任浩（2013）的研究更是发现虚拟社群的消费者互动对知识共享的质量和数量均具有显著正向影响。与之同理，在互联网众创平台社群中的创客感受到的互动性越强，知识共享程度也理应越强。再次，针对网络文化的公平性维度。叶宝忠（2014）认为制度公平可以有效促进初创小微型企业成员之间的知识共享。朱宾欣等（2020）更是以虚拟社群为例发现解答者公平关切心理能降低实施共享知识激励机制的门槛，并提升发包企业最优知识共享激励程度。由此可知社群的公平性文化嵌入有利于激励成员间的知识共享。最后，针对网络文化的自主性维度。苏伟琳、林新奇（2019）认为工作自主性对员工的知识共享有显著的正向影响。理查德和奥尔德汉姆（Richard & Oldham，1974）研究指出工作自主性越高，越能够帮助员工体会到自身所承担工作的意义和价值，从而产生更高水平上的内在动机，并加深员工知识共享的意愿。基于类似逻辑，互联网众创平台某社群的自主性文化嵌入程度越高，社会成员的工作动机、积极性也就越高，从而也愿意相互之间共享知识。

关于知识共享与价值共创绩效的关系是一个经典话题，很多学者从不同侧面进行了研究，绝大多数研究均指出知识共享对价值共创绩效具有非常重要的促进作用。例如，龙勇、汪谷腾（2018）认为模块化组织知识共享对价值共创绩效具有重要的促进作用，并分析了知识共享的作用机制；郭韧、周飞和林春培（2018）的研究指出知识共享氛围促进了员工的建言行为从而有利于组织的管理创新；于晓敏、李佳贞和单伟（2017）更是通过元分析发现中国情境下知识共享与价值共创绩效显著相关，与国际同类研究的结论基本一致。因此我们有理由相信互联网众创平台的知识共享同样有利于互联网众创平台的社群价值共创绩效。基于以上分析，本书提出如下假设：

H6-6a：知识共享中介了文化嵌入的包容性与社群价值共创绩效的关系；

H6-6b：知识共享中介了文化嵌入的互动性与社群价值共创绩效的关系；

H6-6c：知识共享中介了文化嵌入的公平性与社群价值共创绩效的关系；

H6-6d：知识共享中介了文化嵌入的自主性与社群价值共创绩效的关系。

综上分析，得到如图6-2所示的理论模型。

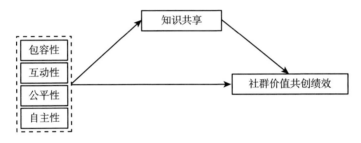

图6-2 网络文化嵌入与互联网众创社群价值共创绩效

6.3.2 研究设计与数据分析

（1）问卷与变量。

与第4章相同，以小米互联网众创平台、海尔 HOPE 平台、"猪八戒网"和"一品威客网"4个众创平台为研究背景，经过70天的数据收集，共获取1267份有效问卷。根据创客参与的众创平台和价值共创项目类型的不同，将1267份数据分为45个组，每组对应一个细分的互联网众创平台，每个细分社群的成员数量居于20~33个之间。

问卷分为两个部分，第一部分是正式测量题项，第二部分是基本统计信息。其中，正式测量分为"包容性、互动性、公平性和自主性""社群价值共创绩效、知识共享"等测量模块，测量采用李克特7级量表（除特殊说明外，1代表非常不同意，7代表非常同意）。其中，"包容性、互动性、公平性和自主性"采用笔者自己开发的量表，共计19个题项；社群价值共创绩效（*COIP*）参考林素芬（2015）的量表，共包括人气、数量和质量 3 个维度，涉及 11 个题项；知识共享借鉴王楠（2019）的量表，分为显性知识共享和隐性知识共享两个维度，共计 8 个题项，样本的描述统计特征与第 4 章相同，从略。

（2）信度与效度分析。

使用调查问卷数据，在假设检验前，需要进行量表的信效度检验，结果如表 6 - 17 所示。使用 Cronbach's α 评估内部一致性，所有构念的 Cronbach's α 值都在 0.846 以上，超过了 0.6 的推荐值，说明每个构念的内部一致性较高。

表 6 - 17　　　　　　　　　　　　信效度检验

构念	题项	载荷
包容性（*COT*） Cronbach's α = 0.859 CR = 0.860 AVE = 0.552	社群积极鼓励大家提出不同的想法和方案	0.757
	对某方案进行评价时，主要基于方案本身	0.727
	成员们提供的有价值的想法都会被借鉴或讨论	0.796
	社群提供的交流方式非常多元化	0.714
	即便是不完善的想法和方案也不影响大家的参与	0.717
互动性（*CIN*） Cronbach's α = 0.846 CR = 0.869 AVE = 0.570	成员能够很方便地分享彼此的经验和感受	0.693
	大家经常和社群成员就某一主题进行共同探讨	0.750
	大家经常通过合作找到解决问题的途径	0.776
	我在该社群中的发帖可以得到他人回复	0.798
	社群组织的一些社会活动，大家能积极参加	0.754
公平性（*CFA*） Cronbach's α = 0.871 CR = 0.871 AVE = 0.576	对于我提交的大多数方案而言，我的报酬是合理的	0.725
	众创平台或发包企业对我提交方案的评价是合理的	0.739
	平台会关心我对方案评审的意见或建议	0.701
	该平台在筛选方案时，相对来说是公开透明的	0.826
	该社群较好地体现了公平竞争的精神	0.797
自主性（*CFR*） Cronbach's α = 0.855 CR = 0.856 AVE = 0.597	在完成价值共创项目时我们自由决定具体进度	0.822
	在社群中大家不用担心被打击或报复	0.764
	对于参与的价值共创项目，我可以按照自己的想法试着完成	0.741
	在该社群，要不要与他人合作，我可以自由决定	0.762

续表

构念	题项	载荷
社群价值共创绩效（*COIP*） Cronbach's $\alpha = 0.924$ CR = 0.925 AVE = 0.530	很多企业或个人在社群发布价值共创项目	0.679
	社群的创客数量很多	0.784
	社群成员参与价值共创项目很活跃	0.806
	社群每天成交的价值共创项目数量很多	0.715
	该社群内我所知道的创客中标率平均来说都很高	0.698
	该社群内我所知道的创客报酬平均来说都很高	0.678
	该社群在国内是知名的互联网众创平台	0.697
	该社群的管理水平较高	0.766
	该社群合作交易的诚信度较高	0.708
	很多著名企业在该社群发布创新任务	0.767
	该社群创客的平均水平较高	0.694
知识共享（*SH*） Cronbach's $\alpha = 0.919$ CR = 0.919 AVE = 0.587	大家经常分享一些与社群相关的知识	0.754
	大家经常转发一些我认为比较有价值的知识	0.761
	大家经常在社群内分享一些文件或报告等	0.779
	大家经常在社群分享一些相关政策或市场知识	0.743
	大家经常在社群分享处理问题的方法	0.802
	大家经常在社群分享处理问题的诀窍	0.774
	大家经常在社群分享参与价值共创的经验	0.762
	大家经常对其他成员的价值共创项目提供建议	0.754

　　与其他备选模型相比，当我们采用 6 个维度进行验证性因子分析时模型的拟合效果最好（$\chi^2/df = 2.017$，CFI = 0.971，TLI = 0.969，SRMR = 0.035，RMSEA = 0.028）。如表 6 - 17 所示，所有构念的因子载荷都大于0.679，说明收敛效度良好。各构念的组合信度 CR 值最小为 0.856，AVE 均大于等于 0.530，说明所有构念的组合信度较高。

　　表 6 - 18 报告了各个潜变量的平均方差提取（AVE）及变量之间的相关系数。通过比较各个变量的 AVE 平方根与其他变量之间的相关系数，发现 AVE 平方根均大于该变量和其他变量的相关系数，说明各变量之间具有较好的区分效度。综上，本章使用的量表信效度表现良好，可以用来进行后续的假设检验。

表 6 – 18　　　　　　　　　　潜变量相关性矩阵

变量	1	2	3	4	6	7
包容性	(0.743)					
互动性	0.558**	(0.755)				
公平性	0.519**	0.578**	(0.759)			
自主性	0.479**	0.628**	0.527**	(0.773)		
社群价值共创绩效	0.618**	0.702**	0.617**	0.587**	(0.728)	
知识共享	0.563**	0.626**	0.558**	0.464**	0.680**	(0.766)
平均值	3.993	3.972	4.016	3.976	3.985	4.002
标准差	1.138	1.121	1.145	1.168	0.875	0.988

注：** 表示 $P < 0.01$。

如表 6 – 19 所示，6 个变量的 R_{wg} 平均数均大于通常的标准 0.70，ICC（1）值均大于标准值 0.05，ICC（2）值均大于标准值 0.50，说明数据的组内一致性很高，即创客的主观感知围绕社群客观情况的变动范围不大，可以通过取平均值的方法将个体层面的数据聚合到平台或社群层面。

表 6 – 19　　　组织层变量 R_{wg} 平均值、ICC（1）、ICC（2）和 F 值

变量	R_{wg} 平均值	ICC（1）	ICC（2）	F（44，1222）
包容性	0.865	0.332	0.930	14.335
公平性	0.834	0.317	0.926	13.455
互动性	0.846	0.393	0.946	18.680
自主性	0.845	0.344	0.935	15.349
知识共享	0.897	0.278	0.913	11.483
社群价值共创绩效	0.933	0.373	0.941	17.051

方差分析显示，6 个变量的组间均方和组内均方存在显著差异：包容性（$F = 14.335$，$P < 0.01$）、公平性（$F = 13.455$，$P < 0.01$）、互动性（$F = 18.680$，$P < 0.01$）、自主性（$F = 15.349$，$P < 0.01$）、知识共享（$F = 11.483$，$P < 0.01$）和社群价值共创绩效（$F = 17.051$，$P < 0.01$），说明不同社群间创客对网络文化嵌入、知识共享和社群价值共创绩效的感知存在比较显著的差异。

6.3.3 假设检验

（1）总效应检验。

以社群价值共创绩效为被解释变量，以网络文化嵌入的四个维度为解释变量，进行社群层次的同层次回归分析，路径系数如表6－20的模型1所示。由模型1可知，网络文化的包容性（$\beta = 0.165$，$P < 0.01$）、公平性（$\beta = 0.147$，$P < 0.01$）、互动性（$\beta = 0.255$，$P < 0.01$）和自主性（$\beta = 0.082$，$P < 0.01$）对社群价值共创绩效均具有显著正向影响，即假设 H6－5a、假设 H6－5b、假设 H6－5c 和假设 H6－5d 均得到了支持。

（2）中介效应检验。

以知识共享为被解释变量，以包容性、公平性、互动性和自主性为解释变量，得到同层次回归分析的路径系数如表6－20的模型4所示，可以看出除了自主性以外，网络文化的包容性（$\beta = 0.204$，$P < 0.01$）、公平性（$\beta = 0.181$，$P < 0.01$）和互动性（$\beta = 0.302$，$P < 0.01$）均对社群知识共享具有显著正向影响。接着以社群价值共创绩效为被解释变量，以知识共享为解释变量，进行社群层次的回归分析，路径系数如表6－20的模型2所示，可知知识共享对社群价值共创绩效具有显著的正向影响（$\beta = 0.569$，$P < 0.01$），初步说明知识共享可以作为备选中介变量。最后以社群价值共创绩效为被解释变量，以知识共享为中介变量、以网络文化嵌入的四个维度为解释变量进行回归分析，得到模型3所示的结果。模型显示当考虑中介变量知识共享时，网络文化嵌入的4个维度对创客价值共创绩效的路径系数均有不同程度的下降。

表6－20 社群价值共创绩效回归分析结果

变量	社群价值共创绩效			知识共享
	模型1	模型2	模型3	模型4
包容性	0.165 ***		0.119 ***	0.204 ***
公平性	0.147 ***		0.107 ***	0.181 ***
互动性	0.255 ***		0.187 ***	0.302 ***
自主性	0.082 **		0.083 **	− 0.003

续表

变量	社群价值共创绩效			知识共享
	模型 1	模型 2	模型 3	模型 4
知识共享		0.569 ***	0.226 ***	
CFI	0.936	0.492	0.998	0.762
RMSEA	0.046	0.128	0.001	0.116

注：** 表示 $P < 0.01$，*** 表示 $P < 0.001$。

另外，Mplus 求解的中介效应如表 6-21 中 Ω_1 所示，知识共享对包容性与社群价值共创绩效的中介效应点估计为 0.044（$P < 0.01$），95% 的置信区间为 [0.033，0.056]，充分说明知识共享中介了包容性与社群价值共创绩效的关系，即假设 H6-6a 得到支持。类似如 Ω_2 和 Ω_3 所示，知识共享也中介了公平性和互动性与社群价值共创绩效的关系，即假设 H6-6b 和 H6-6c 也得到支持。从 Ω_4 可知，知识共享对自主性与社群价值共创绩效的中介效应不明显，H6-6d 暂不予以支持。

表 6-21 结构方程总体模型参数估计

关系路径		Estimate	S. E.	C. R (t)	P 值	Lower 2.5%	Upper 2.5%
直接路径	$\Gamma_1 : CTO \rightarrow SH$	0.204	0.021	9.153	0.000	0.162	0.246
	$\Gamma_2 : CFA \rightarrow SH$	0.181	0.022	8.258	0.000	0.138	0.223
	$\Gamma_3 : CIN \rightarrow SH$	0.302	0.025	12.074	0.000	0.253	0.352
	$\Gamma_4 : CFR \rightarrow SH$	-0.003	0.022	-0.122	0.903	-0.059	0.040
	$\Gamma_5 : CTO \rightarrow COIP$	0.109	0.014	7.595	0.000	0.081	0.137
	$\Gamma_6 : CFA \rightarrow COIP$	0.072	0.015	4.666	0.000	0.041	0.102
	$\Gamma_7 : CIN \rightarrow COIP$	0.156	0.017	9.206	0.000	0.123	0.190
	$\Gamma_8 : CFR \rightarrow COIP$	0.053	0.014	3.701	0.000	0.025	0.081
	$\Gamma_9 : SH \rightarrow COIP$	0.218	0.018	11.828	0.000	0.182	0.254
中介效应	$\Omega_1 : CTO \rightarrow SH \rightarrow COIP$	0.044	0.006	7.445	0.000	0.033	0.056
	$\Omega_2 : CFA \rightarrow SH \rightarrow COIP$	0.039	0.006	6.756	0.000	0.028	0.051
	$\Omega_3 : CIN \rightarrow SH \rightarrow COIP$	0.066	0.008	8.329	0.000	0.050	0.081
	$\Omega_4 : CFR \rightarrow SH \rightarrow COIP$	-0.001	0.005	-0.122	0.903	-0.010	0.009
拟合优度		χ^2/df	RMSEA	SRMR	TLI	CFI	
		1.396	0.018	0.004	0.998	0.999	

综上，假设检验表明，除了假设 H6-6d 以外，其余假设均得到了支持。

6.3.4 结论与讨论

本研究得到如下两个结论。

（1）网络文化嵌入的四个维度对社群价值共创绩效均具有显著正向影响。这说明对于互联网众创平台来说，网络文化的包容性越强，越有利于社群整体价值共创绩效的提升；网络文化的公平性越强，越有利于社群价值共创绩效的提高；社群嵌入的网络文化的互动性和自主性程度越深，越有利于增加社群价值共创绩效。

（2）知识共享中介了包容性、公平性和互动性对社群价值共创绩效的影响。说明社群文化的包容性、公平性和互动性之所以能够提升社群价值共创绩效，部分原因在于这些良好的社群文化促进了创客之间的知识交流和共享。

网络文化是以网络为媒介，以文化为内核，在网络开放的虚拟时空中多元文化信息的自由涌现，并影响和改变着现实社会的行为方式与思维方式。网络文化是人类理性发展的产物，也是人类理性的确证，它充分证明了人的理性能力，特别是超越的创造力；反过来，网络文化为人的理性发展提供了更广阔的空间，人在网络文化中的交往和创造等网络实践活动，势必发展和提升人的理性能力。

网络文化也是人造文化。人有能力创造一种新型文明，就有能力控制这种新型文明，因此在互联网众创平台的建设中要营造一种充满正能量的网络文化，营造一种解放思想、鼓励创新的网络文化，网络社群建设要区别于传统社群，要先进于传统社群。从提高互联网众创平台社群价值共创绩效的角度考虑：①社群建设要有包容性的理念。允许不同观点、不成熟观点、非主流观点的存在，正是线下组织缺乏而线上组织最具优势之处。②社群要增加成员间的互动性。一个活跃的社群是众创平台成功的重要前提，也是当前社交电商追求的目标，因此社群建设者要通过激励、引领、烘托等手段增加社群成员间的互动交流。③社群要保证价值共创参与方之间的公平。要注意激励手段的公平、社群规则的公平、社群活动的公平。

很多创客拿出时间和资源参与线上空间正是看中了虚拟社群的去中心化、公平性特征，因此切莫把虚拟空间建成固化的等级社会。④社群建设要保证创客参与社群活动的自由、自主。允许创客在相对自由的时间、相对自由的空间以相对自主的方式完成价值共创活动。人们先天追求自主，在世俗社会由于受到种种规则的约束，不得不循规蹈矩，而创新需要突破，因此在虚拟空间中，必须要最大限度地保障创客的自主性。

第7章

基于新型社群的众创平台
治理机制和策略

本章根据前面的实证分析研究结果，针对如何改善互联网众创平台的运营，促进其可持续发展，提出了基于新型社群的互联网众创平台治理机制，具体包括知识治理、数据治理和关系治理三个主要的治理机制，同时给出了提高互联网众创平台价值共创绩效的对策。

7.1 知识治理机制

知识治理是对知识行为进行激励、引导、规范和控制的组织安排与协调机制。知识治理的目的在于影响和塑造知识行动者的动机与行为，维护知识活动中各方的利益平衡，防范知识交易中的风险，从而实现知识活动效益的最大化。互联网众创平台的价值共创活动涉及多元化的参与主体，成员之间关系的协调和矛盾冲突的处理增加了互联网众创平台中知识组织与管理的困难。从知识资源观的视角来看，互联网众创平台的价值共创，本质上是一个获取、吸收和融合不同来源的知识以创造新知识并实现知识价值的过程。互联网众创平台价值共创的风险主要来源于知识异质性、知识复杂性、知识主体利益冲突、信息不对称和知识溢出效应等，为应对上述风险，必须构建有效的知识治理机制来约束和协调创客行为、优化知识资源配置、合理分配创新利益，从而为这种分布式、大规模的知识活动提供制度保障。基于知识治理理论和开放环境下的知识创造过程，可以从知识获取、知识融合、知识共享和知识占有四个方面构建互联网众创平台价值共创模式的知识治理机制。

7.1.1　知识获取机制

互联网众创平台中的知识资源具有高度分散化的特征，为了获取更多、更高质量的知识，需要从激励机制和知识过滤机制两方面来构建互联网众创平台知识获取机制。有效合理的激励机制可以调动创客参与双创和贡献知识的积极性，激发创客主动分享需求与创意，为创新和创业项目提供建设性意见，积极参与社群主题讨论等交流活动。激励机制设计的重点在于结合创客特征与动机采取相应的激励措施，重视物质奖励的同时也不能忽视精神奖励。具体措施包括：定期评选，向提供优秀创意的社群成员发放现金奖励、代金券、折扣卡等；同时设立积分等级制度和荣誉称号，及时向创客提供反馈，重视创客体验，强化创客的社群认同感。

知识过滤机制是为了应对大数据带来的信息超载问题，从而保证获取知识的质量。由于创客贡献行为与内容的不可控性以及个体认知和能力的差异，社群中往往存在大量对生态企业或平台企业无用或低价值的冗余信息，如何从海量信息中筛选出有价值的知识是互联网众创平台主导企业面临的一大挑战。一方面，通过同侪评价、大众投票和知识标签等可以有效实现社群中的知识过滤，从而降低知识搜寻成本；另一方面，通过建立统一的规范标准和评价体系能够实现对知识质量的控制，如制定需求/技术方案的标准模板、内容可信度与精准度要求等。

7.1.2　知识融合机制

知识融合机制决定了互联网众创平台中分布式的创新创业资源能否有

效整合并转化为满足需求的解决方案。知识融合是指从众多分散、异构的网络资源中定位和抽取知识并对其进行转换的过程，从而能够将这种新的知识组合应用于问题求解。与整合相比，融合更强调改变被组合事物的本来属性，融合为新事物，即知识融合既包括了知识整合，又包括了知识创新。

互联网众创平台知识融合机制设计的重点在于价值共创任务分工和权力分配。互联网众创平台价值共创具有显著的自组织行为特征，体现在参与主体对价值创造任务的自我选择上。不同主体具备的双创资源和双创能力存在显著差异，社群网络中双创资源的分布是不均衡的，因此需要通过专业化分工和市场交易机制来实现资源的重新配置。价值共创任务分工要求平台企业基于模块化设计思路完成创新任务的分解与分工，即将价值共创任务拆解为相对独立的子模块，创客或生态企业根据自身资源与能力自主选择相应模块参与价值共创，从而实现双创资源与价值共创任务的有效匹配。模块化设计能够降低双创任务的复杂度，提高参与者的自主性与灵活性，最大限度提高双创资源的运用效率。权力分配制度强调集权与分权的结合，即在保证平台企业掌握核心主动权的基础上，应尽量赋予创客和生态企业较大的自主权和决策权，平台企业只审核结果而不监控具体过程，从而调动参与者的积极性，使各方能够充分发挥自身优势，同时减少核心企业的监督成本。

7.1.3 知识共享机制

互联网众创平台知识共享机制主要包括契约治理机制和关系治理机制两方面。契约治理机制是指通过正式合同、合作协议等约束和限制参与者行为。在互联网众创平台中，由于创客和生态企业的多元化、互动过程的不确定性以及知识资源的默会性、复杂性等特征，导致各方很难在事前对价值共创活动进行明确约定，因此可以考虑建立关系性契约保障价值共创活动的有序进行。关系性契约是随着交易时间的延续和交易逐步开展而不断修正的契约，最初只设立一个约束框架，其内容是在交互过程中逐步充实的。关系性契约的自我履约机制能够有效遏制机会主义行为，即违约方将同时遭受专用性投资的损失和市场上声誉贬值造成的损失，当损失高于违约收益，参与者就不会选择违约，从而保障合作的顺利进行。

区别于传统组织，互联网众创平台成员间的关系更加自由和松散，缺乏共同的准则和程序作为联系纽带，互联网众创平台可以通过建立信任评价制度、提高社群透明度和引入社会监督来提高信任水平。互惠是一种公认的社会规范，创客在互联网众创平台中分享了创意与资源，平台和社群应及时给予回应或回馈，对参与互联网众创平台价值共创的主体，平台和社群应尽量确保其获得相应的回报，从而建立互惠性交换制度。此外，还可以通过培育社群文化、营造良好的社群氛围、建立共享心智模式等方式来促进社群成员间的信任与互惠，鼓励创客与创客之间、创客与生态企业之间、创客与平台企业之间的相互交流，从而维持平台的生机与活力。

7.1.4　知识占有机制

创客参与互联网众创平台价值共创最根本的动机在于期望从价值共创活动中获利，即获取知识价值。但知识的公共物品性质及其溢出效应都给创客的知识占有带来了阻碍，知识产权制度赋予创新专属性，通过知识的独占性与排他性确保创客能够从价值共创活动中获得收益。因此，互联网众创平台知识占有机制的核心在于知识产权制度。在互联网众创平台价值共创活动中，由于知识的公开性和参与者的复杂性，知识产权的归属更加难以界定，增加了产权保护的难度。针对这一问题，互联网众创平台一方面需要重视对创客权益的保护，在社群公开信息中对知识的归属问题和使用规则作出明确说明，若采纳了创客的创意，应主动向创客支付相应报酬或给予相应的荣誉，保证创新利益的合理分配；另一方面需要加强平台的数据安全管理，信息存证留痕，增加原创性审查机制，制定合理的惩罚机制来防范和遏制机会主义行为。此外，建议将情感因素纳入互联网众创平台知识产权保护机制之中，即通过强化信任与互惠来加强社群成员与平台间的心理契约，增强创客对社群的归属感，形成一种更多基于社会规范而非基于法律的"关系性"知识产权。三管齐下，将创客与平台长期且牢固地"捆绑"在一起，形成利益共同体，从而促进创客的知识贡献与分享，吸引更多创客和生态企业参与价值共创活动。

7.2　数据治理机制

互联网众创平台数据治理的目标就是要促进数据资源在价值共创社群生态系统内部合法交易，实现数据要素价值最大化。具体来说，其目的包括：第一，确保数据采集合法合规，包括数据来源合规、权属清晰、采集手段合法、采集流程透明。第二，保障数据存储安全，根据互联网众创平台中不同类型数据的安全要求，建立数据资产保护清单，对敏感数据采取不同的技术手段和预警级别，提升数据存储的安全性。第三，实现数据交易的透明和可追溯，确保数据授权真实合法、交易过程合规和信用真实可靠。为此，需要从数据产权确定、数据收集、数据交易和数据存储共享等业务流程出发，促进数据开放、共享、应用和保护，形成互联网众创平台规范化的数据治理格局。

7.2.1　数据权益管理机制

数据权益管理是指对互联网众创平台相关数据的权利和角色进行明确，确保互联网众创平台中的数据所有者、使用者和受益者产权明确、角色清晰、责任规范，这也是平台数据管理系统对数据进行产权保护的前提基础。它包括数据所有权、处理权、收益权、使用权、解密权和认证权等数据权益管理。在互联网众创平台中，数据所有者可以对数据进行标价，并写入电子协议，当价值共创社群生态系统成员使用数据时需要按照协议进行支付，并根据共识机制进行自动交易。同时，平台数据管理系统需要对数据的使用情况进行跟踪和追溯，以保证数据合理合法地使用。在数据共享过程中，数据所有者希望隐私数据能够以密文的形式进行共享和应用，只有拥有了解密权、认证权的权限才能对数据进行操作。通过完善数据权益管理，从源头上保障数据所有者权益。

7.2.2　数据安全管理机制

互联网众创平台的数据管理系统实际上是所有生态企业组成的联盟数据载体，不同生态企业由于其应用场景不同，对数据治理的目标和安全运营诉求也不一样。为此，需要基于不同的应用需求开发相应的数据管理功能模块，以满足互联网众创平台运营过程中的数据需求。基于互联网众创平台的业务应用类型来说，需要开发数据确权、生产、交易、共享、信用、安全等功能模块，对互联网众创平台的研发设计数据、生产数据、市场数据、交易数据、金融信用数据等运营数据进行管理，构建基于数据共享的价值共创社群生态系统高效运营模式。同时，这些功能模块共同组成联盟数据管理网络，互联网众创平台成员根据交易需求，自主选择接入相应模块服务完成数据的操作和交易，确保数据运营的安全可靠。

7.2.3　数据开发管理机制

要提升数据资源的价值，就必须坚持互联网众创平台的数据安全保护和数据应用相结合，在保护原始数据产权的基础上，利用各种智能技术对收集的原始数据进行挖掘分析，不断创新数据资源应用的商业模式，实现数据资产产权保护和商业应用的生态平衡。

一方面，数据的商业开发应用要以原始数据为基础，对原始数据进行安全保护。包括以下三点：第一，对原始数据进行敏感处理，防止生态企业敏感数据暴露面过大而导致企业的核心业务数据或者商业机密数据外泄。第二，对生态企业的数据权限和数据粒度管理进行科学处理。在数据共享和应用中，需要对数据访问权限进行合理分配和设置，对数据的粒度实施细粒度的访问控制策略。第三，构建生态企业原始数据应用过程的审计和监控机制，对数据的异常访问行为和异常数据流动进行识别、监控和预警，防止数据被滥用和泄露，及时阻止非法交易。

另一方面，数据治理的目的是挖掘生态企业原始数据的商业价值，促进互联网众创平台数据的商业应用。特别是，要应用大数据技术提升互联网众创平台的数据应用价值和产品定制商业模式。包括构建基于"大数据"的挖掘分析，发现价值共创社群生态系统的"长尾市场"，精准找出用户的需求，为价值共创社群生态系统产品和服务创新提供支撑。同时，通过整合价值共创社群生态系统的大数据资源，能够促进价值共创社群生态系统产品及其衍生产品的协同开发和全周期运营，实现价值共创社群生态系统数据资源商业模式的变革与创新。

7.3 关系治理机制

价值共创主体的关系治理问题作为创新生态系统管理的重要部分，引发不少学者的研究兴趣。下面基于关系特征，分别从生态位、架构及冲突协调等方面进行阐述。

7.3.1 社群生态位管理

从价值共创社群生态系统共生演化视角出发，生态位管理聚焦生态位选择和生态位跃迁。根据社会网络理论，生态企业利用网络搜索可战略性地选择并获得相应的生态位。通过生态位与绩效关系的实证研究表明，需要将产品生态位和流程生态位纳入考虑范畴，不同生态位企业需要匹配不同的网络结构。置身于多维资源空间，生态位重叠度和宽度是激发跃迁的主要因素。资源划分理论指出生态位宽度随着可用资源的多样性而增加，并随着竞争群体数量的增加而减少。随着资源空间维度数量的增加，对创客和创业企业开放的空间资源扩大，具有灵活性和适应性的创客或创业企业通过信息、知识和经验的互动学习促进创新孵化。相关研究认为，愿景期望、二阶学习和技术变革等成为减少生态位重叠度、实现生态位跃迁的有效途径。

7.3.2 社群架构管理

已有研究将模块配置、模块之间行为联结、价值创造及获取方式等作为主要的社群关系治理架构要素，认为"架构"可以更好地描述经济系统中各主体之间的相互关系。由此，价值共创主体作为社群生态系统的经济主体，其相互关系可以用"架构"进行阐述，进一步细分为技术架构、行为架构和价值架构等子议题。

技术架构聚焦模块化、接口开放性与模块依存等要素。在互联网价值共创平台中，技术提供商或外包方往往能够发挥独立的技术模块化功能，平台上对不同模块进行匹配整合，减少冗余信息流，但过度精细的模块化可能被高额的测试成本所侵蚀，反而扰动系统集成性能。接口开放性支持系统的不同组件信息流互动，为价值共创主体的外部流程管理提供渠道。当前，云计算、大数据、共享经济的技术便利赋予各参与方随时开展价值共创的条件，基于价值共创的解决方案，适用于不断变化的客户需求，在价值共创主体之间创建共同的技术、数据基础及版权专利等，可以增强技术架构的依存性和联结性。

行为架构聚焦价值共创系统的网络关系如何改变生态企业的行为，包括价值共创主体的专业化行为、网络分工行为及管理者行为等。专业化能够有效驱动、协调和管理合作伙伴行为，供应商、互补商、外包商、创客等参与主体通过专注于某些组件，发挥专业分工的力量，促进了开放接口协议背后的自主创新。平台企业具有创建和管理合作网络伙伴的行为能力，应不断完善由供应商、合作伙伴、客户组成的价值共创体系，从而巩固行为架构的长期配置。

价值架构聚焦价值创造架构和价值获取架构两个维度。影响价值创造架构的主要因素有灵活性、效率和创新能力等。灵活性和效率使得价值共创主体在迅速变化的外部市场中及时识别、移除合作伙伴。创新能力在价值共创主体的不同参与者之间具有扩展性和传播性，包括在同一架构内及不同架构之间，都可以发挥生态网络学习效应。价值获取架构应用了零和逻辑与正和逻辑的思维，前者侧重于对抗性和打败竞争者，后者着眼于产品或服务的差异性。影响价值公平获取的要素包括制度、信任，以及参与者关系本身等，其公平程度是激励各主体参与创新活动的重要因素。核心企业作为主要协调者，可借助平台架构的控制，协调价值获取架构，确保价值公平分享。

7.3.3　冲突协调管理

互联网众创平台的社群生态系统呈现多主体、多流动性特点，系统运行复杂性增强，异质性主体之间不可避免地存在冲突。冲突管理子议题包括核心企业的协调作用、制度化协调方法及非正式协调机制三个方面。

首先，一个和谐的价值共创社群生态系统需要平台发挥协调作用，包括制定标准、协调技术互补性、设计激励系统、建立价值公平机制等。例如，波音公司作为核心企业，利用网络结构嵌入性执行多个协调流程，确保网络适用性；微软、苹果、谷歌、英特尔等巨头构建硬件及应用程序，为计算机用户提供工业平台，吸引其他数以千计的高科技公司共同参与科技创新。

其次，契约、制度化等正式协调机制是协调多主体关系的有效方法。在价值共创社群生态系统建立的早期阶段，创客和生态企业对彼此的信息交换和合作意向相对模糊，利用外部的法律规定和行业认证制度等作为协调关系冲突的有效保障；在合作关系成熟阶段，或行业发展相对成熟阶段，市场变得更加透明，此时，各参与主体之间的规范、程序、标准化战略成为协调冲突关系的具体途径。此外，广义互惠制度作为相互依存的交换规则，有利于降低"搭便车"风险，有效减少关系冲突。

最后，信任、分享和声誉等非正式协调机制能够有效降低交易成本，协调各主体之间的关系。鉴于组织环境、技术发展的动态性和复杂性，价值共创活动更多地依赖于除合同之外的隐含条款，现有研究表明，信任对降低合作企业之间的搜索成本、谈判成本、治理成本，提升合作绩效有正向影响。责任互补、资源共享、技能发挥，以及价值创造获取的平衡成为建立信任的关键因素。社群的生态企业应注重自身信誉建设，良好的声誉和知名度可以使其在价值共创社群生态系统中扮演重要角色，减少冲突与摩擦，尤其对新创企业具有较好的影响力。非正式机制有助于防止各主体之间发生摩擦冲突，提高价值共创效率。

7.4　提升众创平台价值绩效的其他策略

7.4.1　改善社群价值共创环境

互联网众创平台的管理者或是社群管理者要积极地、有针对性地促进社群互动，从而提升企业虚拟社群的价值共创环境氛围。具体来说：第一，企业应及时了解、掌握创客目前所关注的热点话题，通过提供全面、及时、有用的信息，如新产品信息、产品使用方法信息、产品常见问题解答等，以满足创客或潜在创客在社群中搜索和利用有用信息的需要，进而吸引创客和潜在创客参与，为社群积攒人气。第二，社群可以通过不同的方法来促进社群成员的价值共创。例如，威锋社群的论坛专区主要分为 Apple Mac 综合讨论区、Apple iPod 论坛、Apple iPad 论坛、Apple iPhone 论坛等。这些不同板块根据苹果产品系列进行了不同的分区，社群成员可以根据自己所需进入相应专区咨询问题、查询信息、分享自己的使用体验、寻求使用中的技术问题，以及帮助别人解决问题等。海尔社群也采用同样的分区方法，论坛专区主要分为海尔冰箱、海尔空调、海尔热水器等。这些不同板块将海尔不同的产品进行了分区，社群成员同样可以根据自己需求进入相应的专区查找自己关心的问题，同时也可以帮助别人解决使用中的各种问题。而小米社群则与威锋网、海尔社群的板块划分有所不同，主要分为小米播报、产品专区、玩机专区、我是米粉、活动专区等，这些专区主要是为社群成员提供一个分享自己产品使用体验的平台。第三，社群管理者还可以经常在社群内发起讨论话题，如新产品构思、创意等方面作品的征集、对现有产品改进建议的征集等，并通过在社群中进行各种宣传与提供奖励措施吸引更多的社群成员加入到活动中。例如，海尔社群会不定期地推出产品试用活动。此外，为了更好地让社群成员参与价值共创，企业虚拟社群还应该通过更便捷、更易操作的界面，提供更多沟通方式与工具，加强社群成员间、成员与社群间、成员与企业间的交流、互动，提升相互间的互动程度。

7.4.2　重视社群的投入与支持

互联网众创平台及其社群持续、稳定的运营离不开资源的投入。同时，平台企业还要意识到，不是只要社群建立起来了，技术框架做好了，就有创客和潜在创客就会进入社群，并持续参与；也不是创客进入社群就会进行价值共创，为平台或生态企业带来价值。因此，社群成立后，平台企业要不断给予社群支持与投入，促进既有创客与潜在创客在社群内互动、交流，让更多的社群成员参与到价值共创中来。这样才能使社群存续发展，进而为企业创造更多、更高的价值。例如，开展定制化在线专员服务，及时解答现有创客与潜在创客有关产品购买、使用以及售后等方面的问题。

7.4.3　增强创客虚拟工作嵌入

互联网众创平台要学会采取多种形式搭建能够促进社群成员开展互动的社群模块，构建合理、高效的社群互动体系，帮助社群成员根据自身需要快速搜索到与自己匹配的创客并实现对接，增大其获取所需资源与能力的可能性，借此不断扩大其虚拟工作嵌入的程度并完善互联网众创平台创新管理制度。知识兼容性对创客价值共创行为发挥着不可忽视的重要作用，因此，应当拓宽社群知识的广度和深度，形成有效的知识流转和共享环境，使创客能够更好地嵌入社群之中，营造创客间广泛互动、知识开放、自由合作的和谐氛围，提升社群内创客的知识兼容能力。鉴于互联网众创平台内跨界行为范围的难界定性和不确定性，在社群治理方面，应既保证社群内成员的知识广博性和技能互补性，又要避免涵盖领域过于多样、复杂而导致社群内交流难以融洽，从而阻碍创客创新进程。

7.4.4　营造良好社群文化氛围

互联网众创平台应该注重并营造良好的网络文化，并通过网络文化等软因素来规制创客的价值创造行为以实现创新；同时创客也应加强自身对互联网众创平台网络文化的嵌入程度，从而激发创新热情和内部动机。

在网络文化的营造过程中要注意：①要有包容性的理念。允许不同观点、不成熟观点、非主流观点的存在，正是线下组织缺乏而线上组织最具优势之处。②要增加成员间的互动性。一个活跃的社群是众创平台成功的重要前提，也是当前社交电商追求的目标，因此社群建设者要通过激励、引领、烘托等手段增加社群成员间的互动交流。③要保证价值共创参与方之间的公平。④要注意激励手段的公平、社群规则的公平、社群活动的公平。很多创客拿出时间和资源参与线上空间正是看中了虚拟社群的去中心化、公平性特征，因此切莫把虚拟空间建成固化的等级社会。⑤要保证创客参与社群活动的自由、自主。允许创客在相对自由的时间、相对自由的空间以相对自主的方式完成价值共创活动。

7.4.5　加强线上与线下的融合

首先，运用云计算技术，对创业企业定向精准推送其所需的信息与资源。互联网众创平台内每个创业项目、创业团队都不同，差异化目标使其所需信息和资源也不同，创客们需要在创新创业活动中获得针对性强的信息与资源。因此，互联网众创平台需要一个能够向内部创客推送信息与资源并得到反馈的网络信息平台。互联网众创平台可利用云计算技术，通过后台数据识别每个创客团队的身份信息及其反馈的信息，并且对不同信息的浏览量、点击量等数据进行信息化处理，进一步挖掘创客团队的需求偏好，以便向创业企业和团队精准推送信息与资源。

其次，在打造优质线上空间的同时，完善线下实体配套设施建设及管理机制。优质的线上空间能够使信息顺畅地交互和流通，促进创意产生，但想法和创意只有落地才能产生效益，并且互联网众创平台内部群体面对面交流产生的社交氛围也是线上空间不能给予的，因此，打造一个优秀的互联网众创平台应当重视其实体空间建设。互联网众创平台要为创客提供优良的办公环境和完善的硬件设施，满足创客日常办公需求。高新技术行业的互联网众创平台还应配备相关实验仪器设备以满足创客的科研需求；互联网众创平台要通过创业沙龙、创业比赛等团体性互动，营造空间内部社交氛围与竞争氛围，进而形成活跃的创新社群环境；互联网众创平台不仅需要完善入驻审核机制，还需制定对内部创客团队或初创企业的严格考核机制，淘汰不达标的团队和企业，促进互联网众创平台的"新陈代谢"。

第  章

结束语

本章总结了本研究得到的主要结论，以及相关研究对众创式创新、社群价值共创等研究领域的理论贡献，同时指出了本研究的不足以及未来的研究展望。

8.1 主要研究结论

（1）创客在众创平台的虚拟工作嵌入有助于增加价值共创绩效，因此互联网众创平台应该增加创客的虚拟工作嵌入程度。

互联网众创平台的虚拟工作嵌入为包含社群获益、情感联结和多元匹配的三维度结构，其中"社群获益"主要表达了创客在社群中物质、心理方面的收益，是个体所看重的价值性资源；"情感联结"主要表达了创客与社群的联系紧密度，以及创客隶属于社群的程度，探索了创客的社会需求或者对社会资源获取的动机；"多元匹配"主要表达了互联网众创平台提供的任务与创客兴趣、能力的匹配，以及成员间价值观相互匹配的程度，探索了人与环境的相容，从而保证创客的自身资源被有效利用而不被损失。

根据实证研究得出以下结论：首先，创客在互联网众创平台中的虚拟

工作嵌入有助于增加其持续参与意愿，而且虚拟工作嵌入是不同于社群激励、社群协同的新结构，在预测创客持续参与意愿方面也更具有解释力。其次，虚拟工作嵌入的多元匹配、情感联结、社群获益三个维度均能对创客的价值共创绩效产生促进作用。当创客与社群及其成员兴趣、思想、价值观达到匹配，便会对社群产生发自内心的认同感，使其对互联网众创平台产生一种特殊的情感；当创客通过与社群内成员进行频繁、持续互动建立亲密关系时，社群于其而言就成了有朋友、亲人的港湾和栖息地，这种归属感会促使其轻松地表达自己的观点，并且更乐于为社群贡献自己的时间、知识、创意等宝贵资源；付出努力后，若再能得到来自社群的物质及精神奖励，创客就会在极大程度上受到激励和鼓舞，获得强大的成就感、满足感。在这一过程中，创客逐渐深度嵌入互联网众创平台，使其愿意长期留下来创造价值。最后，敬业度充当了虚拟工作嵌入与价值共创绩效之间的中介变量，说明了虚拟工作嵌入的重要性不仅仅在于保证创客持续参与，还在于其能提升员工敬业度；除此之外，非正式互动在虚拟工作嵌入对创客价值共创绩效影响中也起到了部分中介作用，创客间的兼容性对于虚拟工作嵌入下创客间非正式互动的有效性、创客价值共创绩效的提升过程均发挥积极作用。

（2）创业企业在众创平台的生态嵌入有助于增加其价值共创绩效，因此众创平台应该注意参与企业之间的生态联结，保证平台和社群的有效治理。

社群生态嵌入指目标企业与众创平台组织架构生态系统中的其他企业联结、互动、契合与合作进而获取的系统生态效应。生态嵌入包括产业链嵌入、互补品嵌入和生态资源嵌入三个维度，其中产业链嵌入使得创业企业能够接触到更广域的资源和信息的同时，企业间分工协作、产业链融合的概率更大；互补品嵌入使得创业企业能够整合不同领域、不同企业的相对优势资源，通过企业间的优势互补拓展企业的发展空间；生态企业嵌入使得创业企业与其他生态企业的关系链接更加密切，更容易获得异质性的知识、技术和衍生性资源，更容易涌现出探索性、突破性的创新价值。

根据实证研究得出如下结论：首先，创业企业的社群生态嵌入程度对其研发型价值共创绩效具有显著正向影响。嵌入互联网众创平台社群生态后的创业企业与产业链上下游企业的交流更密切，与互补性企业的合作更充分，获取生态资源、关系资源更便利，加之社群生态的开放性、包容性，能够有效整合协同创新、开放式创新的优势，从而有利于创业企业探索式学习能力或绩效的提升。其次，由于研发型价值共创需要异质性资源和知识，需要跨界搜索和跨界学习，因此社群生态嵌入之所以能够增加创业企业的研发型价值共创绩效，一个重要的原因是嵌入互联网众创社群生态有利于整合利益相关者的资源，有利于异质性知识的耦合。再次，创业企业嵌入互联网众创平台的社群生态之所以能提升研发型价值共创绩效的一个重要机制在于，生态嵌入有利于获取异质性资源，有助于促进创业企业的能力重构。最后，创业企业通过社群生态嵌入增加了创业企业的创新柔性能力，进而提升价值共创绩效。在此基础上，众创平台的数据赋能为创业企业的资源转化创造条件，有助于其创新柔性的提升，进而进一步增加其价值共创绩效。

（3）众创平台社群的网络文化嵌入既有助于创客的价值共创绩效，也有助于整个社群价值共创绩效的提升，因此众创平台应该尽可能营造良好的社群文化氛围，改善社群价值共创环境。

网络文化嵌入主要指由于众创平台的运营主要基于网络环境，因此网络文化的一些特征必然会体现在社群成员间的交流上，这些特征主要表现为包容、互动、公平和自主四个方面。其中，包容性网络文化的互联网众创平台对事物差异性的接受度更高，能通过吸引不同背景创客的进入促进多样性知识和资源的汇聚、共享和碰撞，有利于激发更多新想法和新观点；互动性网络文化为创客营造了一个进行交流沟通的互动环境，能促进多样化知识、信息等资源的碰撞和整合，从而有利于引发群体智慧的涌现；公平性网络文化提高了创客对社群生态企业的信任水平，进而促使其进行更多的价值共创活动；自主性网络文化赋予创客更大的自主行动空间，为创客提供了更多的创新便利性，能有效激发其价值创造行为。

根据实证研究得出以下结论：首先，互联网众创平台的网络文化嵌入有利于创客价值共创绩效的提升，其中一个重要的机制是文化嵌入有助于提升创客的基于优势的心理氛围以及工作繁荣感。网络文化嵌入有利于吸引不同类型的创客加入社群，并鼓励各个创客发挥自身优势和兴趣，进而激发其创新活力和激情，促使其达到工作繁荣状态。其次，网络文化嵌入的四个维度对社群价值共创绩效均具有显著正向影响。其中，知识共享中介了包容性、公平性和互动性对社群价值共创绩效的影响，说明社群文化的包容性、公平性和互动性之所以能够提升社群价值共创绩效，部分原因在于这些良好的社群文化促进了创客之间的知识交流和共享。互联网众创平台的价值共创，本质上是一个获取、吸收和融合不同来源的知识以创造新知识并实现知识价值的过程，该过程中的风险主要来源于知识异质性、知识复杂性、知识主体利益冲突、信息不对称和知识溢出效应等，因此要加强平台或社群的知识治理。

8.2　主要理论贡献

（1）将基于互联网众创平台的价值共创分为创客导向的价值共创和创业企业导向的价值共创两种类型，分析了两种类型的价值共创的内在机制。

在创客创新型的价值共创体系中，参与主体包括平台、企业和创客，其中，创客是平台上的基础性资源的应用者和创新服务的供给者，企业是平台上基础资源的提供者和创新服务的需求者。这类价值共创模式中，创客是社群的主要用户，是价值共创的核心主体，企业要么是平台提供者，要么是将创新资源的需求委托给平台，由平台筛选创客的创新服务再间接提供给企业。创客创新型的"平台＋社群"网络要素结构涵盖了身份建构、文化亲近、资源承诺、价值主张和服务嵌入共五个要素，对应到创客层面的影响过程如下：身份建构和文化亲近能够影响创客的认知信任，价值主张和服务嵌入则会影响创客的情感信任，资源承诺则对创客的结构洞、机遇开发和机遇发现施加影响，最终会影响创客参与度。

创业团队的价值共创过程包括互动、融入和授权三个过程。互动是指价值共创参与者之间的交互合作关系；融入是指用户从价值破坏者到价值创造者的转化过程；授权是指企业将创业过程中主导或参与相关创业活动的权利赋予用户。创业企业嵌入到"平台＋社群"商业模式中，可通过战略嵌入、平台嵌入、生态嵌入三种机制实现价值共创。这三个层面的嵌入机制确保了平台企业和创业团队或创业企业在战略目标以及权、责、利分配方面的协调统一，增进资源、技术及能力在生态内的共享和流动，推动创新项目的孵化和加速扩散。

（2）利用质性研究和统计分析剖析了虚拟工作嵌入和网络文化嵌入的维度结构，采用程序化的量表开发程序开发了虚拟工作嵌入、网络文化嵌入和社群生态嵌入三份测度量表。

对虚拟工作嵌入的构念，在扎根过程中得到了多元匹配、情感联结和社群获益三个副范畴。虚拟工作嵌入与传统的工作嵌入相比是一个新构念。首先，传统的工作嵌入分为组织和社区两个层面，虚拟工作嵌入只有社群一个层面，组织层面自然退化。其次，在众创社区的虚拟情景下，多元匹配主要指众创社区提供的任务与成员的兴趣、能力匹配，以及成员间的价值观相互匹配，与传统工作嵌入的匹配度类似；情感联系与联系度的区别在于不是关注某创客与其他个体的联系，而是与整个社群的联系；社群获益主要指众创社区提供的激励机制、社区环境能够满足成员的物质、社会和心理需求，由于创客参加众创社区属业余性质，与其在传统工作场景下的牺牲感相比，资源损失感知的程度要小很多。

对网络文化嵌入的构念，在扎根理论的分析过程中，得到了包容、互动、公平和自主四个副范畴。关于网络文化的特质，不同学者基于不同视角得到了不同结论，扎根理论得到的四个副范畴与众多文献中提及的网络文化的优秀特征具有较大的吻合度。传统情景中文化嵌入分为内容维度和程度维度两种视角，本研究提炼的包容性、互动性、公平性和自主性既具有内容的意涵，也具有程度大小的含义。

利用程序化的量表开发方法，对虚拟工作嵌入、网络文化嵌入和社群生态嵌入开发了量表。其中，虚拟工作嵌入 3 个维度共计 14 个题项，量表具有较好的信效度分析结果；文化嵌入 3 个维度共计 19 个测度题项，量表通过了信效度分析的检验；社群生态嵌入开发了一个整体性的构念，测度指标共计 5 个题项，实证检验证明具有一定的合理性。

（3）从持续参与意愿、敬业度和非正式互动的视角探索了虚拟工作嵌入对创客价值共创绩效的影响机制。

实证研究发现，创客在互联网众创平台中的虚拟工作嵌入有助于增加其持续参与意愿，提高其参与价值共创活动的敬业度。对于互联网众创平台来说，创客们几乎都是知识型员工，开展创新工作需要投入大量精力，需要反复探索以及需要恰当的方法设计和研究方案。若虚拟工作嵌入能提升创客的活力、奉献和专注度，则极有可能提升其价值共创绩效，这也充分说明当前"平台＋社群"的开放式创新实践追求"嵌入为王"的正确性，说明了虚拟工作嵌入的重要性不仅仅在于挽留员工，还在于能提升员工敬业度。

基于非正式互动的视角，分析了虚拟工作嵌入对创客价值共创绩效的影响机制，为众创社区价值共创和管理提供了新的方向。创客通过虚拟工作嵌入众创社区中有利于创客间非正式互动的发生，并详细论证了"虚拟工作嵌入—非正式互动—创客价值共创绩效"这一路径中的相关假设，明确了非正式互动在众创社区创新过程中的重要价值，从虚拟工作嵌入、开展非正式互动的角度为提升创客价值共创绩效指明了新方向。

（4）从利益相关者整合、异质性资源获取、知识耦合、能力重构、创新柔性的视角剖析了社群生态嵌入对创业企业价值共创绩效的影响机制。

首先，社群生态嵌入之所以能够增加创业企业的研发型价值共创绩效，非常重要的原因是嵌入互联网众创社群生态，有利于利益相关者的整合和异质性知识的耦合。本研究发现，对于创业企业来说，应该借助众创平台的社群生态系统，加强与产业链上下游企业的互动，与那些具有互补优势企业的对话和沟通，从战略上重视外部知识和资源对自身创业能力的作用，与利益相关者之间开展协同创新与价值共创。同时，在嵌入互联网众创平台的社群生态系统后，应注意自身利益相关者整合能力的提升，加强外部知识的管理能力，使组织外部知识与内部知识实现更好的重组和融合。

其次，本书以异质性资源获取和能力重构为中介变量探索了社群生态嵌入对创业企业价值共创的影响。不同于以往仅从资源视角或从能力视角构建单一中介机制或者将其中一个作为调节变量对创新进行的研究，本书拓展资源编排理论，形成了"嵌入—资源—能力—绩效"理论框架，探索社群生态嵌入与创业企业研发型价值共创绩效关系的内部逻辑，验证了异质性资源获取和能力重构的链式中介作用，同时这也是对资源编排理论的支撑和验证。本研究结论为现实中很多创业企业选择嵌入社群生态提升研发型价值共创能力提供了理论解释。

最后，以创新柔性为中介，以数据赋能为调节变量，剖析了社群生态嵌入对价值共创绩效的影响。本研究认为，社群生态嵌入能弥补创业企业在创新过程中资源不足的问题，进而增加创业企业的创新柔性；数据赋能所体现出的连接能力、智能能力和分析能力可为资源转化和柔性能力提升创造条件；生态内企业价值共创活动的开展能够有效促进资源的利用。本研究推动了资源编排理论在互联网众创平台背景下的发展。

（5）分别从基于优势的心理氛围、工作繁荣感和知识共享的角度解析了网络文化嵌入对创客和社群价值共创绩效的影响机制。

首先，基于优势的心理氛围、工作繁荣在互联网众创平台的网络文化嵌入与创客价值共创绩效关系中发挥链式中介作用，这是对 SOR 理论模型的进一步拓展。本研究引入基于优势的心理氛围和工作繁荣两个不同心理阶段的变量构建了一个链式中介模型，以揭示网络文化嵌入与创客价值共创绩效之间的关系。一方面，优势的利用可以通过消耗较少的能量、挖掘自身潜力以及增强创客的工作胜任感来提高其在创新过程中的活力；另一方面，创客优势的运用还可以通过使创客产生积极的工作体验以及激发其兴趣和热情来促进其学习行为，从而使创客达到工作繁荣。

其次，基于知识共享的视角分析网络文化嵌入对整个社群价值共创绩效的影响机制。关于知识共享与价值共创绩效的关系是一个经典话题，已经有很多学者从不同侧面进行了研究，而且绝大多数研究均指出知识共享对价值共创绩效具有非常重要的促进作用。本研究认为，网络文化的包容性有利于增强社群内各个创客的内部身份感知和归属感从而增加创客之间的知识共享；网络文化的互动性有利于社群内各个创客增强与他人的社会联结，维系在社会网络中的情感联结，进而促进相互之间的知识共享；网络文化的公平性有助于降低实施共享知识激励机制的门槛，增强各个创客知识共享的自信心；网络文化的自主性能够帮助各个创客体会到自身所承担工作的意义和价值，从而产生更高水平上的内在动机，进一步加深创客群体知识共享的意愿。

8.3 不足和展望

虽然本书力图全面分析互联网在众创平台的社群嵌入特征，并试图深入研究新型社群嵌入对众创平台价值共创绩效的影响，但是仍存在很多缺陷和不足之处。主要的不足表现在以下两个方面。

（1）研究内容的系统性和纵深性不足。由于各个众创平台的社群环境千差万别，以及新型社群不断迭代和发展，很难保证本研究三种嵌入视角的全面性和系统性；本书选择不同的路径变量剖析三种社群嵌入类型对互联网众创平台价值共创绩效的影响，为了突出科学研究的创新性，选择了一些特殊的中介变量或调节变量，导致分析不够全面和系统，并且不一定抓住了问题的主要矛盾。另外，限于篇幅，对每一种嵌入类型的分析还不够细致和深入。

（2）研究方法的适用性和先进性不足。本书在研究新型社群嵌入对互联网众创平台价值绩效的影响过程中，采用了当前广泛使用的实证分析方法，虽然这种方法基于统计学理论，科学性得到了保证，但近年来也受到了不少质疑。首先，该方法过分强调了共性，强调了总体规律，因此导致研究结论对具体互联网众创平台的适用性不足。如果能以某一个具体的众创平台为案例开展研究，进行深入挖掘更具有实际意义。其次，基于问卷调查的数据主观性较强，数据的准确性较低，导致研究结果的创新性不足，无法挖掘出令人意想不到的结果。如果能采用当前线上比较先进的大数据分析方法，基于网络爬虫获取的客观数据开展研究，将会得到更加深入、更加有启发性的结论。

未来的研究除了克服上面提到的两个不足之外，还应该在研究内容的具体性上进行细化，可从如下两个方面进行。

（1）研究具体载体下的社群嵌入特征。随着各平台企业对社交电商的空前重视，未来将在不同领域、不同行业形成基于不同软件载体主导的社群网络，如腾讯系列的 QQ 群、微信群，阿里系统的钉钉群、直播平台企业建立的粉丝群等。这些新兴的社群网络必然嵌入了各种特色的社会关系，深入其中，这些不同载体、不同行业的社群网络中社群嵌入有哪些类型，其特征是什么，非常值得研究。

（2）研究社群嵌入对具体领域的价值共创绩效的影响。一方面，当前各互联网众创平台针对创新创业项目的不同，划分了很多细分社区；另一方面，随着共享经济的发展，价值共创模式涉及的领域必将越来越多，如营销推广、软件开发、工业设计、工程设计和品牌设计等领域，不同领域创新方式不同，创新组织形式不同，因此社群嵌入性对具体领域的价值共创的影响机制也将不同，未来的研究可以开展具体领域的价值共创研究。

参 考 文 献

［1］白鸥，魏江，斯碧霞．关系还是契约：服务创新网络治理和知识获取困境［J］．科学学研究，2015（9）：1432－1440．

［2］宾厚，谢国杰，赵凤，等．组织嵌入、信任与众包物流接包方持续参与意愿［J］．软科学，2020，34（2）：137－144．

［3］曹越，毕新华．开放式创新社区价值共创模式与知识治理机制［J］．科技管理研究，2021，41（6）：149－155．

［4］陈超，陈拥军．互联网平台模式与传统企业再造［J］．科技进步与对策，2016，33（6）：84－88．

［5］陈琳，乐国林，王利敏．依恋理论在组织研究中的应用与启示［J］．心理与行为研究，2015，13（6）：853－860．

［6］陈武，李燕萍．嵌入性视角下的平台组织竞争力培育——基于众创空间的多案例研究［J］．经济管理，2018，40（3）：74－92．

［7］陈钰芬，陈劲．开放式创新促进创新绩效的机理研究［J］．科研管理，2009，30（4）：1－9．

［8］冯小亮，黄敏学．众包模式中问题解决者参与动机机制研究［J］．商业经济与管理，2013（4）：25－35．

［9］奉小斌，李华华，马晓书．知识聚合调节作用下双元联盟对企业能力重构的影响研究［J］．管理学报，2021，18（1）：99－109．

［10］付景涛．职业嵌入对知识员工创新绩效的影响——敬业的中介作用［J］．管理评论，2017，29（7）：174－186．

［11］贡文伟，袁煜，朱雪春．联盟网络、探索式创新与企业绩效——基于冗余资源的调节作用［J］．软科学，2020，34（7）：114－120．

［12］顾美玲，迟铭，韩洁平．开放式创新社区治理机制对用户知识

贡献行为的影响——虚拟社区感知的中介效应 [J]. 科技进步与对策, 2019, 36 (20): 30 - 37.

[13] 郝旭光, 张嘉祺, 雷卓群, 等. 平台型领导: 多维度结构、测量与创新行为影响验证 [J]. 管理世界, 2021, 37 (1): 186 - 199.

[14] 何方. 新型社群与共享经济的持续发展 [J]. 浙江学刊, 2016 (6): 215 - 221.

[15] 胡保亮, 方刚. 网络位置、知识搜索与创新绩效的关系研究——基于全球制造网络与本地集群网络集成的观点 [J]. 科研管理, 2013, 34 (11): 18 - 26.

[16] 黄国宾. 众包——传统公司组织形式与新型网络社区组织形式的协作 [J]. 中国城市经济, 2012 (1): 68, 70.

[17] 贾卫峰, 党兴华. 技术创新网络核心企业知识流耦合控制研究 [J]. 科学学研究, 2010, 28 (11): 1750 - 1757.

[18] 贾兴平, 刘益, 廖勇海. 利益相关者压力、企业社会责任与企业价值 [J]. 管理学报, 2016, 13 (2): 267 - 274.

[19] 简兆权, 令狐克睿, 李雷. 价值共创研究的演进与展望——从"顾客体验"到"服务生态系统"视角 [J]. 外国经济与管理, 2016, 38 (9): 3 - 20.

[20] 姜鑫, 杨皎平. 众包社区互动、利益感知与社区关系嵌入研究 [J]. 商业经济研究, 2018 (7): 112 - 114.

[21] 蒋旋, 孟庆良, 徐信辉, 等. 双边视角下用户参与众包创新的知识获取前因及其对创新绩效的影响 [J]. 运筹与管理, 2021, 30 (2): 225 - 231.

[22] 金杨华, 潘建林. 基于嵌入式开放创新的平台领导与用户创业协同模式——淘宝网案例研究 [J]. 中国工业经济, 2014 (2): 148 - 160.

[23] 兰军, 严广乐, 王倩. 创新生态视角下小微企业异质性资源对创新绩效的影响研究 [J]. 科学学与科学技术管理, 2019, 40 (1): 137 - 149.

[24] 李红. 数字化转型与企业核心能力重构 [J]. 网络安全和信息化, 2018 (5): 30.

［25］李朋波，靳秀娟，罗文豪．服务业员工工匠精神的结构维度探索与测量量表开发［J］．管理学报，2021，18（1）：69-78.

［26］李平，蒲晓敏，田善武．嵌入式创新范式研究［J］．管理评论，2019，31（7）：3-12.

［27］李悦，王怀勇．积极心理学视角下优势匹配感对员工创新行为的影响研究［J］．科技进步与对策，2017，34（16）：148-154.

［28］李泽，何培旭，彭正龙．关键资源获取、新产品创造性、战略地位优势与新服务产品开发绩效［J］．科学学与科学技术管理，2017，38（7）：129-140.

［29］厉娜，林润辉，谢在阳．多重网络嵌入下企业探索式创新影响机制研究［J］．科学学研究，2020，38（1）：169-179.

［30］连其陈．创新生态系统价值共创主体：构成、关系和治理框架［J］．太原理工大学学报（社会科学版），2018，36（6）：45-52，76.

［31］梁树广，张芃芃．工业互联网赋能中国制造业企业的创新路径与模式研究［J］．聊城大学学报（社会科学版），2021（2）：86-94.

［32］梁晓蓓，黄立霞，江江．众包物流接包方持续参与意愿影响因素研究［J］．商业经济与管理，2017（7）：5-15.

［33］廖俊云，林晓欣，卫海英．虚拟品牌社区价值如何影响消费者持续参与：品牌知识的调节作用［J］．南开管理评论，2019，22（6）：16-26.

［34］林培锦．勒温场理论下当代大学生学习兴趣的培养探究［J］．中国大学教学，2015（6）：67-71.

［35］林新奇，丁贺．员工优势使用对创新行为的影响机制研究［J］．管理科学，2019，32（3）：54-67.

［36］刘海鑫，刘人境，李圭泉．社会资本、技术有效性与知识贡献的关系研究——基于企业虚拟社区的实证研究［J］．管理评论，2014（12）：10-19.

［37］刘帅，黄洁，王睿哲，等．我国工业互联网平台发展核心内涵、应用价值与产业现状［J］．中国信息化，2020（6）：91-94.

［38］刘志迎，陈青祥，徐毅．众创的概念模型及其理论解析［J］．科学学与科学技术管理，2015，36（2）：52-61.

[39] 刘宗华，李燕萍，郑馨怡．工作嵌入对员工创新行为的影响：内部人身份感知和主管支持的作用 [J]．中国人力资源开发，2018，35 (7)：148-158．

[40] 卢新元，黄河，李梓奇，等．众包竞赛中接包方的创新绩效影响因素研究 [J]．管理学报，2018，15 (5)：750-758．

[41] 路畅，于渤，刘立娜，等．正式/非正式合作网络对中小企业创新绩效的影响研究 [J]．研究与发展管理，2019，31 (6)：24-36．

[42] 吕建强，许艳丽．工作4.0：表征、挑战与职业教育因应 [J]．高等工程教育研究，2021 (4)：165-169，187．

[43] 孟庆良，徐信辉．知识获取视角下用户持续参与众包创新的动态控制策略 [J]．运筹与管理，2018，27 (8)：190-199．

[44] 彭灿，曹冬勤，李瑞雪．环境动态性与竞争性对双元创新协同性的影响：资源拼凑的中介作用与组织情绪能力的调节作用 [J]．科技进步与对策，2021，38 (20)：11-19．

[45] 彭伟，金丹丹，符正平．双重网络嵌入、双元创业学习与海归创业企业成长关系研究 [J]．管理评论，2018，30 (12)：63-75．

[46] 任华亮，杨东涛，彭征安．创新氛围和工作自主性的调节作用下能力与成长工作值观对创新行为的影响研究 [J]．管理学报，2015，12 (10)：1450-1456．

[47] 沈超红，李永连，程飞．非正式互动对团队创新绩效影响的实证研究 [J]．科研管理，2021，42 (2)：200-208．

[48] 宋华，陈思洁，于亢亢．商业生态系统助力中小企业资金柔性提升：生态规范机制的调节作用 [J]．南开管理评论，2018，21 (3)：11-22．

[49] 宋立丰，宋远方，冯绍雯．平台—社群商业模式构建及其动态演变路径——基于海尔、小米和"猪八戒网"平台组织的案例研究 [J]．经济管理，2020，42 (3)：117-132．

[50] 孙茜，刘海波，杨绪勇，等．创新众包平台对接包方中标率的影响机制研究 [J]．科学学研究，2016，34 (2)：279-287．

[51] 孙笑明，陈毅刚，王雅兰，等．关键研发者创造力变化研究综述与未来展望——组织内与组织间嵌入视角 [J]．科技进步与对策，

2020, 37 (9): 153 - 160.

[52] 孙永波, 孙珲, 丁沂昕. 资源"巧"配与创业机会识别——基于资源编排理论 [J]. 科技进步与对策, 2021, 38 (2): 19 - 28.

[53] 孙永磊, 宋晶, 陈劲. 创新网络惯例的维度探索与测度研究 [J]. 科研管理, 2020, 41 (11): 56 - 65.

[54] 唐方成, 蒋沂桐. 虚拟品牌社区中顾客价值共创行为研究 [J]. 管理评论, 2018, 30 (12): 131 - 141.

[55] 唐国锋, 李丹. 工业互联网背景下制造业服务化价值创造体系重构研究 [J]. 经济纵横, 2020 (8): 61 - 68.

[56] 涂科, 袁宇峰. 共享经济模式中的价值共创: 社会化价值共创 [J]. 当代经济, 2018, 6 (11): 7 - 12.

[57] 万文海, 刘闲月. 消费互动、共创价值及其对顾客忠诚影响的路径研究——基于阐释方法的分析 [J]. 河南工程学院学报 (社会科学版), 2011, 26 (4): 18 - 25.

[58] 汪海霞, 王娜娜. 员工优势使用如何影响创新行为——组织自尊与积极情绪的链式中介作用 [J]. 科技进步与对策, 2021, 38 (17): 125 - 133.

[59] 王春超, 叶蓓. 城市如何吸引高技能人才? ——基于教育制度改革的视角 [J]. 经济研究, 2021, 56 (6): 191 - 208.

[60] 王核成, 李鑫. 资源识取行为、能力重构与企业创新绩效—网络惯例的调节作用 [J]. 中南大学学报 (社会科学版), 2020, 26 (1): 128 - 136.

[61] 王节祥, 瞿庆云, 邱逸翔. 数字生态中创业企业如何实施平台镶嵌战略? [J]. 外国经济与管理, 2021, 43 (9): 24 - 42.

[62] 王蒙蒙, 王建军, 王雪. 行为控制对威客持续参与意愿的影响: 被调节的中介模型 [J]. 管理工程学报, 2020, 34 (3): 45 - 54.

[63] 王琴. 利用情感需求提高顾客转移的心理成本 [J]. 外国经济与管理, 2001 (9): 37 - 40.

[64] 王姝, 陈劲, 梁靓. 网络众包模式的协同自组织创新效应分析 [J]. 科研管理, 2014, 35 (4): 26 - 33.

[65] 王新华, 车珍, 于灏, 等. 网络嵌入、多途径知识集聚与创新力——知识流耦合的调节作用 [J]. 南开管理评论, 2019, 22 (3): 28 – 39.

[66] 王玉峰, 郑海燕, 王树进. 大数据能力对员工创新绩效的影响——知识转移与工作自主性的作用 [J]. 科技管理研究, 2021, 41 (9): 122 – 130.

[67] 魏津瑜, 李翔. 基于工业互联网平台的装备制造企业价值共创机理研究 [J]. 科学管理研究, 2020, 38 (1): 106 – 112.

[68] 吴杲, 杨东涛. 工作嵌入的理论思考: 社会网络、匹配理论和资源理论的启发 [J]. 华东经济管理, 2014, 28 (9): 150 – 153.

[69] 吴论文, 杨付, 田蕙欣, 等. 工作嵌入的影响结果及其理论解释 [J]. 心理科学进展, 2021, 29 (5): 906 – 920.

[70] 吴颖宣, 程学生, 杨睿, 等. 抗令创新与团队创新绩效关系研究: 建言行为和工作自主性的调节作用 [J]. 科学学与科学技术管理, 2018, 39 (12): 142 – 155.

[71] 吴郁雯, 华瑞, 付景涛. 因参与而承诺: 自我决定理论视角下的工作繁荣形成机制研究 [J]. 中国人力资源开发, 2019, 36 (11): 110 – 123.

[72] 武文珍, 陈启杰. 价值共创理论形成路径探析与未来研究展望 [J]. 外国经济与管理, 2012, 34 (6): 66 – 73.

[73] 肖薇, 李成彦, 罗瑾莲, 等. 众包社区创意领地行为影响机制研究 [J]. 商业经济与管理, 2019, 39 (4): 46 – 57.

[74] 肖薇, 李成彦, 罗瑾莲. 赋能: 互联网双重嵌入对女性创业能力的影响 [J]. 科技进步与对策, 2019, 36 (14): 18 – 24.

[75] 肖薇, 罗瑾莲, 李成彦, 等. 共享经济中的嵌入理性: 众包社区嵌入性对创意领地行为影响机制研究 [J]. 科技进步与对策, 2019, 36 (24): 8 – 17.

[76] 谢雅萍, 沈淑宾, 陈睿君. 越休闲越激情? ——休闲参与对知识型员工工作激情的影响机制研究 [J]. 经济管理, 2018, 40 (7): 128 – 145.

[77] 徐奕红, 赵红岩, 陈文杰. 企业互动学习与创新绩效关系的实证研究 [J]. 预测, 2019, 38 (5): 16 – 22.

[78] 徐颖, 姜思博, 郭雯君. 虚拟社区 CSR 共创中顾客契合对知识共享行为的影响研究 [J]. 情报科学, 2019, 37 (4): 130 – 136.

[79] 严杰. 渐进式抑或突破式: 个体创新幅度对众包绩效的影响——基于计算仿真的分析 [J]. 科技进步与对策, 2021, 38 (23): 30 – 38.

[80] 严瑞丽, 丁栋虹, 何建华. 任务不确定性、工作控制与内部创业行为关系研究——工作繁荣的中介效应和心理资本的调节效应 [J]. 科技进步与对策, 2021, 38 (11): 143 – 151.

[81] 杨博旭, 王玉荣, 李兴光. "厚此薄彼" 还是 "雨露均沾"——组织如何有效利用网络嵌入资源提高创新绩效 [J]. 南开管理评论, 2019, 22 (3): 201 – 213.

[82] 杨传荣, 陈景秋, 童佳瑾. 多元工作场景中的不同 "嵌入" 及共同效应研究 [J]. 中国人力资源开发, 2020, 37 (7): 47 – 64.

[83] 杨春江, 刘丹, 毛承成. 中国情境下的工作嵌入: 构念内涵、维度和量表开发 [J]. 管理工程学报, 2019, 33 (1): 122 – 133.

[84] 杨皎平, 荆菁. 社群嵌入对众包式创新绩效的影响 [M]. 北京: 中国社会科学出版社, 2021.

[85] 杨学成, 涂科. 平台支持质量对用户价值共创公民行为的影响 [J]. 经济管理, 2018 (3): 128 – 144.

[86] 杨学成, 涂科. 出行共享中的用户价值共创机理——基于优步的案例研究 [J]. 管理世界, 2017 (8): 154 – 169.

[87] 杨月坤, 杨惠. 组织公平对科技人才创新行为的影响研究: 内部人身份认知和工作嵌入的作用 [J]. 领导科学, 2021 (2): 68 – 72.

[88] 杨震宁, 李东红, 范黎波. 身陷 "盘丝洞": 社会网络关系嵌入过度影响了创业过程吗? [J]. 管理世界, 2013 (12): 101 – 116.

[89] 易法敏, 文晓巍. 新经济社会学中的嵌入理论研究评述 [J]. 经济学动态, 2009 (8): 130 – 134.

[90] 于飞, 胡泽民, 袁胜军. 打开制度压力与企业绿色创新之间的黑箱——知识耦合的中介作用 [J]. 预测, 2020, 39 (2): 1 – 9.

[91] 俞函斐. 互联网嵌入对创业机会识别的影响 [D]. 杭州: 浙江大学, 2014.

[92] 原欣伟，窦天苗，李延，等．在线用户社区成员持续参与意愿的影响因素研究——基于"认知—情感—意动"理论视角 [J]．现代情报，2018，38（5）：45-52．

[93] 臧得顺．格兰诺维特的"嵌入理论"与新经济社会学的最新进展 [J]．中国社会科学院研究生院学报，2010（1）：108-115．

[94] 张捷，王苗苗，张璐，等．共享经济中员工—企业关系演化博弈分析——基于平台用户监管视角 [J]．运筹与管理，2020，29（12）：74-81．

[95] 张青，华志兵．资源编排理论及其研究进展述评 [J]．经济管理，2020，42（9）：193-208．

[96] 张苏串，陈立新．包容型氛围对员工创新行为的影响——基于山西和内蒙古的数据调查 [J]．重庆工商大学学报（社会科学版），2021，38（4）：65-74．

[97] 张祥，陈荣秋．竞争优势的新来源：与顾客共创价值 [J]．管理工程学报，2009，23（4）：14-19．

[98] 张镒，刘人怀．平台领导力对探索式创新的影响及平台开放度的调节作用 [J]．管理学报，2020，17（10）：1506-1513．

[99] 张永云，张生太，吴翠花．嵌入还是卷入：众包个体缘何贡献知识？[J]．科研管理，2017，38（5）：30-37．

[100] 张勇，龙立荣．人—工作匹配、工作不安全感对雇员创造力的影响——一个有中介的调节效应模型检验 [J]．南开管理评论，2013，16（5）：16-25．

[101] 张振刚，易欢，陈雪瑶．创新网络资源整合、双元创新对制造企业创新绩效的影响——环境不确定性的调节作用 [J]．技术经济，2020，39（3）：58-65，73．

[102] 章凯，仝嫦哲．组织—员工目标融合：内涵、测量与结构探索 [J]．中国人民大学学报，2020，34（2）：114-124．

[103] 赵凤，王铁男，王宇．开放式创新中的外部技术获取与产品多元化：动态能力的调节作用研究 [J]．管理评论，2016，28（6）：76-85．

[104] 赵宏霞，李豪．组织文化平衡对创业期企业创新能力的影响机

制研究 [J]. 科技进步与对策, 2020 (9): 1-7.

[105] 赵健宇, 廖文琦, 袭希. 创业导向与探索式创新的关系: 一个双中介效应模型 [J]. 管理科学, 2019, 32 (2): 33-49.

[106] 赵坤, 郭东强. 众创式创新: 源起、归因解析与认知性框架 [J]. 科学学研究, 2017 (8): 74-81.

[107] 赵曙明, 张敏, 赵宜萱. 人力资源管理百年: 演变与发展 [J]. 外国经济与管理, 2019, 41 (12): 50-73.

[108] 郑祁, 杨伟国. 零工经济前沿研究述评 [J]. 中国人力资源开发, 2019, 36 (5): 106-115.

[109] 钟祥喜, 邓群钊, 孙剑斌, 等. 众包公平与解答者持续参与的关系 [J]. 软科学, 2018, 32 (1): 126-129.

[110] 仲秋雁, 王彦杰, 裘江南. 众包社区用户持续参与行为实证研究 [J]. 大连理工大学学报 (社会科学版), 2011, 32 (1): 1-6.

[111] 周文辉, 曹裕, 周依芳. 共识、共生与共赢: 价值共创的过程模型 [J]. 科研管理, 2015, 36 (8): 129-135.

[112] 朱国军, 王修齐, 孙军. 工业互联网平台企业成长演化机理——交互赋能视域下双案例研究 [J]. 科技进步与对策, 2020, 37 (24): 108-115.

[113] 良杰, 何佳讯, 黄海洋. 数字世界的价值共创: 构念、主题与研究展望 [J]. 经济管理, 2017, 39 (1): 195-208.

[114] 朱晓红, 陈寒松, 张玉利. 异质性资源、创业机会与创业绩效关系研究 [J]. 管理学报, 2014, 11 (9): 1358-1365.

[115] 朱耀东, 颜士梅. 虚拟工作嵌入: 知识员工离职研究的新视角 [J]. 科技管理研究, 2009 (11): 313-315.

[116] 资武成. 创新生态系统的数据治理范式: 基于区块链的治理研究 [J]. 社会科学, 2021 (6): 80-87.

[117] Adler P S, Kwon S W. Social capital: Prospects for a new concept [J]. Academy of Management Review, 2002, 27 (1): 17-40.

[118] Al - Tabbaa O, Leach D, Khan Z. Examining alliance management capabilities in cross - sector collaborative partnerships [J]. Journal of Business

Research, 2019, 101 (8): 268 – 284.

[119] Anderson C. The long tail: Why the future of business in selling less of more [M]. Lynchburg: Hachette Digital, 2012.

[120] Baron R M, Kenny D A. The moderator – mediator variable distinction in social psychological research: Conceptual, strategic, and statistical considerations [J]. Chapman and Hall, 1986, 51 (6): 1173 – 1182.

[121] Battistella C, Nonino F. Exploring the impact of motivations on the attraction of innovation roles in open innovation web – based platforms [J]. Production Planning & Control, 2013, 24 (2/3): 226 – 245.

[122] Battistella C, Nonino F. Open innovation web – based platforms: The impact of different forms of motivation on collaboration [J]. Innovation Management Policy & Practice, 2012, 14 (4): 557 – 575.

[123] Bayus B L. Crowdsourcing new product ideas over time: An analysis of the dell ideastorm community [J]. Management Science, 2013, 59 (1): 226 – 244.

[124] Bedarkar M, Pandita D. A study on the drivers of employee engagement impacting employee performance [J]. Procedia – Social and Behavioral Sciences, 2014, 133 (5): 106 – 115.

[125] Blader S L, Patil S, Packer D J. Organizational identification and workplace behavior: More than meets the eye [J]. Research in Organizational Behavior, 2017, 37 (1): 19 – 34.

[126] Breaugh J A. The measurement of work autonomy [J]. Human Relations, 1985, 38 (6): 551 – 570.

[127] Brix J. Exploring knowledge creation processes as a source of organizational learning: A longitudinal case study of a public innovation project [J]. Scandinavian Journal of Management, 2017, 33 (2): 113 – 127.

[128] Byun S K, Oh J M, Xia H. Incremental vs. Breakthrough innovation: The role of technology spillovers [J]. Management Science, 2021, 67 (3): 1779 – 1802.

[129] Caloffi A, Mariani M, Rossi F, et al. A comparative evaluation of

regional subsidies for collaborative and individual R&D in small and medium – sized enterprises [J]. Research Policy, 2018, 47 (8): 1437 – 1447.

[130] Chang J N, Cheng C Y. Effects of learning orientation and team embeddedness on mobility: A multi – group comparison [J]. Cross Cultural Management: An International Journal, 2015, 22 (4): 570 – 593.

[131] Chiu Y L, Tsai C C. The roles of social factor and internet self – efficacy in nurses' web – based continuing learning [J]. Nurse Education Today, 2014, 34 (3): 446 – 450.

[132] Coetzer A, Inma C, Poisat P, et al. Job embeddedness and employee enactment of innovation – related work behaviours [J]. International Journal of Manpower, 2018, 39 (2): 222 – 239.

[133] Collm A, Schedler K. Managing crowd innovation in public administration [J]. International Public Management Review, 2012, 13 (2): 1 – 18.

[134] Corsaro D. Capturing the broader picture of value co – creation management [J]. European Management Journal, 2019, 37 (1): 99 – 116.

[135] Danso A, Adomako S, Lartey T, et al. Stakeholder integration, environmental sustainability orientation and financial performance [J]. Journal of Business Research, 2020, 119 (1): 652 – 662.

[136] Deci E L, Ryan R M. The "what" and "why" of goal pursuits: Human needs and the self – determination of behavior [J]. Psychological Inquiry, 2000, 11 (4): 227 – 268.

[137] Ding H, Yu E. Follower strengths – based leadership and follower innovative behavior: The roles of core self – evaluations and psychological well – being [J]. Revista de Psicología del Deporte, 2020, 36 (2): 103 – 110.

[138] Ernst D, Kim L. Global productions networks, knowledge diffusion, and local capability formation: A conceptual framework [J]. Research Policy, 2001, 31 (8): 1417 – 1429.

[139] Essop Mahomed F, Rothmann S. Strength use, training and development, thriving, and intention to leave: The mediating effects of psychological need satisfaction [J]. South African Journal of Psychology, 2020, 50 (1):

24 – 38.

[140] Fang E, Palmatier R W, Evans K R. Influence of customer participation on creating and sharing of new product value [J]. Journal of the Academy of Marketing Science, 2008, 36 (3): 322 – 336.

[141] Farh J L, Cannella A A, Lee C. Approaches to scale development in Chinese management research [J]. Management and Organization Review, 2006, 2 (3): 301 – 318.

[142] Figueiredo P N. The role of dual embeddedness in the innovative performance of MNE subsidiaries: Evidence from brazil [J]. Journal of Management Studies, 2011, 48 (2): 417 – 440.

[143] Füller J. Why consumers engage in virtual new product developments initiated by producers [J]. ACR North American Advances, 2006 (33): 639 – 646.

[144] Geiger D, Schader M. Personalized task recommendation in crowdsourcing information systems—Current state of the art [J]. Decision Support Systems, 2014, 65: 3 – 16.

[145] Glaser B G. Theoretical sensitivity: Advances in the methodology of grounded theory [M]. Mill Valley, CA: Sociology Press, 1978.

[146] Granovetter M. Economic action and social action: The problem of embeddedness [J]. American Journal of Sociology, 1985, 91 (3): 481 – 510.

[147] Griffeth R W, Hom P W, Gaertner S. A meta – analysis of antecedents and correlates of employee turnover: Update, moderator tests, and research implications for the next millennium [J]. Journal of Management, 2000, 26 (3): 463 – 488.

[148] Grillitsch M, Nilsson M. Innovation in peripheral regions: Do collaborations compensate for a lack of local knowledge spillovers? [J]. The Annals of Regional Science, 2015, 54 (1): 299 – 321.

[149] Gupta S, Qian X, Bhushan B, et al. Role of cloud ERP and big data on firm performance: A dynamic capability view theory perspective [J]. Management Decision, 2019, 57 (8): 1857 – 1882.

[150] Halbesleben J R B, Neveu J P, Paustian – Underdahl S C, et al. Getting to the "COR" understanding the role of resources in conservation of resources theory [J]. Journal of Management, 2014, 40 (5): 1334 – 1364.

[151] Halbesleben J R B, Wheeler A R. The relative roles of engagement and embeddedness in predicting job performance and intention to leave [J]. Work & Stress, 2008, 22 (3): 242 – 256.

[152] Hayes A F. Introduction to mediation, moderation, and conditional process analysis: A regression – based approach [M]. Guilford Publications, 2013.

[153] Heinonen K, Stauss B, Strandvik T, et al. A customer – dominant logic of service [J]. Journal of Service Management, 2010, 21 (4): 531 – 548.

[154] Heinz N, Møller B L. Homage to Professor Meinhart H. Zenk: Crowd accelerated research and innovation [J]. Phytochemistry, 2013, 91: 20 – 28.

[155] Heylighen F. Towards an intelligent network for matching offer and demand: From the sharing economy to the global brain [J]. Technological Forecasting and Social Change, 2017 (114): 74 – 85.

[156] Hom P W, Mitchell T R, Lee T W, et al. Reviewing employee turnover: Focusing on proximal withdrawal states and an expanded criterion [J]. Psychological Bulletin, 2012, 138 (5): 831.

[157] Iansiti M, Levien R. The keystone advantage: what the new dynamics of business ecosystems mean for strategy, innovation, and sustainability [M]. Harvard Business Press, 2004.

[158] Jiang K, Liu D, McKay P F, et al. When and how is job embeddedness predictive of turnover? A meta – analytic investigation [J]. Journal of Applied psychology, 2012, 97 (5): 1077.

[159] Juntunen J K, Halme M, Korsunova A, et al. Strategies for integrating stakeholders into sustainability innovation: A configurational perspective [J]. Journal of Product Innovation Management, 2019, 36 (3): 331 – 355.

[160] Kiazad K, Holtom B C, Hom P W, et al. Job embeddedness: A multifoci theoretical extension [J]. Journal of Applied Psychology, 2015, 100 (3): 641 – 658.

[161] Kim H J, Sung B. How knowledge assets affect the learning – by – exporting effect: Evidence using panel data for manufacturing firms [J]. Sustainability, 2020, 12 (8): 1 – 14.

[162] Knudsen M P, Mortensen T B. Some immediate – but negative – effects of openness on product development performance [J]. Technovation, 2011, 31 (1): 54 – 64.

[163] Lavie D. Capability reconfiguration: An analysis of incumbent responses to technological [J]. Academy of Management Review, 2006, 31 (1): 153 – 174.

[164] Linley P A, Harrington S. Strengths coaching: A potential – guided approach to coaching psychology [J]. International Coaching Psychology Review, 2006 (1): 37 – 46.

[165] Liu Y, Luo Y, Liu T. Governing buyer – supplier relationships through transactional and relational mechanisms: Evidence from China [J]. Journal of Operations Management, 2009, 27 (4): 294 – 309.

[166] Madsen T L, Walker G. Competitive heterogeneity, cohorts, and persistent advantage [J]. Strategic Management Journal, 2017, 38 (2): 184 – 202.

[167] Maertz Jr C P, Campion M A. Profiles in quitting: Integrating process and content turnover theory [J]. Academy of Management Journal, 2004, 47 (4): 566 – 582.

[168] Meyers M C, Adams B G, Sekaja L, et al. Perceived organizational support for the use of employees' strengths and employee well – being: A cross – country comparison [J]. Journal of Happiness Studies, 2019, 20 (6): 1825 – 1841.

[169] Misciagna M A. Measuring workplace attachment as the relationship between individuals and the social institutions for which they work [M]. The George Washington University, 2005.

[170] Mitchell T R, Holtom B C, Lee T W, et al. Why people stay: Using job embeddedness to predict voluntary turnover [J]. Academy of Man-

agement Journal, 2001, 44 (6): 1102 - 1121.

[171] Mo K, Zhong E, Yang Q. Cross - task crowdsourcing [C] //Proceedings of the 19th ACM SIGKDD international conference on Knowledge discovery and data mining, 2013: 677 - 685.

[172] Moran P. Structural vs. Relational embeddedness: Social capital and managerial performance [J]. Strategic Management Journal, 2005, 26 (12): 1129 - 1151.

[173] Mulcahy D. Will the gig economy make the office obsolete [J]. Harvard Business Review, 2017 (3): 2 - 4.

[174] Ng T W H, Feldman D C. Changes in perceived supervisor embeddedness: Effects on employees' embeddedness, organizational trust, and voice behavior [J]. Personnel Psychology, 2013, 66 (3): 645 - 685.

[175] Nix G A, Ryan R M, Manly J B, et al. Revitalization through self - regulation: The effects of autonomous and controlled motivation on happiness and vitality [J]. Journal of Experimental Social Psychology, 1999, 35 (3): 266 - 284.

[176] Nyuur R B, Brecic R, Debrah Y A. SME international innovation and strategic adaptiveness [J]. International Marketing Review, 2018, 35 (2): 280 - 300.

[177] Peterson C, Seligman M E P. Character strengths and virtues: A handbook and classification [M]. Oxford University Press, 2004.

[178] Piezunka H, Dahlander L. Distant search, narrow attention: How crowding alters organizations' filtering of suggestions in crowdsourcing [J]. Academy of Management Journal, 2015, 58 (3): 856 - 880.

[179] Plaza - Ubeda J A, Burgos - Jimenez J D, Carmona - Moreno E. Measuring stakeholder integration: Knowledge, interaction and adaptational behavior dimensions [J]. Journal of Business Ethics, 2010, 93 (3): 419 - 442.

[180] Prahalad C K, Ramaswamy V. Co - creating unique value with customers [J]. Strategy & Leadership, 2004, 32 (3): 4 - 9.

[181] Purba D E. Employee embeddedness and turnover intentions: Exploring the moderating effects of commute time and family embeddedness [J]. Makara Human Behavior Studies in Asia, 2015, 19 (1): 39 – 51.

[182] Ramesh A, Gelfand M J. Will they stay or will they go? The role of job embeddedness in predicting turnover in individualistic and collectivistic cultures [J]. Journal of Applied Psychology, 2010, 95 (5): 807 – 823.

[183] Saks A M. Antecedents and consequences of employee engagement [J]. Journal of Managerial Psychology, 2006, 21 (7): 600 – 619.

[184] Sammarra A, Biggiero L. Heterogeneity and specificity of inter – firm knowledge flows in innovation networks [J]. Journal of management studies, 2019, 45 (4): 800 – 829.

[185] Schaufeli W B, Salanova M and Gonza R V. The measurement of engagement and burnout: A two sample confirmatory factor analytic approach [J]. Journal of Happiness Studies, 2002 (3): 71 – 92.

[186] Shaw J D, Delery J E, Jenkins Jr G D, et al. An organization – level analysis of voluntary and involuntary turnover [J]. Academy of Management Journal, 1998, 41 (5): 511 – 525.

[187] Soliman W, Tuunainen V K. Understanding continued use of crowdsourcing systems: An interpretive study [J]. Journal of Theoretical and Applied Electronic Commerce Research, 2015, 10 (1): 1 – 18.

[188] Strambach S. Combining knowledge bases in transnational sustainability innovation: Micro dynamics and institutional change [J]. Economic Geography, 2017, 93 (5): 500 – 526.

[189] Tak J. Relationships between various person – environment fit types and employee withdrawal behavior: A longitudinal study [J]. Journal of Vocational Behavior, 2011, 78 (2): 315 – 320.

[190] Tan K H, Zhan Y Z, Ji G, et al. Harvesting big data to enhance supply chain innovation capabilities: An analytic infrastructure based on deduction graph [J]. International Journal of Production Economics, 2015, 165: 223 – 233.

［191］ Tang N, Jiang Y, Chen C, et al. Inclusion and inclusion management in the Chinese context: An exploratory study ［J］. The International Journal of Human Resource Management, 2015, 26 (6): 856 – 874.

［192］ Tonteri L, Kosonen M, Ellonen H K, et al. Antecedents of an experienced sense of virtual community ［J］. Computers in Human Behavior, 2011, 27 (6): 2215 – 2223.

［193］ Tumbat G, Horowitz D. Culture creators: Co – production in second life ［J］. Advances in Consumer Research, 2008, 35 (1): 44 – 48.

［194］ Valente T W, Coronges K, Lakon C, et al. How correlated are network centrality measures?［J］. Connections (Toronto, Ont.), 2008, 28 (1): 16 – 26.

［195］ Van den Broeck A, Vansteenkiste M, De Witte H, et al. Explaining the relationships between job characteristics, burnout, and engagement: The role of basic psychological need satisfaction ［J］. Work & Stress, 2008, 22 (3): 277 – 294.

［196］ Van Woerkom M, Bakker A B, Nishii L H. Accumulative job demands and support for strength use: Fine – tuning the job demands – resources model using conservation of resources theory ［J］. Journal of Applied Psychology, 2016, 101 (1): 141 – 150.

［197］ Van Woerkom M, Oerlemans W, Bakker A B. Strengths use and work engagement: A weekly diary study ［J］. European Journal of Work and Organizational Psychology, 2016, 25 (3): 384 – 397.

［198］ Vargo S L, Lusch R F. Evolving to a new dominant logic for marketing ［J］. Journal of Marketing, 2004, 68 (1): 1 – 17.

［199］ Von Hippel E. Democratizing innovation: The evolving phenomenon of user innovation ［J］. Journal für Betriebswirtschaft, 2005, 55 (1): 63 – 78.

［200］ Wamba S F, Gunasekaran A, Akter S, et al. Big data analytics and firm performance: Effects of dynamic capabilities ［J］. Journal of Business Research, 2017, 70 (1): 356 – 365.

［201］ Wang J, Xue Y, Yang J. Boundary – spanning search and firms' green innovation: The moderating role of resource orchestration capability [J]. Business Strategy and the Environment, 2020, 29 (2): 361 –374.

[202] Wheeler A R, Gallagher V C, Brouer R L, et al. When person – organization (mis) fit and (dis) satisfaction lead to turnover [J]. Journal of Managerial Psychology, 2007, 22 (2): 203 –219.

[203] Ye H, Kankanhalli A, Goh K – Y, et al. Investigating value co – creation in innovation of it – enabled services: An empirical study of mobile data services [C]. Proceedings of the International Conference on Information Systems, 2011.

[204] Yi Y, Gong T. Customer value co – creation behavior: Scale development and validation [J]. Journal of Business Research, 2013, 66 (9): 1279 –1284.

[205] Zhang T C, Jahromi M F, Kizildag M. Value co – creation in a sharing economy: The end of price wars? [J]. International Journal of Hospitality Management, 2018 (71): 51 –58.

[206] Zhang M, Fried D D & Griffith W. A review of job embeddedness: Conceptual, measurement issues, and directions for future research [J]. Human Resources Management Review, 2012, 22 (3): 220 –231.

[207] Zhou J, Li P, Zhou Y, et al. Toward new – generation intelligent manufacturing [J]. Engineering, 2018, 4 (1): 11 –20.

[208] Zhu H, Djurjagina K, Leker J. Innovative behavior types and their influence on individual crowdsourcing performances [J]. International Journal of Innovation Management, 2014, 18 (6): 1 –34.

图书在版编目（CIP）数据

基于新型社群网络嵌入的互联网众创平台价值共创
机制研究/赵宏霞，王梦娟，张珺著. --北京：经济科
学出版社，2023.4
ISBN 978 - 7 - 5218 - 4721 - 5

Ⅰ.①基… Ⅱ.①赵… ②王… ③张… Ⅲ.①互联网
络 - 应用 - 创业 - 研究 Ⅳ.①F241.4 - 39

中国国家版本馆 CIP 数据核字(2023)第 074311 号

责任编辑：宋艳波
责任校对：郑淑艳
责任印制：邱　天

基于新型社群网络嵌入的互联网众创平台价值共创机制研究

JIYU XINXING SHEQUN WANGLUO QIANRU DE HULIANWANG
ZHONGCHUANG PINGTAI JIAZHI GONGCHUANG JIZHI YANJIU

赵宏霞　王梦娟　张　珺　著

经济科学出版社出版、发行　新华书店经销
社址：北京市海淀区阜成路甲 28 号　邮编：100142
总编部电话：010 - 88191217　发行部电话：010 - 88191522
网址：www. esp. com. cn
电子邮箱：esp@ esp. com. cn
天猫网店：经济科学出版社旗舰店
网址：http://jjkxcbs. tmall. com
固安华明印业有限公司印装
710 × 1000　16 开　15.75 印张　240000 字
2023 年 4 月第 1 版　2023 年 4 月第 1 次印刷
ISBN 978 - 7 - 5218 - 4721 - 5　定价：76.00 元
(图书出现印装问题，本社负责调换。电话：010 - 88191510)
(版权所有　侵权必究　打击盗版　举报热线：010 - 88191661
QQ：2242791300　营销中心电话：010 - 88191537
电子邮箱：dbts@ esp. com. cn)